编写指导单位

中华人民共和国人力资源和社会保障部人力资源市场司

编写组织单位

北京大学人力资源开发与管理研究中心

上海市对外服务有限公司

中国人力资源服务业

蓝皮书

2015

萧鸣政 李 栋◎主 编

葛 平 王周谊◎副主编

人民出版社

《中国人力资源服务业蓝皮书 2015》
组 织 委 员 会

目　　录

第二部分　专题报告篇

第三部分　人力资源服务机构及部分研究成果名录

CONTENTS

前　　言

　　我国是人口大国,在走向中华民族伟大复兴的进程中,如何充分发挥人的优势,使人口大国成为人力资源强国,始终是党和国家以及全社会关切的重大命题。党的十八大以来,习近平与李克强同志围绕人力资源服务业如何服务中国经济社会发展的问题,提出了一系列重要论述,如"择天下英才而用之","让人才事业兴旺起来","知识就是力量,人才就是未来",让中国的"人口红利"转化为"人才红利",等等。这些重要论述充分体现了党和国家对各级各类人才的关心重视,充分体现了人力资源服务业在我国经济社会发展与中国梦实现中的重要地位。

　　中国人力资源服务业的健康与蓬勃发展,关系到大众创业与万众创新,关系到创新性国家与人力资源强国的建设与发展。2014 年 8 月 6 日,国务院就发布了《关于加快发展生产性服务业促进产业结构调整升级的指导意见》,人力资源服务和品牌建设成为主要任务之一;2014 年 12 月 25 日,人力资源市场司继续发布《人力资源社会保障部、国家发展改革委、财政部关于加快发展人力资源服务业的意见》,促进人力资源服务业持续健康发展,明确指出人力资源服务业是国家确定的生产性服务业重点领域,发展人力资源服务业成为我国实现全面建成小康社会目标的应有之义。

　　为全面贯彻党的十八大、十八届四中、五中全会精神和《国务院关于加快发展生产性服务业促进产业结构调整升级的指导意见》,进一步助力人力资源服务业的健康发展,提高人力资源服务业对实施人才强国战略的助推作用,在国家人力资源和社会保障部人力资源市场司的大力支持与指导下,北京大学和上海市对外服务有限公司继续推出《中国人力资源服务业蓝皮书 2015》。我们对 2014—2015 年度中国人力资源服务业的发展状况进行了全面搜集与系统梳理,并从理论高度对实践进行了深入分析,通过理论归纳、事实描述、数据展现、案例解读和科学预测等方式,力图全面展现近年来中国人力资源服务业的发展现状、重点领域和最新进展。

与往年相比,《中国人力资源服务业蓝皮书 2015》在结构和内容上都做了大量的更新和调整,主要包括以下几个方面:

第一,继续关注政策法规环境的新变化和新进展。蓝皮书秉承传统,全面总结了 2014—2015 年度与人力资源领域相关的政策和法规的更新调整,进而深入分析了当前人力资源服务业领域主要政策法规的新变化和新趋向,以期为人力资源服务机构紧跟新形势、适应新变化、利用新优势、谋求新发展提供参考。

第二,关注"互联网+"时代的人力资源服务业新动向。一方面,互联网带来的信息高速传播,大大提高了人们对信息的获取能力和工作效率,促使整个社会价值更加多元、竞争更加激烈、产业更新换代更快,从而改变了人与组织的博弈态势,以及人力资源管理理念的更新。另一方面,互联网技术的广泛应用也促使人力资源管理的各个环节工作效率提升,使具体的工作方式发生变化。

第三,继续关注人力资源服务业发展数据模型。蓝皮书继续使用词频分析、实证模型分析等数据分析方法,通过分析人力资源服务业在微博、微信等流行媒介中的用户分布和关注度,运用面板模型、聚类分析和主成分分析等方法分析各地相关数据,分析各省市政府有关人力资源服务业的政策特点,从而比较出人力资源服务业在我国各省市的地区发展差异,通过采用量化数据,我们对人力资源服务业的认识可以得到进一步拓展和深化。

第四,关注中国高校人力资源服务业教研情况。蓝皮书首次对参与人力资源服务业教研的机构进行研究和评价。随着人力资源服务业研究机构的不断兴起,大量人力资源服务业相关的学术研究和科研活动也不断发展,在补充人力资源服务业的理论价值的同时,也进一步奠定了人力资源服务业实践的坚实基础。蓝皮书从机构简介、课程培训、学术活动、课题研究等方面阐述了人力资源服务业在科研院所的理论发展与研究成果。

第五,继续关注人力资源服务业的热点业务和未来发展趋势。蓝皮书通过梳理中国人力资源服务业的发展情况和学界对业态划分方法的主要观点提出了人力资源服务业态的划分方式。介绍了 2014—2015 年度全国人力资源服务业的重要活动,在内容上涵盖学、政、企三界,并总结出我国人力资源服务业专业化、集群化、信息化、国际化的发展趋势。此外,蓝皮书持续传统,继续在专家评价和公共参与的基础上,进行了人力资源服务业发展十大事件评选,记录了影响人力资源服务业发展进程中的重大事件,同时提高全社会对人力资源服务业的关注和重视。

蓝皮书共分为三个部分,具体结构如下:

第一部分为年度报告篇,共分为三章。第一章梳理分析了年度内人力资源服务主要法律法规政策及新变化。通过这些法律法规政策的深入解读,可以使我们及时掌握人力资源服务业所处的政策环境新变化和新动向。

第二章介绍了我国人力资源服务业机构的概况,分析了人力资源服务业机构的作用,并对人力资源服务业机构的分类进行了总结和概括。从具体人力资源服务机构数据入手进行分析,深入剖析人力资源行业机构的现状,并从与往年的对比中发现机构变化趋势。同时,就人力资源从业人员的角度进行分析,通过探讨人力资源从业人员在素质分类、经验能力、学历结构、教育培训等方面因素,对近年来我国人力资源服务业经营理念的变化并做了详细的分析。

第三章介绍了我国人力资源服务业现状及其发展趋势,介绍了我国人力资源服务业的业态划分情况,分析了"互联网+"技术对我国人力资源服务业的影响,并对年度全国人力资源服务业的重要活动进行了介绍。最后,结合数据与实例,探讨了人力资源服务业未来的发展趋势,总结出我国人力资源服务业的发展趋势。

第四章介绍了我国人力资源服务业经验与技术创新,在总结各类优秀人力资源服务机构代表的经验的同时,将一些新的信息技术,如云技术在人力资源服务业的应用、人力资源共享服务中心概念的引进以及 SaaS(软件即服务)的实践在人力资源服务业中的应用进行介绍,以期为我国人力资源服务业的发展提供一些经验及理论支持。

第二部分为专题报告篇,共分为三章。第一章通过各部分使用词频分析等研究方法,来阐述人力资源服务业在我国各省市的发展情况及各省市政府对人力资源服务业发展的重视度。通过词频分析,探究人力资源服务业在微博这个新兴的网络环境中的网民关注度及发展情况以及人力资源服务业在微信环境下的发展模式;通过对 2014 年各省市的政府工作报告文本进行分析,探究各省市政府对人力资源服务业发展的政策支持水平。最后,通过对各省市(除港澳台地区)的人力资源服务业相关政策法规法条进行整理分析。

第二章主要针对人力资源服务业的宏观影响因素、地区间人力资源服务业发展差距和各地人力资源服务企业竞争力差异这三个方面的问题,收集了相关数据资料,运用面板模型、聚类分析和主成分分析等方法对上述问题进行了分析,发现人力资源服务业健康快速发展的基础是经济的发展和转型。

第三章延续以往蓝皮书相关章节,2014—2015 年促进人力资源服务业发展十大事件评选,继续记载中国人力资源服务业的发展历程,旨在让世人了解中国人力资源服务业在政策、学术和行业三方面,一年来取得的突破性进展。

第三部分选编了我国最新的人才市场名录、人力资源服务企业名录、部分人力资源服务研究机构名录,以及过去一年的部分研究成果名录。

蓝皮书主编由北京大学人力资源开发与管理研究中心主任萧鸣政教授和东浩兰生集团副总裁、上海市对外服务有限公司党委书记、董事长李栋担任。上海市对外服务有限公司总经理葛平先生、北京大学社科部副部长王周谊先生担任副主编,杨河、于鸿君、王博、刘波、周岳明、周志忍、陆军、萧鸣政、李栋、萧群、葛平、朱庆阳、刘宏杰、龚祥和、王周谊、毕培文、朱农飞、陈洁平、余立越、高亚平、罗湘军担任编辑委员会委员。

李净、胡鹏、唐秀峰、吴思寒、张博等同志参加了第一部分的编写工作;董志霖、丁肇启、郭晟豪等同志参加了第二部分的编写工作;张鹏等同志参加了第三部分的编写工作。张博、罗湘军、吕卉等同志协助主编进行了全书的统稿和项目综合协调工作。

特别感谢国家人力资源和社会保障部相关部门及有关领导的大力支持和指导,感谢孙建立与王克良司长、杨文财处长、余兴安、毕雪融、陈军、樊进生、董小华、张宇泉、王周谊、戴长亮、胡元梓等领导与专家的大力支持与指导,感谢其他相关行业服务机构和专家、学者的热情帮助和积极支持。

人才兴则民族兴,人力资源强则国家强。伴随着人力资源配置市场化改革进程,我国人力资源服务业从无到有,多元化、多层次的人力资源服务体系初步形成。加快发展人力资源服务业,是优先开发与优化配置人力资源,建设人力资源强国的内在要求,是实现更加充分和更高质量就业的重要举措,对于推动经济发展方式向主要依靠科技进步、劳动者素质提高、管理创新转变具有重要意义。我们继续秉承客观反映、系统揭示、积极推动、方向探索的宗旨,希望《中国人力资源服务业蓝皮书 2015》能够对我国实施人才强国战略、转变经济增长方式,实现中华民族的伟大复兴起到一定的参考和推动作用。

《中国人力资源服务业蓝皮书 2015》主编

2015 年 11 月

Preface

China is a large-population nation. It has been a major concern for the Party, the state and the whole society to make full use of our talent competitiveness to achieve the great rejuvenation of the Chinese nation with an aim to developing China into a powerful nation of human resources from the world's most populous nation. Since the Party's Eighteenth National Congress, President Xi Jinping and Premier Li Keqiang have made a series of important instructions with a focus on how human resources service industry could help China's social and economic development, including "attracting and employing talents from all over the world", "bringing full prosperity to human resources development", "knowledge is power, talents are our future" and "turning China's demographic dividend into talent dividend", to name just a few. These important instructions have given full expression to the concern and emphasis our Party and country have attached to talents of all types and at all levels and the important role of human resources in promoting China's economic and social development and the realization of the Chinese dream.

The healthy and robust development of the HR service industry in China not only concerns mass entrepreneurship and public innovation, but also influences the construction and development of China as an innovation-oriented country and a powerful nation of human resources. On August 6th 2014, the State Council released the *Guiding Opinions of the State Council on Accelerating the Development of Production-type Service Industries to Promote Restructuring and Enhancement of the Industrial Structure* to identify human resources services and brand building as one of the main tasks. On December 25th 2014, the Human Resources Market Department of Ministry of Human Resources and Social Security continued to release the *Opinions of the Ministry of Human Resources and So-cial Security, the National Development and Reform Commission and the Ministry of Finance on Accelerating the Development of the Human Resources Service Indus-try* to promote the sustainable and healthy development of the human resources service industry. This Opinion clearly points out that the human resources service industry is one of the priority areas in the production-type service industry iden-tified by the state and the development of the human resources service industry shall be one of the goals in accomplishing the building of a moderately prosperous society in all respects.

With an aim to acting on the spirit of the reports delivered at the 18th CPC National Congress, the fourth and fifth plenary session of the 17th CPC Central Committee, the State shall continue to fully implement the *Guiding Opinions of the State Council on Accelerating the Development of Production-type Service In-dustries to Promote Restructuring and Enhancement of the Industrial Structure* to further promote the sound development of the human resources service industry and strengthen the role of the human resources service industry in boosting the strategy of strengthening the country through human resources development. With the strong support from and under the guidance of the Human Resources Market Department of Ministry of Human Resources and Social Security, Peking Univer-sity and Shanghai Foreign Service Co., Ltd. are launching the *Blue Paper on Hu-man Resources Service Industry in China 2015*. We have reviewed the development status quo of the human resources service industry in China between 2014 and 2015 in a comprehensive and systematic way and made an in-depth analysis of the industry practices from a theoretical perspective. We intend to present a full picture of the development status, the priority areas and the latest development of the human resources service industry in China through the-oretical induction, fact description, data demonstration, case study, scientific pro-jection and other methods.

Compared with the previous papers, the *Blue Paper on Human Resources Service Industry in China 2015* has made a variety of updates to and adjustments on the structure and contents, mainly including:

First, it continues to focus on the new changes and development of the policy and regulatory environment. This Blue Paper preserves the tradition and reviews the updates and the adjustments of the HR-related policies and regulations between 2014 and 2015 comprehensively and makes an in-depth analysis of the new changes and new features of the main policies and regulations related to the HR service industry with an aim to providing the underpinnings to HR service agencies for keeping up with the new trend, adapting to and taking advantages of the new changes and seeking new development.

Second, it pays close attention to the new trends of the human resources service industry in the Internet Plus era. On the one hand, fast information dissemination brought about by the Internet has greatly improved people's information accessibility and work efficiency, thus contributing to the diversification of the social value, the intensified competition and the faster industrial upgrading and changing of the industry. This has changed the situation of game between the organizations and employees and facilitated the updating of human resources management concept. On the other hand, the extensive use of Internet technology helps increase the work efficiency of human resource management in every stage, resulting in the changes of specific working styles.

Third, it continues to put emphasis on the data model of the development of the human resources service industry. This Blue Paper continues to adopt such analysis methods like word frequency analysis, empirical model analysis to analyze the user distribution and levels of attention Internet users have paid to the HR service industry in Weibo, WeChat and other popular media. It also examines in detail the relevant data collected from different places across China by using panel model, cluster analysis and principal component analysis, which presents an insight into the characteristics of policies concerning the HR service industry and also the development differences of the industry in different provinces and cities. With the use of quantitative data, it also identifies the regional differences in the development of the HR service industry in different provinces and municipals in China; the Paper further expands and deepens our understanding of the HR service industry.

Fourth, it pays concerns to the teaching and research of Chinese universities on the human resources service industry. For the first time, this Blue Paper studies and evaluates the institutions involved in the teaching and research of the human resources service industry. With the constant establishment of research institutions in the human resources service industry, the scale of relevant academic researches and studies has been on constant expansion, which has laid a solid foundation for HR service practices and has supplemented the theoretical value of human resources services. In this context, this Blue Paper provides an overview of organization profiles, training courses, academic activities, research projects and other aspects to elaborate on the theoretical development and research accomplishments regarding the human resources service industry by the relevant research institutes have made.

Fifth, it continues to pay attention to the hotspot businesses and the future development trend of the HR service sector. This Blue Paper proposes a method of segment classification of the commercial activities based on the systematic review of the development of the HR service industry in China and the main points of the academic circle on the segment classification of the HR service industry. It introduces the major events of the human resources service industry in China between 2014 and 2015, covering events of political, economic and academic circles. It then summarizes the trend of specialization, clusterization, informatization and internationalization of the development of the human resources services in China. Additionally, on the basis of expert evaluation and public participation, a poll for the Top Ten Events of the Development of the HR Service Industry is conducted again this year following the three-year success, with an aim to recording the significant events in the leapfrog growth of the HR service industry on the one hand, and attracting more attention from the whole society on the HR service industry on the other hand.

This Blue Paper comprises three parts and can be presented in the following way：

Part I, Annual Reports, consists of three chapters. Chapter 1 teases out and analyzes the major laws, regulations and policies and the new changes of the HR service industry that are enacted by the State in 2015. In-depth interpretation of these laws, regulations and policies enables us to keep better track of the new changes and new trends in policies and regulations concerning the HR service industry.

Chapter 2 presents an overview of the HR service agencies in China, followed by an analysis on the roles of HR service agencies and a summary of the classification of HR service agencies. It then focuses on some data of specific human resources agencies to provide an in-depth analysis on the status quo of the HR service agencies, followed by an elaboration of the development trends of the HR service agencies derived based on the comparison between the past contexts and current trajectories. Also, this chapter tries to some factors such as quality classification, experience and capabilities, educational qualification and education and training of HR practitioners which influence the development of the HR services from the perspective of the HR practitioners, including quality classification, experience and capabilities, educational qualification and education and training of HR practitioners, presenting a detailed analysis of the changes of the business concepts in China.

Chapter 3 provides an overview of the status quo and the development trends of the HR service industry in China, which describes the segment classification of the commercial activities of the HR service industry in China, analyses the impact of "Internet Plus" technologies on the HR service industry in China and also outlines the major events of the human resources service industry in China in 2015. This chapter concludes itself by probing into the future industrial landscape of and summarizing the HR service industry in China based on relevant data and events.

Chapter 4 provides information on the experiences and technological innovation of the human resources service industry in China. It not only summarizes the working experiences of the outstanding enterprises in the HR service industry, but also presents the application of some new information technologies (such as cloud technology) in the human resources service industry, the introduction of the "centralized HR shared service center" concept and the application of SaaS(software as a service) in the human resources service industry with an aim to providing experience reference and theoretical support for the development of the human resources service industry in China.

Part II, Special Reports, consists of three chapters. Chapter 1 elaborates the actual development of the HR service industry in different provinces and municipals in China as well as the different levels of attention paid by various provincial and municipal governments on the development of the HR service industry based on the results of word frequency analysis and other methods. Word frequency analysis is adopted to examine the levels of attention Internet users have paid to the HR service industry and its development in microblog(an emerging network environment) and the development model of the HR service industry in WeChat environment. The government work reports of various provinces and cities in 2014 are analyzed to examine the levels of policy support each province and city provides to the development of the HR service industry. The final section of this chapter focuses on outlining and analyzing the laws, regulations and policies concerning the HR service industry in various provinces and cities(excluding Hong Kong, Macao and Taiwan) to examine the differences in policy formulation in various provinces and cities for the HR service industry.

Chapter 2 mainly focuses on three aspects, i. e., macroscopic influence factors of the HR service industry, the regional development gaps in China's HR service industry and the regional differences in competitiveness of enterprises in the HR service industry. Based on the relevant collected data, this chapter examines in detail the above-mentioned issues by using various analysis tools such as panel model, cluster analysis and principal component analysis. Analysis results have shown that economic development and transformation serves as the basis for the rapid and healthy development of the HR service industry.

Similar to the corresponding sections in previous Blue Papers, this chapter outlines the Top Ten Events of the Development of the HR Service Industry 2014—2015. It continues to record the development process of China's HR service industry, shedding light on the breakthroughs and accomplishments China's HR service industry has achieved in policy guidance, academic research and industry development in 2015.

Part 3 provides a systematic overview of the selected latest list of talent markets, HR service enterprises, some HR service agencies and part of the research results in the HR service industry in China in 2015.

This Blue Paper is issued under the general co-editorship of Professor Xiao Mingzheng, Director of the Research Center of Human Resources Development & Management of Peking University and Li Dong, Vice President of Shanghai East Best & Lansheng Group and Party Secretary & Chairman of Shanghai Foreign Service Co., Ltd. Ge Ping (General Manager of Shanghai Foreign Service Co., Ltd.) and Wang Zhouyi (Deputy Director of Department of Sociology of Peking University) serve as Deputy Editor. Yang He, Yu Hongjun, Wang Bo, Liu Bo, Zhou Yueming, Zhou Zhiren, Lu Jun, Xiao Mingzheng, Li Dong, Xiao Qun, Ge Ping, Zhu Qingyang, Liu Hongjie, Gong Xianghe, Wang Zhouyi, Bi Peiwen, Zhu Nongfei, Chen Jieping, Yu Liyue, Gao Yaping and Luo Xiangjun are members of the Editorial Board.

Li Jing, Hu Peng, Tang Xiufeng, Wu Sihan, Zhang Bo and others participated in the writing of Part I. Dong Zhilin, Ding Zhaoqi, Guo Shenghao and others participated in the writing of Part II. Zhang Peng and others participated in the writing of Part III. Zhang Bo, Luo Xiangjun, Lü Hui and others assisted the editors-in-chief in relevant work and contributed to the compiling and the general project coordination.

Special thanks go to related departments/offices and related leaders/officials of Ministry of Human Resources and Social Security for their great support and guidance. Sincere appreciation also goes to Wang Keqiang (General Director), Yang Wencai (Director), Yu Xing'an, Bi Xuerong, Chen Jun, Zhao

Yue, Liu Xuemin, Wang Jicheng, Li Zhen, Fan Jinsheng, Dai Changliang, Hu Yuanzi, Chen Yongli, Lin Ge, Zhao Jing and other leaders/officials for their great support and guidance. Thanks should also be given to Xie Kehai, Lin Ge, Zhao Jing and other experts for their invaluable advice. Thanks also go to related departments/offices and related leaders/officials of Beijing Municipal Bureau of Human Resources and Social Security and other related industry service agencies, experts and scholars for their kind assistance and active support.

No country can prosper unless it can develop, attract and retain talents with sound human resources development system. With the advancement of the reform of allowing the market to better play a primary role in allocating human resources, the human resources service industry in China started from virtually nothing to a sector with a multi-level diversified human resources service system in initial shape. Accelerating the development of the human resources service industry is a basic requirement of the policy of giving priority to the development and optimization of human resources allocation and developing China into a powerful nation of human resources. It is one of the major initiatives aimed at delivering full and higher-quality employment and is of vital importance to the policy of shifting in economic growth to mainly relying on scientific and technological progress, improvement in the quality of the workforce, and management innovation. We will continue to uphold the principles of objective reflection, systematic revelation, active promotion and direction exploration in hope that the *Blue Paper on Human Resources Service Industry in China 2015* can continue to play a role in promoting and facilitating the implementation of the strategy of strengthening the country through human resources development, the transformation of economic growth mode and the realization of the great rejuvenation of the Chinese nation.

Editors-in-Chief of the Blue Paper on Human
Resources Service Industry in China 2015
November 20

第一部分

年度报告篇

第一章　人力资源服务主要法律法规政策及新变化

【内容摘要】

本章主要汇总和分析了 2014—2015 年度对我国人力资源、人力资源服务业有重要影响的法律法规政策及其新变化。与往年不同的是,今年本章除了对政策进行了介绍和解读外,在分类方法上作出了较大的改变,具体表现为将分类标准调整为三类:对全国人力资源服务业有重大影响的全国性政策;对全国人力资源服务业有较大间接影响的全国性政策;对区域人力资源服务业有重大影响的地方性政策。

同时,针对地方性政策,按照北京、上海、广州和其他地区分类。其次,扩大政策收集的范围。除了由中央政府、地方政府部门已经发布的政策外,一些已经基本有结论、正在完成发布的程序的政策也提前纳入考虑范围。

另外,除了详细解读政策本身以外,重点解读政策对人力资源服务业带来的影响。包括对人力资源服务市场中供需变化、交易成本、监管措施等各个方面的短期和长期的影响。力求使读者能够快速掌握每条政策到人力资源服务业的影响传导路径。

Chapter 1　Major Laws, Regulations and Policies and New Changes concerning Human Resources Services

【Abstract】

This chapter outlines and analyzes the laws, regulations and policies and their new changes that have significant impact on China's human resources and the HR service industry enacted by the State between 2014 and 2015. In addition to the introduction and interpretation of relevant policies, this chapter of the Blue Paper makes a major adjustment to the classification method by dividing relevant policies into three categories, i. e., (1) national policies that have a significant impact on China's human resources service industry, (2) national policies that have a great but indirect impact on China's human resources service industry and (3) local policies that have a significant impact on the regional human resources service industry, which is unlike the practice of the previous years.

Meanwhile, local policies are classified into four categories: Beijing policies, Shanghai policies, Guangzhou policies and policies in other areas. Secondly, the scope of policy collection is expanded. Apart from the policies that have been released by the Central Government and local government departments, we also take into account in advance some policies that have already derived some basic conclusions and are being processed for release.

In addition to the in-depth interpretation of policies themselves, we also elaborates the impact of policies on the human resources service industry, including the short-term and long-term effects on changes in market changes of supply and demand, transaction costs, regulatory measures in every aspect of the human resources service industry. Such efforts are given to facilitate a quicker understanding of the readers on the impact transmission mechanism of each policy on the development of the human resources service industry.

一、上海自贸区试点设立海外人才离岸创新创业基地①

中国首个在自贸试验区内试点设立的海外人才离岸创新创业基地于 2015 年 8 月 12 日在上海浦东国际人才城揭牌。揭牌仪式上，基地的协调

---

① 资料来源:中国新闻网,http://cul.chinanews.com/cj/2015/08-12/7463351.shtml。

管理机构浦东科技创业中心与首批 3 个空间的运营机构和全欧华人专业协会联合会、澳华科学技术协会签署了共同建设基地的合作备忘录。

基地首批实体平台设在上海自贸试验区张江片区、陆家嘴片区和保税区片区。位于张江片区的浦东国际人才城，约 4000 平方米，其特点是社会组织运作，侧重离岸研发创新。位于保税区片区的人才大厦，约 4000 平方米，其特点是国有企业运作，侧重离岸贸易服务。位于陆家嘴片区的陆家嘴创业街区，约 2 万平方米，其特点是民营企业运作，侧重金融与科技对接。

上海自贸区海外人才离岸创业基地旨在面向海外人才，通过市场化的手段，探索"区内注册、海内外经营"的离岸模式。该离岸基地建设以"引才引智、整合资源、创新模式"为主线，围绕创业基本要素的集聚和离岸创业的机制创新，计划开展离岸创业"伙伴计划"、建设离岸创业网上工作平台、建设离岸创业实体服务平台、发布离岸创业政策指引，依托区内完善的金融服务、科技研发、智能制造、保税仓储等现有功能，凸显"双自联动"政策叠加效应，运用互联网技术，突破物理空间局限和地域阻碍，旨在吸引海外人才，推动技术转移，带动产业升级，促进"四新"经济发展，服务科创中心建设。

海外人才离岸创新创业基地将对有意向在上海自贸试验区创业的海外人才进行政策、知识产权、技术、投资对接等整体前置服务，通过"海外预孵化"，使海外人才在海外完善创业团队或创业项目，显著提高海外人才落地创业的成功率，减少海外人才来华创业的顾虑。对于基地内注册的企业，基地将导入优质服务机构，为人才创新创业提供全方位的托管式服务，对海外创业项目，协助其注册企业后进行正式孵化，形成灵活便利的创业模式。

上海自贸区海外人才离岸创新创业基地将为全国其他自贸区和急需引进海外高层次人才来华创新创业提供宝贵的先行先试经验。可以预见，类似的海外人才离岸创新创业基地将会继续在国内推广。各类人力资源服务机构应充分掌握和利用海外人才在国内创新创业的优惠政策，依托利用公共服务优势，运用互联网技术，整合资源，吸引海外人才，推动技术转移，带动产业升级，做到"引进来、用得好、留得住"。

二、"互联网+"顶层设计出炉　提 11 项具体行动①

国务院 2015 年 7 月 4 日印发《关于积极推进"互联网+"行动的指导意见》(以下简称《指导意见》),这是推动互联网由消费领域向生产领域拓展,加速提升产业发展水平,增强各行业创新能力,构筑经济社会发展新优势和新动能的重要举措。

《指导意见》围绕转型升级任务迫切、融合创新特点明显、人民群众最关心的领域,提出了 11 个具体行动。《指导意见》提出,到 2018 年,互联网与经济社会各领域的融合发展进一步深化,基于互联网的新业态成为新的经济增长动力,互联网支撑大众创业、万众创新的作用进一步增强,互联网成为提供公共服务的重要手段,网络经济与实体经济协同互动的发展格局基本形成。到 2025 年,"互联网+"新经济形态初步形成,"互联网+"成为我国经济社会创新发展的重要驱动力量。

● 互联网+,创业创新

充分发挥互联网的创新驱动作用,以促进创业创新为重点,推动各类要素资源聚集、开放和共享,大力发展众创空间、开放式创新等。

● 协同制造

鼓励企业基于互联网开展故障预警、远程维护、质量诊断、远程过程优化等在线增值服务,拓展产品价值空间,实现从制造向"制造+服务"的转型升级。

● 现代农业

构建农副产品质量安全追溯公共服务平台,推进制度标准建设。加快推动移动互联网、物联网、二维码、无线射频识别等信息技术在生产加工和流通销售各环节的推广应用。

● 智慧能源

建设以太阳能、风能等可再生能源为主体的多能源协调互补的能源互

① 资料来源:中国政府网,http://www.gov.cn/zhengce/content/2015 - 07/04/content_10002.htm。

联网。开展绿色电力交易服务区域试点,实现绿色电力的点到点交易及实时配送和补贴结算。

- 普惠金融

鼓励互联网企业依法合规提供创新金融产品和服务,更好满足中小微企业、创新型企业和个人的投融资需求。

- 益民服务

鼓励政府和互联网企业合作建立信用信息共享平台,打通政府部门、企事业单位之间的数据壁垒。积极推广基于移动互联网入口的城市服务,开展网上社保办理、个人社保权益查询、跨地区医保结算等互联网应用。

- 高效物流

鼓励发展社区自提柜、冷链储藏柜、代收服务点等新型社区化配送模式,加快推进县到村配送网点建设,解决物流配送"最后一公里"问题。

- 电子商务

建立电子商务产品质量追溯机制,解决消费者维权难、退货难、产品责任追溯难等问题。加强互联网食品药品市场监测监管体系建设,积极探索处方药电子商务销售和监管模式创新。

- 便捷交通

鼓励互联网平台为社会公众提供实时交通运行状态查询、出行路线规划、网上购票、智能停车等服务。

- 绿色生态

加强对企业环保信用数据的采集整理,将企业环保信用记录纳入全国统一的信用信息共享交换平台。鼓励互联网企业参与搭建城市废弃物回收平台,创新再生资源回收模式。

- 人工智能

推动汽车企业与互联网企业设立跨界交叉的创新平台,加快智能辅助驾驶、复杂环境感知、车载智能设备等技术产品的研发与应用。

国务院通过发布《关于积极推进"互联网+"行动的指导意见》,明确了未来三年以及十年的发展目标,提出了包括创业创新、协同制造、现代农业、智慧能源等在内的 11 项重点行动,并就做好保障支撑进行了部署。这一顶层设计将加快推进"互联网+"的发展,有利于形成经济发展新动能,催生经济新格局。国家提出"互联网+"的意图比较明确,就是要推动经济提质升级,主要是融合工业等,属于较高层次的战略性规划。

"互联网+"行动一方面将重构工业生产和商业模式,从而对其所需的人力资源带来更新要求。整个互联网与工业融合趋势之下将形成新的生态体系:工业大数据服务、供应链金融服务、工业云计算服务、融合应用解决方案等业态将出现,规模庞大的新兴市场应运而生。拥有大数据,通过构建账户体系,商业服务可以记录消费行为,发掘价值,从而实现 C2B 的模式转变。在"互联网+"行动下,跨界思维将成为常态。跨界思维要求人力资源管理者要精通业务,除了统计、心理、账务知识外,还得跨界知道运营管理、业务流程、行业产业链知识、互联网思维等,只有实现跨界才能更好支撑业务发展。跨界思维启发管理人员在招聘时更多元化,在招聘同行业人才同时也要招聘其他行业的人才,通过他们的不一样的眼光来找到企业的问题和发展机会;在人才开发管理上,从过去的培训管理改为人才开发管理。另一方面,"互联网+"行动也将直接对人力资源服务业的运营、技术和服务产生深远的影响。互联网思维大数据化对于人力资源管理的分析决策起到促进作用,大数据分析给人力资源管理提出了更好的分析决策办法。"互联网+"缩短了信息的交换、传递、解决了信息不对称,将促使人力资源管理更快捷、透明、合规。

三、23 个地区上调 2015 年最低工资
标准　上海深圳超 2000 元①

进入 2015 年以来,全国已有湖南、海南、西藏、广西、天津、深圳、山东、陕西、北京、上海、广东、甘肃、山西、四川、内蒙古、云南、福建、河南、新疆、湖北、贵州、江西、浙江等 23 个地区先后宣布提高最低工资标准。调整之后,深圳、上海两地月最低工资标准分别为 2030 元、2020 元,最低工资标准超过 2000 元大关。而小时最低工资标准最高的依然是北京,达到 18.7 元。除了上述调整的地区,安徽、江苏等地均已表示下半年将适时适度调整最低

---

① 资料来源:中国新闻网,http://www.chinanews.com/gn/2015/09-24/7543312.shtml。

工资标准。预计到 2015 年底,上调最低工资标准的地区还会增加。

表 1-1-1　2015 年各地最低工资标准　　　　(单位:元)

地　区	月最低工资标准	小时最低工资标准	实施时间
深　圳	2030	18.5	2015 年 3 月 1 日
上　海	2020	18	2015 年 4 月 1 日
广　东	1895	18.3	2015 年 5 月 1 日
浙　江	1860	17	2015 年 11 月 1 日
天　津	1850	18.5	2015 年 4 月 1 日
北　京	1720	18.7	2015 年 4 月 1 日
新　疆	1670	16.7	2015 年 7 月 1 日
内蒙古	1640	13.3	2015 年 7 月 1 日
山　西	1620	17.7	2015 年 5 月 1 日
山　东	1600	16	2015 年 3 月 1 日
河　南	1600	15	2015 年 7 月 1 日
贵　州	1600	17	2015 年 10 月 1 日
云　南	1570	14	2015 年 9 月 1 日
湖　北	1550	16	2015 年 9 月 1 日
江　西	1530	15.3	2015 年 10 月 1 日
四　川	1500	15.7	2015 年 7 月 1 日
福　建	1500	16	2015 年 7 月 1 日
陕　西	1480	14.8	2015 年 5 月 1 日
甘　肃	1470	15.5	2015 年 4 月 1 日
西　藏	1400	13	2015 年 1 月 1 日
广　西	1400	13.5	2015 年 1 月 1 日
湖　南	1390	13.5	2015 年 1 月 1 日
海　南	1270	11.2	2015 年 1 月 1 日

制表人:李金磊。

　　根据《最低工资规定》,各地区的最低工资标准每两年至少要调整一次。黑龙江、辽宁、吉林的最低工资标准均已两年多未调整。根据人社部数据显示,黑龙江目前执行的仍然是 2012 年 12 月 1 日调整的最低工资标准,最高档月最低工资标准为 1160 元。辽宁、吉林上一次调整最低工资标准均在 2013 年 7 月 1 日,最高档月最低工资标准分别为 1300 元、1320 元。

从最低工资标准的"含金量"来看,上海、北京均明确最低工资标准不包含"个人应缴纳的各项社会保险费和住房公积金",用人单位应按规定另行支付,因此,这两地的最低工资标准"含金量"更高。

最低工资,是指劳动者在法定工作时间提供了正常劳动的前提下,其雇主(或用人单位)支付的最低金额的劳动报酬。最低工资不包括加班工资、特殊工作环境、特殊条件下的津贴,最低工资也不包括劳动者保险、福利待遇和各种非货币的收入,最低工资应以法定货币按时支付。由于最低工资标准的实施,特别是全覆盖型最低工资标准的实施,给劳动者正常劳动应该获得的工资报酬设定了最低保障线,在既定的约束条件下,必然刺激劳动者增加劳动供给。最低工资标准的实施有利于扭转经济增长方式与经济发展路径。

中国大陆现时推行最低工资制度始于 2003 年。2003 年 12 月 30 日,中国通过《最低工资规定》,并在 2004 年 3 月 1 日起施行。《最低工资规定》明确,最低工资标准一般采取月最低工资标准和小时最低工资标准的形式。月最低工资标准适用于全日制就业劳动者,小时最低工资标准适用于非全日制就业劳动者。各地区的最低工资标准每两年至少要调整一次。虽然 2015 年以来中国经济下行压力依然较大,但上调最低工资标准的地区却并未明显减少。人社部数据显示,2014 年全国共有 19 个地区调整了最低工资标准,而 2015 年 1 至 10 月,已有 23 个地区上调了最低工资标准。在当前中国经济进入新常态,经济下行压力不减的情况下,上调最低工资标准的地区反而增加,表明各地更加注重居民收入等民生指标。收入是民生之源,上调最低工资标准有利于提高低收入人群的生活水平,一定程度上促进内需和消费,有利于转变经济增长方式。

四、国务院再取消 62 项职业资格认定
打掉创业就业"拦路虎"①

7 月 23 日,国务院再次取消 62 项职业资格许可和认定事项,加上

---

① 资料来源:中国政府网,http://www.gov.cn/zhengce/content/2015 - 07/23/content_10028.htm。

2014 年以来已取消的 149 项职业资格,共取消了 211 项职业许可和认定项目。

我国从 1994 年开始针对专业技术人员和技能人员实行职业资格制度,主要推行准入类和水平评价类职业资格许可。到 2013 年底,国务院部门共设置各类职业资格 618 项,包括专业技术人员职业资格 219 项,技能人员资格 399 项。2014 年以来已分三批取消了 149 项职业资格。第四批被取消的正是 7 月 23 日国务院印发的《关于取消一批职业资格许可和认定事项的决定》中取消的"通信工程师""IC 设计师""国际贸易业务员""医药代表"等 62 项职业资格许可和认定事项。至此,国务院已取消 211 项职业资格学科和认定项目,占国务院职业资格总数的 34%。

国务院承诺,2015 年底前后还将继续集中取消一批职业资格许可和认定事项。政府下定推进改革决心,不仅出政策,更督促政策落实,加大政策落实检查力度,对执行不力或虚于应付的各级政府部门进行严厉行政问责和经济处罚。彻底清理"红顶中介",斩断利益链条,使再次取消职业资格许可事项出成效,成为推动中国经济增长的"新引擎"。

在大众创业、万众创新的发展背景下,职业资格不能成为就业创业的门槛。减少职业资格许可和认定工作是简政放权的一个重要内容。取消部分不必要的职业资格许可,将减少就业关卡,有效规范市场。取消职业资格许可,不再持"证"上岗,打掉了一批市场主体创业兴业的"拦路虎",就等于降低了部门各自设置的"市场门槛",对于大众创业和万众创新有激励作用。取消不必要的职业资格许可认定,不仅减少了对人才和劳动力的束缚,也是尊重市场规律和人性的表现。精减职业资格许可事项,可以说既是经济领域的变革,更是部门利益调整的革命。对于鼓励并促进"双创",激发市场经济活力,更好适应经济发展新常态,有着不言而喻的积极意义。

下一步国务院将抓紧向社会公布国家职业资格目录清单,推动大众创业、万众创新,为改革释放出创业创新活力。这既是促进经济增长,推动大众创业、万众创新的现实需要,也是进一步简政放权、打破部门利益垄断的现实倒逼。社会创业活力将进一步释放。

五、社保发展年度报告首次公布
基本养老保险覆盖率达 80%①

人力资源和社会保障部 2015 年 6 月 30 日对外发布《中国社会保险发展年度报告 2014》(以下简称《报告》)。这是首次以政府部门的名义就社会保险制度建设、管理运行、经办服务等方面情况向公众全面、系统、客观地进行发布,标志着我国社会保险信息披露工作已逐步迈入制度化和规范化轨道。

《报告》显示,截至 2014 年底,职工和城乡居民基本养老保险参保人数合计达到 8.42 亿人,其中 2.29 亿人领取基本养老金。在我国人口总数中,剔除 16 岁以下少年儿童和在校学生等群体,符合参保条件的人数约为 10.5 亿人。据此判断,目前职工和城乡居民基本养老保险总体覆盖率已达 80%左右。

到 2014 年底,城镇职工基本养老保险参保人数达到 34124 万人,比上年底增加 1906 万人,增长 5.9%;比 2009 年底增加 10574 万人,年平均增长 7.7%。但是《报告》也显示,企业职工养老保险实际缴费人数占参保职工的比例在下降。2014 年,企业缴费人员比 2013 年增加 470 万人,占参保职工的比例 81.2%,比 2013 年的占比下降 2.8 个百分点,比 2009 年下降 6.5 个百分点。

《报告》分析称,导致缴费人数占参保职工人数比例下降的主要原因有三方面。一是困难群体中断缴费比较多,主要是部分个体、灵活就业人员收入低且不稳定。二是部分人员对养老金计发"多缴多得、长缴长得"等政策不够了解,缴费年限累计满 15 年就不愿再继续缴费。三是一些人在多地就业过程中未能及时接续养老保险关系,因而即使在新就业地已经参保也可能被原参保地统计为中断缴费人员。

《报告》首次披露了企业养老金替代率情况。企业养老金替代率指劳动者退休时,养老金的领取水平与其退休前工资收入水平之间的比率,是衡

---

① 资料来源:人民网,http://leaders.people.com.cn/n/2015/0701/c58278-27235916.html。

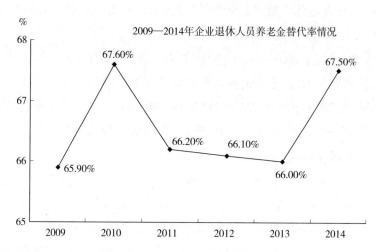

图 1-1-1　2009—2014 年企业退休人员养老金替代率情况

量劳动者退休前后生活保障水平的重要指标。2014 年,企业离退休人员月
人均养老金 2061 元(离休人员月人均养老金 4664 元),当期发放无拖欠。

2014 年,企业退休人员养老金替代率为 67.5%,比上年增长 1.5 个百分点,与 2010 年(67.6%)基本持平。

《报告》显示,2014 年,按照国务院统一部署,实施了连续第十年企业退休人员养老金调整,企业退休人员月人均养老金达到 2050 元,比上年增长10.5%,比 2009 年增加 825 元,增长 67.3%。尽管企业养老金过去五年保持年均 10.8% 的增速,但是一直有研究机构认为我国企业养老金替代率偏低或低于国际标准。

《报告》显示,截至 2014 年底,养老保险基金结余达到 3.5 万亿元。随着我国人口老龄化高峰日益临近,基本养老金的支付压力持续加大。依据《报告》,2014 年全国城镇职工基本养老保险抚养比,即参保职工人数与领取养老保险待遇人数的比值为 2.97∶1,较上年(3.01∶1)下降 0.04。按照现行政策,基金投资范围严格限定于银行存款和买国债,存在投资渠道偏窄的问题,影响基金的支撑能力。为此,人社部和财政部近日发布了《基本养老保险基金投资管理办法》(以下简称《办法》)向社会公开征求意见。

针对《中国社会保险发展年度报告 2014》中呈现的中断缴费人数增加情形,人社部社会保险事业管理中心主任唐霁松表示,出现中断缴费人数增加的情形,一定程度上也是受经济形势下行的影响,部分企业和行业受到了一些冲击,有的企业用工量在减少。人社部将采取措施扭转这种状况。首先,进一步积极研究如何完善养老保险的相关政策,包括研究完善养老保险关系转移接续的政策,吸引和鼓励更多企业和个人参加或者接续养老保险关系。完善养老保险待遇的计发办法和待遇调整的办法,激励更多人长期缴费、多缴费。其次,为了避免更多的中断缴费现象出现,人社部门将加大对缴费困难人员的扶持力度,比如落实社保补贴政策等。此外,还将加强社保的稽核与执法的检查力度,按照社会保险法对各类人员参加社会保险的强制性要求,加大执法检查力度,保证参保人员流动到私营企业、小微企业的时候,能够及时接续好自己的养老保险关系。另外,需要对社保缴费的宣传也要加强,不断提高企业和职工的参保意识。

我国企业职工基本养老保险制度坚持"全覆盖、保基本、多层次、可持续"的原则,劳动者在职时以职工平均工资缴费满 35 年,退休时基本养老金的自标替代率设计为上年职工年平均工资的 60% 左右。由于养老金和工资都有不同的计算口径,因此替代率的算法也有所不同。此次发布的《报告》是以"某年度退休人员的平均养老金"除以"同一年度参保职工的平均缴费基数"得到的。按照这一口径,近五年来,我国的企业职工养老金替代率一直维持在65.9%—67.6%之间。国际劳工组织1952年发布的社会保障最低保障公约提出,缴费满30年的普通成年男劳动力,退休时的养老金替代率不低于40%,1967年将这一比例提高到了45%。各国通常会参考这一标准。实际上,中国企业养老保险金的替代率这几年一直保持在66%左右。劳动者个人的缴费工资水平不同、缴费年限不同、退休年龄不同,个人的实际养老金替代率与全国的平均养老金替代率之间就会存在差异,有的人会低一些,有的人则会高一些。

关于养老保险基金投资运营,人社部、财政部在拟定《办法》时,最主要的考虑就是保证基金的绝对安全,不能让老百姓的养命钱出现重大风险。《办法》对严格控制风险做了多方面的制度安排和政策规范。第一,建立了相互制衡的机制。分别明确委托人、受托机构、托管机构、投资管理机构各自的权利义务,让这些机构之间能够相互制衡。第二,要求管理机构建立健全养老保险基金投资管理的内部控制制度,加强风险管控,维护委托人的利益。第三,要求合理进行资产配置,明确只能在境内投资,同时严格控制投资产品的种类,主要是投资一些比较成熟的品种。第四,建立了风险准备金制度。在《办法》中明确,投资机构和受托机构分别按管理费的20%和年度投资收益的1%来建立风险准备金,专项用于弥补养老基金投资发生的亏损。第五,在《办法》中特别注重加强政府有关部门的监管。

养老基金投资主要包括三类产品,一类是银行存款类产品,一类是债券类产品,一类是股票、基金类产品。各类产品投资比例有严格限制,总的想法是"风险低的比例较高、风险高的比例较低"。股市是养老基金投资的选项之一,但《办法》中明确"投资股票、股票基金、混合基金、股票型养老金产品的比例合计不得高于基金资产净值的30%"。这是养老保险基金投资股市的上限比例,重点仍是合理控制投资风险。养老保险基金投资运营对股市会产生一定影响,但这种影响是平缓和循序渐进的。

六、人社部、财政部:10 月 1 日起调整
现行工伤保险费率政策①

　　2015 年 7 月 29 日,人社部和财政部联合发出了《关于调整工伤保险费率的通知》(以下简称《通知》),按照党的十八届三中全会提出的"适时适当降低社会保险费率"的精神,落实《政府工作报告》中降低工伤保险费率的要求,为更好贯彻社会保险法、《工伤保险条例》,使工伤保险费率政策更加科学、合理,适应经济社会发展的需要,经国务院批准,自 2015 年 10 月 1 日起,调整现行工伤保险费率政策。

　　《通知》就工伤保险费率调整工作提出了明确要求:

　　明确将行业工伤风险类别划分为八类。按照《国民经济行业分类》(GB/T 4754—2011)对行业的划分,根据不同行业的工伤风险程度,由低到高,依次将行业工伤风险类别划分为一至八类。

　　明确了行业差别费率及其档次。各行业一至八类工伤风险类别对应的全国工伤保险行业基准费率分别控制在该行业用人单位职工工资总额的 0.2%、0.4%、0.7%、0.9%、1.1%、1.3%、1.6%、1.9% 左右。一类行业分为三个档次,即在基准费率的基础上,可向上浮动至 120%、150%;二至八类行业分为五个档次,即在基准费率的基础上,可分别向上浮动至 120%、150% 或向下浮动至 80%、50%。各统筹地区人社部门要会同财政部门,按照"以支定收、收支平衡"的原则,合理确定本地区工伤保险行业基准费率具体标准,并征求工会组织、用人单位代表的意见,报统筹地区人民政府批准后实施。基准费率的具体标准,可根据统筹地区经济产业结构变动、工伤保险费使用等情况适时调整。

　　明确了单位费率确定与浮动办法。各统筹地区社保经办机构根据用人单位工伤保险费使用、工伤发生率、职业病危害程度等因素,确定其工伤保险费率,并可依据上述因素变化情况,每一至三年确定其在所属行业不同费率档次间是否浮动。对符合浮动条件的用人单位,每次可上下浮动一档或

---

　　① 资料来源:人民网,http://legal.people.com.cn/n/2015/0729/c188502-27381807.html。

两档。统筹地区工伤保险最低费率不低于本地区一类风险行业基准费率。费率浮动的具体办法由统筹地区人社部门商财政部门制定,并征求工会组织、用人单位代表的意见。

明确了费率的报备制度。各统筹地区确定的工伤保险行业基准费率具体标准、费率浮动具体办法,应报省级人社部门和财政部门备案并接受指导。省级人社部门、财政部门应每年将各统筹地区工伤保险行业基准费率标准确定和变化以及浮动费率实施情况汇总报人社部、财政部。

为了做好此次工伤保险费率调整工作,人社部、财政部还同时下发了《关于做好工伤保险费率调整工作进一步加强基金管理的指导意见》(以下简称《指导意见》)。《指导意见》对贯彻落实《通知》提出细化要求,并要求各地人社部门要通过准确确定用人单位适用的行业分类,科学确定工伤保险行业基准费率具体标准,定期进行单位费率浮动,全面建立并规范工伤保险基金储备金制度,规范和提高工伤保险基金统筹层次等多项举措,进一步加强工伤保险基金管理。

此次费率调整是适应我国经济社会发展新常态,减轻企业负担,进一步完善工伤保险制度的重要举措,把握的原则是“总体降低,细化分类,健全机制”。初步测算,工伤保险费率调整,全国一年可减轻企业负担 150 亿元。调整费率后,工伤职工的工伤待遇水平不会受到任何影响,而且每年还会随着职工平均工资和生活费用变化等情况逐步调整提高。

七、商业健康险个税政策细则公布
各省选一个城市试点[①]

2015 年 5 月 12 日,财政部、国家税务总局发布《关于开展商业健康保险个人所得税政策试点工作的通知》(以下简称《通知》),《通知》提出为确保商业健康保险个人所得税政策试点平稳实施,拟在各地选择一个中心城市开展试点工作。其中,北京、上海、天津和重庆四个直辖市全市试点,各

---

① 资料来源:人民网,http://finance.people.com.cn/money/n/2015/0513/c42877-26992348.html。

省、自治区分别选择一个人口规模较大且具有较高综合管理能力的试点城市。各省级财政、税务和保监部门应及时研究制定试点工作实施方案,分别上报省级人民政府确定,并于 2015 年 6 月 30 日前联合上报财政部、税务总局和保监会审核备案。

《通知》明确了适用商业健康保险税收优惠政策纳税人的范围,是指试点地区取得工资薪金所得、连续性劳务报酬所得的个人,以及取得个体工商户生产经营所得、对企事业单位的承包承租经营所得的个体工商户业主、个人独资企业投资者、合伙企业合伙人和承包承租经营者。同时,《通知》还明确了符合规定的商业健康保险产品的种类,是指由保监会研发并会同财政部、税务总局联合发布的适合大众的综合性健康保险产品。待产品发布后,纳税人可按统一政策规定享受税收优惠政策,税务部门按规定执行。

目前,我国的社会保障体系无法满足民众需求,完全靠社会保险很难让医疗深度达到一定程度。在这样的前提下,商业健康险将对目前的社保进行多维度的补充,从而减轻大众的看病压力。现在的健康险产品大多偏向理财功能,保障功能不足,之所以要对税优产品统一研发,目的在于充分发挥其保障功能,根据大众的需要,细化产品的内容。据测算,此次税收优惠政策将个人购买商业健康保险税前扣除的限额确定为年均 2400 元,与我国目前年人均卫生费用基本持平(2013 年我国人均卫生费用为 2326.8 元),无疑将有效发挥政策的杠杆作用,通过鼓励民众购买商业健康保险,增强自我保障能力,进一步减轻人民群众的医疗费用负担。

八、机关事业单位职业年金办法发布　个人缴纳工资 4%[①]

2015 年 4 月 6 日,国务院办公厅印发《机关事业单位职业年金办法》(以下简称《办法》)。《办法》规定,从 2014 年 10 月 1 日起实施机关事业单位工作人员职业年金制度。这是机关事业单位养老保险制度改革的重要组成部分,对于建立多层次、可持续养老保险制度,保障机关事业单位工作人

---

① 资料来源:中国政府网,http://www.gov.cn/zhengce/content/2015 - 04/06/content_9581.htm;新华网,http://jjckb.xinhuanet.com/2015-04/07/content_543561.htm。

员退休后的生活、促进人力资源合理流动具有重要意义。

《办法》规定,职业年金强制建立,发挥机关事业单位基本养老保险的补充作用;适用范围和缴费基数均与基本养老保险的相关规定一致,切实维护制度统一;实行单位和个人共同缴费,采取个人账户方式管理;个人账户资金随同工作变动转移,促进人员的合理流动;根据本人退休时的个人账户储存额确定待遇水平,缴费与待遇挂钩;社保经办机构负责职业年金的经办管理,不断提高管理服务水平;职业年金基金实行市场化投资运营,实现保值增值;政府部门加强监管,确保资金安全。

《办法》还对职业年金的领取条件和监督检查作出了规定。《办法》作为机关事业单位养老保险制度改革的配套政策,对于顺利推进机关事业单位养老保险制度改革有重要意义。

2015 年 1 月,国务院发布《机关事业单位工作人员养老保险制度改革的决定》,明确提出"建立职业年金制度"。其中明确单位按本单位工资总额的 8%缴费,个人按本人缴费工资的 4%缴费。《机关事业单位职业年金办法》重申了上述做法,单位和个人缴费基数与机关事业单位工作人员基本养老保险缴费基数一致。按照《办法》规定,职业年金所需费用由单位和工作人员个人共同承担。具体来看,单位缴纳职业年金费用的比例为本单位工资总额的 8%,个人缴费比例为本人缴费工资的 4%,由单位代扣。

《办法》规定,职业年金个人账户资金可以随同转移。工作人员升学、参军、失业期间或新就业单位没有实行职业年金或企业年金制度的,其职业年金个人账户由原管理机构继续管理运营。如果新就业单位已建立职业年金或企业年金制度的,原职业年金个人账户资金随同转移。

九、个税递延型商业养老保险年内将推出[①]

个人税收递延型商业养老保险,是由保险公司承保的一种商业养老年金保险。居民投保该险种时,所缴纳保险费允许税前列支,养老金积累阶段

---

① 资料来源:人民网,http://finance.people.com.cn/money/n/2015/0308/c42877-26657444.html。

免税,领取养老金时再缴纳。

中国的养老保险体系有三大支柱:第一支柱是政府"兜底"的基础养老保险,第二支柱是企业年金、职业年金,第三支柱是个人商业保险。目前第一支柱基本养老保险费占比达 90%,第二、第三支柱保险费占比合计 10%。第一支柱的缴费率已达 28%,远超 10% 的国际水平,但平均替代率(退休金/退休前工资)则从 77% 持续下滑到 45% 左右。因此,加大第二、第三支柱的保障贡献是大势所趋。"减税养老"也是目前国际上采用较多的养老体系税收优惠模式。2015 年《政府工作报告》提出,年内将推出个税递延型商业养老保险,这意味着税收优惠将全面覆盖中国养老保险体系的三大领域。

"个税递延险"在海外的典型计划,是美国著名的"个人退休账户"(IRAS),即个人自愿投资性退休账户。人们在退休前,定期投资一部分钱进入该账户,退休后便能从中获取养老金。1974 年设立这一账户的初衷,是为那些没有办法参加企业年金计划的人提供养老保障,该账户具有税收递延和资产转存功能。截至 2013 年 6 月末,将近 38% 的美国家庭拥有 IRAS 账户,该账户资产高达 6.5 万亿美元,占美国退休资产的 28%,成为居民养老的重要资金来源。

经测算,1% 的税率变化会引起养老金 21% 的反向变化,即每人少收 1 元税费,就可以建立 20 元的养老保险。税收政策对整个社会做大养老保险"蛋糕"的杠杆作用十分明显。现阶段在我国,需要强化自我保障的人群以工薪阶层为主。按照现行个税条例进行测算,对工薪阶层的"税优敏感"得出如下推测:税前月收入 4269 元以下的人群不需要纳税,不受税延政策影响;税前月收入 4269—6098 元的人群,适用税率为 3%,投保后每月初始费用扣费率大于 3%,可能无法刺激投保意愿;税前收入 6098—9756 元的人群,超额累计最高档税率为 10%,这部分人群有现金流比较紧张的特征,考虑到初始扣费,投保意愿可能不强;税前月收入 9756 元以上的人群,超额累进税率最高 20% 以上,投保节税效果明显,是对税延养老政策最敏感的人群。

与海外保障型险种占主流的情形不同,近年来,我国分红险一家独大,占据了寿险市场 70%—80% 的份额,传统保障型险种维持在 10% 左右。一方面,税延政策将改变目前寿险理财型产品占比偏大、期限偏短、保障型险种偏少的市场状况,强化风险保障功能,推动保险业回归保障本质;另一方面,个税递延险的期限长,持续缴费率高,保障了保险公司的续期保费收入水平。此外,这一险种具有期限长、成本约束硬、资金累计效应强等特点,不仅有利于保险公司优化资产配置,也为资本市场提供了充足的资金来源。

十、国务院发布加快实施创新驱动发展战略若干意见①

2015 年 3 月 13 日,国务院印发《关于深化体制机制改革　加快实施创新驱动发展战略的若干意见》(以下简称《意见》)。《意见》提出发挥金融创新对技术创新的助推作用,培育壮大创业投资和资本市场,提高信贷支持创新的灵活性和便利性,形成各类金融工具协同支持创新发展的良好局面。

经过改革开放 30 多年来的高速发展,我国经济总量已位列全球第二,人均 GDP 超过 7000 美元。但面对经济社会发展中的突出矛盾和问题,面对全球新一轮科技革命和产业变革的机遇和挑战,面对跨越中等收入陷阱的任务和要求,增长模式转变已迫在眉睫。当前,我国已经处于向创新驱动转变的关键阶段。然而,仍有多重因素制约着我国经济实现创新驱动转型:一是某些方面的制度和体制抑制了创新主体的动力。市场竞争秩序不够完善,对知识产权的司法保护不到位,抑制了企业的创新动力及科研人员的创新积极性和创造力。二是企业创新能力不足。规模以上工业企业有研发活动的只有 14% 左右,工业企业研发投入占主营业务收入的比重仅为 0.8% 左右。多数企业依赖的是扩大产能规模、压低成本打"价格战",进行同质化、低水平的竞争。三是创新资源市场化配置面临障碍,技术转移和转化效率不高。一方面市场没有成为创新资源配置的主要力量,另一方面也缺乏配套的激励机制和产权分配体系。四是政策体系不完善。支持创新的政策存在不衔接、不配套、不落实的问题,特别是经济政策中还存在不少制约创新的障碍。

《意见》共分 9 章,从 8 个方面提出 30 条近百项改革措施。《意见》特

---

① 资料来源:新华网,http://news.xinhuanet.com/2015-03/23/c_1114735805.htm。

别突出企业创新的主体地位,政府要做的就是支持企业创新。要做好支持工作,政府要做好三件事情。

第一件事是"铺路",营造激励企业创新的市场竞争环境。要引导企业搞创新,就要让想创新的企业能创新,让真正创新的企业能获利。这就必须构建严格的知识产权保护制度,优化相关领域的行业监管和市场准入,打破行业垄断和市场分割,调整创新资源配置的相关政策。尤其是在很多新兴领域,放松管制、减少干预、营造环境就是对创新的最好支持。

第二件事是"赋权",让企业真正牵头搞技术创新。该负责人表示,过去我国科研与市场需求脱节,与成果转化脱节,企业在国家创新体系中的话语权远远不够。下一步要扩大企业在国家创新决策中的话语权,完善企业为主体的产业技术创新机制方面推进一系列改革。原则上,市场导向明确的科技项目由企业牵头、政府引导、联合高等学校和科研院所实施。

第三件事是"造血",强化对企业创新的普惠性政策支持。把过去政府主导选拔式的创新支持模式,逐步转变为以普惠性财税政策支持为主的模式,通过税收和采购等普惠性政策来调动企业创新积极性。降低享受税收政策的门槛和成本,让政策真正普惠。

《意见》针对人才制定了一些特殊政策,主要有三方面。一是强化对人才创新的激励。《意见》提出了一系列具体措施来保证创新人才通过成果转化实现合理回报,实现财富事业的双丰收。具体来说,包括下放科技成果处置权、提高科研人员成果转化收益比例,强化对企业科研人员的股权、期权、分红权激励等。二是尊重人才创新的规律。为营造符合创新规律的科研环境,《意见》针对保障选题自主权、鼓励自由探索、实施更加科学的评价、考核和薪酬制度等方面,都作出了改革部署。下一步还将结合收入分配改革、科研院所改革等做进一步的统筹研究。三是促进人才合理流动。目前,我国企业科技人才很难走进高校和院所,事业单位的科技人才也很少迈过门槛流向企业,这在一定程度上影响了科技与产业的结合。针对企事业单位科研人才"双轨制"问题,《意见》完善了科研人员在企业与事业单位之间流动时社保关系转移接续政策,同时还将试点把企业任职经历作为高等学校新聘工程类教师的必要条件,试点允许科研人员经单位允许带着科研项目和成果到企业兼职或创办企业等。

十一、失业保险费率由现行规定 3% 统一降至 2%①

人社部、财政部印发了《关于调整失业保险费率有关问题的通知》,明确失业保险费率整体下调 1 个百分点。通知提出,将失业保险费率暂由现行条例规定的 3% 降至 2%,单位和个人缴费的具体比例由各省区市政府确定,省区市行政区域内单位和职工的费率应当统一。

通知要求,各地降低失业保险费率要坚持"以支定收、收支基本平衡"的原则,充分考虑提高失业保险待遇标准、促进失业人员再就业、落实失业保险稳岗补贴政策等因素对基金支付能力的影响,结合实际,认真测算,研究制定降低失业保险费率的具体方案,经省级人民政府批准后执行。各地要抓紧研究制定本行政区域降低失业保险费率的方案,尽早组织实施。

失业保险是通过立法强制实行,由社会集中建立基金,对非因本人意愿中断就业而失去工资收入的劳动者提供一定时期资金帮助及再就业服务的社会保障制度。1986 年,我国开始建立国营企业职工待业保险制度;1999 年,国务院颁布实施了《失业保险条例》。此次失业保险费率总体上降低 1 个百分点,授权省级政府确定单位和个人的具体费率,是完善失业保险制度、建立健全失业保险费率动态调整机制的一项重要内容。调整失业保险费率,有利于减轻企业和个人负担,促进就业稳定。

十二、国务院确定进一步减税降费措施
支持小微企业发展②

国务院总理李克强 2015 年 2 月 25 日主持召开国务院常务会议,确定进一步减税降费措施、支持小微企业发展和创业创新等。

会议确定,在前期国家已出台一系列优惠政策基础上,继续加大对小微

---

① 资料来源:人社部网站, http://www.mohrss.gov.cn/gkml/xxgk/201503/t20150306_153344.htm。

② 资料来源:新华网,http://news.xinhuanet.com/politics/2015-02/25/c_1114434547.htm。

企业和创业创新的减税降费力度。

一是从 2015 年 1 月 1 日至 2017 年 12 月 31 日,将享受减半征收企业所得税优惠政策的小微企业范围,由年应纳税所得额 10 万元以内(含 10 万元)扩大到 20 万元以内(含 20 万元),并按 20% 的税率缴纳企业所得税,助力小微企业尽快成长。

二是从 2015 年 4 月 1 日起,将已经试点的个人以股权、不动产、技术发明成果等非货币性资产进行投资的实际收益,由一次性纳税改为分期纳税的优惠政策推广到全国,以激发民间个人投资活力。

三是将失业保险费率由现行条例规定的 3% 统一降至 2%,单位和个人缴费具体比例由各地在充分考虑提高失业保险待遇、促进失业人员再就业、落实失业保险稳岗补贴政策等因素的基础上确定。初步测算,仅这一减费措施每年将减轻企业和员工负担 400 多亿元。

十三、人社部薪酬报告:地区间工资差距逐步相对缩小[①]

人力资源和社会保障部劳动工资所于 2015 年初发布《薪酬发展报告(2013—2014)》,对近年来的地区工资水平发展状况进行了分析。

地区工资是收入分配关系的重要内容。由于地区经济发展不平衡,改革开放后相当长一段时间,我国地区间工资收入差距不断拉大。《薪酬报告》显示,1995 年我国地区最高工资是最低工资的 2.7 倍,最高工资与最低工资相差 5145 元。到 2008 年,地区工资差距为 2.69 倍,绝对额相差高达 35565 元。近几年,随着产业结构调整和区域经济的发展,西部大开发战略以及振兴东北老工业基地等国家宏观政策的实施,地区间收入差距呈逐步缩小的态势。2010 年,地区间平均工资高低倍数下降到 2.38 倍,2012 年继续下降到 2.33 倍,2013 年以来基本延续了这一走势。

从各地区工资水平看,全国各地大体可分为四个梯队。工资水平最高的第一梯队主要是北京和上海,在 2012 年城镇单位就业人员平均工资就已超过 7 万元,工资水平明显高于其他省份。第二梯队包括天津、西藏、江苏、

---

① 资料来源:新华网,http://news.xinhuanet.com/fortune/2015-02/27/c_1114459694.htm。

广东、浙江 5 个省份,平均工资在 5 万元以上。第三梯队包括宁夏、内蒙古、青海、安徽、新疆、福建、重庆、山西、陕西、四川、山东、辽宁、贵州 13 个省区市,其余为第四梯队。第三、四梯队中,除个别省份外,城镇单位就业人员工资均低于全国平均水平,这也说明我国经济发展不平衡造成地区间收入水平差距较大。

不过,一些工资水平较低的省份,工资增速近年来表现较好。如甘肃、新疆、黑龙江三地,近年来工资增速大大高于全国平均水平。增速较低的省份有辽宁、河北、海南、西藏、上海等地。特别是上海市,由于工资增长速度相对较慢,失去了多年来在全国的"老大"地位,工资水平近年来已被北京赶上。

影响地区工资水平的因素是多方面的,《薪酬报告》主要分析了劳动生产率和 GDP 工资占比对地区工资水平的影响。

劳动生产率是衡量地区经济效益的主要指标,地区劳动生产率水平的高低直接影响地区的工资水平。通常情况下,地区劳动生产率越高,工资水平越高,反之则低。《薪酬报告》显示,全国约 77% 的地区实际工资增长高于实际劳动生产率增长。其中,实际工资增速超过劳动生产率增速较多的有黑龙江、江西、山西、甘肃、北京、广东等地。这表明,全国大部分地区坚持了"劳动报酬增长和劳动生产率提高同步"的原则。分区域看,实际工资水平最高的东部地区超过实际劳动生产率的幅度最大,二者相差 2.91 个百分点,其次为东北地区。

地区工资总额在地区生产总值中占比,表明地区生产总量中用于工资分配的比例。这一指标的变化直接影响地区工资水平的高低。《薪酬报告》显示,各地区 GDP 工资占比大多集中在 10%—14% 之间,但高低占比相差较大。考察 2012 年的数据,工资占比最高的北京市,达到 33.63%,高出全国平均水平数倍;而工资占比最低的江苏省,连续几年工资占比都在 8% 以下,2012 年仅为 7.78%。分析认为,北京市工资占比高,主要是由于高素质人才的大量存在使北京市的工资总额较高,而北京市的 GDP 总量并不算高。江苏省工资占比自 2006 年以来一直排名居末,一方面是因为江苏省 GDP 总量大,在全国位居前三,导致基数较大,另一方面与江苏省并没有因 GDP 创造多而过多分配有关。

合理的地区工资关系有利于区域经济的健康协调可持续发展,也有利于人才的合理流动和生产要素的转移。《薪酬报告》认为,目前地区间工资差距虽然出现积极变化,但总体差距仍然比较大。近几年东西部的差距有所下降,但下降幅度有限,在增速最低的省份里,中西部地区所占比例大。地区工资总体格局未有大的改变,依然是东部工资水平高,中、西、东北部地区较低。考察工资增长与劳动生产率增长状况,虽然全国多数地区做到了同步提高,但仍有少数省份实际工资增速低于劳动生产率的增速,而这些省份主要分布在中西部和东北,并且平均工资水平排名在全国 15 名之后,表明这些地区的工资还有较大的提升空间。

人社部劳动工资研究所所长认为,地区工资差距今后应进一步缩小,这需要政府加大宏观调控力度,通过地区产业结构的调整和完善,逐步引导劳动密集型产业向中西部地区合理转移,在加大对中西部地区投资的同时加大持续力度,促进形成合理的经济布局,促使地区间工资水平从非均衡性向均衡性方向发展。党的十八大报告提出"努力实现劳动报酬增长和劳动生产率提高同步"和"提高劳动报酬在初次分配中的比重",应当成为缩小地区间工资收入差距的具体路径。

十四、《关于加快推进健康与养老服务工程建设的通知》相关解读①

为了加快推进健康服务体系、养老服务体系和体育健身设施建设,2014年 9 月发展改革委、民政部等 10 部门联合下发《关于加快推进健康与养老服务工程建设的通知》,要求今后一个时期,从三个方面加快推进健康与养老服务工程建设的重点目标。

一是加强健康服务体系建设。到 2015 年,医疗卫生机构每千人口病床数(含住院护理)达到 4.97 张。到 2020 年,健康管理与促进服务的比重快速提高,护理、康复、临终关怀等接续性医疗服务能力大幅增强,医疗卫生

---

① 资料来源:民政部网站,http://www.mca.gov.cn/article/zwgk/fvfg/shflhshsw/201409/20140900701503.shtml。

机构每千人口病床数(含住院护理)达到 6 张,非公立医疗机构床位数占比达到 25%,建立覆盖全生命周期、内涵更加丰富、结构更为合理的健康服务体系,形成以非营利性医疗机构为主体、营利性医疗机构为补充,公立医疗机构为主导、非公立医疗机构共同发展的多元办医格局(床位数指标与修改后的《全国医疗卫生服务体系规划纲要(2015—2020 年)》保持衔接)。

二是加强养老服务体系建设。到 2015 年,基本形成规模适度、运营良好、可持续发展的养老服务体系,每千名老年人拥有养老床位数达到 30 张,社区服务网络基本健全。到 2020 年,全面建成以居家为基础、社区为依托、机构为支撑的,功能完善、规模适度、覆盖城乡的养老服务体系,每千名老年人拥有养老床位数达到 35—40 张。

三是加强体育健身设施建设。到 2015 年,人均体育场地面积达到 1.5 平方米以上,有条件的市、县(区)、街道(乡镇)、社区(行政村)普遍建有体育场地,初步形成布局合理、广覆盖的体育健身设施体系。到 2020 年,人均体育场地面积达到 1.8 平方米以上,城市公共体育场、群众户外健身场地和公众健身活动中心普及,每个社区都有便捷的体育健身设施,每个行政村都有适合老年人的农民体育健身设施。

十五、国务院发《关于取消和调整一批行政审批项目等事项的决定》①

国务院于 2015 年 3 月印发《关于取消和调整一批行政审批项目等事项的决定》,取消和下放 90 项行政审批项目,取消 67 项职业资格和认定事项,取消 10 项评比达标表彰项目,将 21 项工商登记前置审批事项改为后置审批,保留 34 项工商登记前置审批事项。同时,建议取消和下放 18 项依据有关法律设立的行政审批和职业资格许可认定事项,将 5 项依据有关法律设立的工商登记前置审批事项改为后置审批,国务院将依照法定程序提请全

---

① 资料来源:新华社及中央政府门户网站,http://www.gov.cn/xinwen/2015-03/13/content_2833381.htm。

国人民代表大会常务委员会修订相关法律规定。此外,《国务院关于取消和下放一批行政审批项目的决定》(国发〔2014〕5 号)中提出的涉及修改法律的行政审批事项,有 4 项国务院已按照法定程序提请全国人民代表大会常务委员会修改了相关法律,此次一并予以公布。

总体看,这一批取消下放审批事项有三个特点:一是涉及投资创新创业、企业生产经营、促进就业的审批事项占大头,有 68 项,占 63%,如物业管理师注册职业资格认定等;其他占 37%,主要涉及机构认定、规划或方案审批等。二是按"取消"处理的比重高,共 87 项,占 81%,体现了"能取消尽量不下放、理由条件不充分不下放"的原则。三是取消的非行政许可审批事项数量较多,加大消除行政审批灰色地带,共 48 项,占 44%。

国务院同时要求,各地区、各部门要继续坚定不移推进行政审批制度改革,加大简政放权力度,健全监督制约机制,加强对行政审批权运行的监督,不断提高政府管理科学化规范化水平。要认真落实工商登记改革成果,除法律另有规定和国务院决定保留的工商登记前置审批事项外,其他事项一律不得作为工商登记前置审批。企业设立后进行变更登记、注销登记,依法需要前置审批的,继续按有关规定执行。

十六、2016 年起全国将取消档案管理费①

2014 年 8 月,国家发改委表态,从 2016 年元旦起,全国都将取消档案管理费,财政拨款解决档案管理问题。具体的拨款方案仍在探讨中。目前,国家人社部正在进行调研,测量各地档案管理标准。标准一出,各地就会根据此标准进行财政拨款。

许多人认为,人事档案属于公共服务部门提供的公益服务,产生的管理费用理应由国家财政承担。专家认为,对于公共服务,改革不会一蹴而就。未来,国家应把流动人员的档案管理作为公共服务的项目,由财政来支持。人才中心作为具体的管理方,要做到把这些丰富的人才信息盘活起来给企业方、给社会,让人才真正地用起来。

---

① 资料来源:人民网,http://money. 163.com/14/0813/19/A3I78VCA00254TI5.html。

十七、2016 年将全面实现跨省异地
住院医疗费用直接结算①

2014 年 12 月,人社部公布了《关于进一步做好基本医疗保险异地就医医疗费用结算工作的指导意见》,要求 2015 年基本实现地市和省(区、市)范围内异地就医住院费用的直接结算,异地就医人员的医保待遇执行参保地标准;2016 年将全面实现跨省异地安置退休人员住院医疗费用直接结算。

此次出台的意见明确,2015 年我国将基本实现地市和省(区、市)范围内异地安置人员异地就医住院费用的直接结算。也就是说,到 2015 年底,我国异地就医住院费用将实现省级"漫游"。省内异地就医人员的医疗保险待遇执行参保地政策,参保地经办机构会将人员信息通过省级平台传送给就医地经办机构,就医地经办机构负责为异地就医人员提供经办服务。对于异地急诊的参保人员,原则上在参保地按规定进行报销。

实现医保省级"漫游"后,跨省的全国"漫游"将成为下一步的目标。按照要求,2016 年将全面实现跨省异地安置退休人员住院医疗费用直接结算。异地安置退休人员是指长期在外工作后返回原籍并获得户籍的退休人员,主要是返城知青、支内、支边人员,全国大约有 200 万人。跨省异地安置退休人员可自愿向参保地经办机构提出异地医疗费用直接结算申请,登记备案后,其住院医疗费用可以在居住地实行直接结算。至于报销标准,原则上执行居住地规定的支付范围(包括药品目录、诊疗项目和医疗服务设施标准)。起付标准、支付比例和支付限额原则上执行参保地规定的本地就医时的标准,不按照转外就医支付比例执行。个人账户资金可以划转给个人,供门诊就医、购药时使用。

据测算,医保地级市内"漫游"可以解决 60% 左右的异地就医问题,而省级"漫游"则可解决将近 90% 的异地就医问题。

---

①　资料来源:人社部发[2014]93 号《关于进一步做好基本医疗保险异地就医医疗费用结算工作的指导意见》,http://news.163.com/14/1225/10/AEA7A5CM00014SEH.html。

十八、2015 年起取消流动人员档案保管费①

中组部、人社部、发改委、财政部、国家档案局联合下发《关于进一步加强流动人员人事档案管理服务工作的通知》（以下简称《通知》），要求自 2015 年 1 月 1 日起取消收取人事关系及档案保管费、查阅费、证明费、档案转递费等名目的费用，各级公共就业和人才服务机构要提供免费的流动人员人事档案基本公共服务。

《通知》要求，各地要将相关经费纳入同级财政预算。流动人员人事档案实行"集中统一、归口管理"的管理体制，由县级以上（含县级）公共就业和人才服务机构以及经人力资源社会保障部门授权的单位管理，其他单位未经授权不得管理流动人员人事档案。跨地区流动人员的人事档案，可由其户籍所在地或现工作单位所在地的公共就业和人才服务机构管理。

《通知》指出，流动人员人事档案基本公共服务包括档案的接收和转递，档案材料的收集、鉴别和归档，档案的整理和保管，为符合相关规定的单位提供档案查（借）阅服务，依据档案记载出具存档、经历、亲属关系等相关证明，为相关单位提供入党、参军、录用、出国（境）等政审（考察）服务，党员组织关系的接转等 7 个方面内容。

严禁任何单位和个人涂改流动人员档案，严禁在年龄、工龄、党龄、学历、经历和身份等方面弄虚作假，严禁为不符合政策规定的人员新建、重建档案，不得无故推诿拒收档案，不得出具虚假证明，不得擅自向外公布或泄露流动人员档案内容。对违反规定的，由党委组织部门和政府人力资源社会保障部门严肃查处。

十九、国务院决定设立国家新兴产业创业投资引导基金②

2015 年 1 月 14 日国务院常务会议，决定设立国家新兴产业创业投资

---

① 资料来源：中央组织部、人力资源社会保障部、发展改革委、财政部、国家档案局等五部门联合下发《关于进一步加强流动人员人事档案管理服务工作的通知》。

② 资料来源：新华网财经，http://news.xinhuanet.com/fortune/2015-01/15/c_127387955.htm。

引导基金,助力创业创新和产业升级。

设立总规模 400 亿元的国家新兴产业创业投资引导基金,重点支持处于"蹒跚"起步阶段的创新型企业,对于促进技术与市场融合、创新与产业对接,孵化和培育面向未来的新兴产业,推动经济迈向中高端水平,具有重要意义。会议确定,一是将中央财政战略性新兴产业发展专项资金、中央基建投资资金等合并使用,盘活存量,发挥政府资金杠杆作用,吸引有实力的企业、大型金融机构等社会、民间资本参与,形成总规模 400 亿元的新兴产业创投引导基金。二是基金实行市场化运作、专业化管理,公开招标择优选定若干家基金管理公司负责运营、自主投资决策。三是为突出投资重点,新兴产业创投基金可以参股方式与地方或行业龙头企业相关基金合作,主要投向新兴产业早中期、初创期创新型企业。四是新兴产业创投基金收益分配实行先回本后分红,社会出资人可优先分红。国家出资收益可适当让利,收回资金优先用于基金滚存使用。通过政府和社会、民间资金协同发力,促进大众创业、万众创新,实现产业升级。

二十、人社部公布企业裁员规定:裁人 10% 以上要备案①

由人社部研究起草的《企业裁减人员规定(征求意见稿)》向社会公开征求意见。征求意见稿引起社会关注的焦点内容主要有以下三点。

1. 企业裁员要备案

征求意见稿拟规定,企业采取协商一致方式解除劳动合同人数达到 20 人以上,或不足 20 人但占企业职工总数 10% 以上人员的,应当提前 30 日向本企业工会或者全体职工告知有关情况,并将人数报告人社部门。人社部门收到企业裁员报告后,对报告材料齐全的,将出具收讫回执并予以备案,收到回执 10 日后企业可以实施裁员。

2. 禁裁人员增加 2 类

比起 1995 年 1 月 1 日起实施的《企业经济性裁减人员规定》中对于"不得裁减人员"规定的 4 类情况,本次征求意见稿中禁止裁员的范围扩大

---

① 资料来源:人民网,http://politics.people.com.cn/n/2015/0112/c70731-26370161.html。

至 6 类。

增加的 2 类禁止裁员的范围分别为"从事接触职业病危害作业的劳动者未进行离岗前职业健康检查,或者疑似职业病病人在诊断或者医学观察期间的"以及"在本单位连续工作满 15 年,且距法定退休年龄不足 5 年的"。

其余 4 类分别为:在本单位患职业病或者因工负伤并被确认丧失或者部分丧失劳动能力的;患病或者非因工负伤,在规定的医疗期内的;女职工在孕期、产期、哺乳期的;法律、行政法规规定的其他情形。

3. 少裁不裁有稳岗补贴

征求意见稿中规定,为鼓励采取有效措施不裁员、少裁员,稳定就业岗位的企业,人社部门按照国家有关规定给予稳定岗位补贴,用于职工生活补助、缴纳社会保险费、转岗培训、技能提升培训等相关支出。

二十一、我国首次全面部署人力资源服务业,发布《关于加快发展人力资源服务业的意见》①

人力资源社会保障部与国家发展改革委、财政部联合下发《关于加快发展人力资源服务业的意见》(以下简称《意见》),首次对发展我国人力资源服务业作出全面部署。《意见》提出,到 2020 年从业人员达到 50 万人、产业规模超过 2 万亿元,建立健全专业化、信息化、产业化、国际化的人力资源服务体系。

人社部人力资源市场司司长王克良介绍,人力资源服务业是为劳动者就业和职业发展,为用人单位管理和开发人力资源提供相关服务的专门行业。

《意见》提出了发展各类人力资源服务机构、增强人力资源服务创新能力等 8 项重点任务。其中,重点强调要培育一批有核心产品、成长性好、竞争力强的人力资源服务企业集团,初步形成 20 家在全国具有示范引领作用的龙头企业和行业领军企业。

---

① 资料来源:新华网,http://bt.xinhuanet.com/2015-02/02/c_1114224928.htm。

《意见》提出了加快发展人力资源服务业的八项重点任务。一是发展各类人力资源服务机构,构建多层次、多元化的人力资源服务机构集群,增加人力资源服务供给。到2020年,培育形成20家左右在全国具有示范引领作用的龙头企业和行业领军企业。二是增强人力资源服务创新能力,实施人力资源服务能力提升计划,推进人力资源服务领域的管理创新、服务创新和产品创新。三是培育人力资源服务品牌,鼓励开展自主品牌建设,形成一批知名企业和著名品牌。四是推进人力资源服务业集聚发展,加强人力资源服务产业园的统筹规划和政策引导,形成人力资源公共服务枢纽型基地和产业创新发展平台。五是加强人力资源服务业人才队伍建设,加大人力资源服务业高层次人才的培养引进力度,实施人力资源服务业领军人才培养计划,开展人力资源服务业专业技术人员继续教育。六是加强人力资源服务业管理,加强事中事后监管,将设立人力资源服务机构许可由工商登记前置审批改为后置审批,探索建立企业年度报告公示和经营异常名录等制度,深入推进人力资源服务机构诚信体系建设和标准化建设,建立人力资源市场信息共享和综合执法制度。七是深化人力资源市场体制改革,实现人力资源市场领域的管办分离、政企分开、事企分开、公共服务与经营性服务分离。八是夯实人力资源服务业发展基础,完善行业统计调查制度、定期发布行业发展报告、培育发展人力资源服务行业协会组织。

专家认为,我国人力资源服务业发展虽然有30多年的历史,但仍然处在发展的初级阶段,人力资源服务产品同质化和粗放型还比较严重,更没有形成一些知名的国际人力资源机构,与国外差距还比较大。为加强政策引导,创造良好发展环境,最大限度地激发行业发展活力,《意见》稿从六个方面提出了促发展政策措施。一是加大财政支持力度,研究通过中央财政服务业发展专项资金、国家服务业发展引导资金对人力资源服务业发展重点领域和薄弱环节给予支持。二是落实营改增、离岸服务外包、技术先进型企业等方面的税收优惠政策。三是拓宽投融资渠道,鼓励符合条件的人力资源服务企业进入资本市场融资,进一步放宽人力资源服务业的市场准入,鼓励社会资本进入人力资源服务领域。四是完善政府购买人力资源公共服务政策,逐步将适合社会力量承担的人力资源服务交给社会力量。五是扩大对外开放与交流,加强国际交流合作,稳步推进人力资源市场对外开放,积极构建公平稳定、透明高效、监管有力、与国际接轨的人力资源服务业外商投资管理体制。六是健全法律法规体系,加快制定人力资源市场条例及配套规章,着力打破人力资源市场中存在的地区封锁、市场分割等各种壁垒,建设专业化、职业化的高素质人力资源市场执法队伍。

二十二、国务院印发《关于进一步推进户籍制度改革的意见》①

国家层面出台意见有助于推进积分落户制度在地方加速实施和完善,惠及特大城市常住外来人口。明确提出,严控特大城市人口规模,改进城区人口 500 万以上的城市现行落户政策,建立完善积分落户制度。同时,同步推进各种保障、改革等一揽子计划,让新增城市居民获得均等的城镇基本公共服务。以往的积分入户多以学历、职称、职业、收入等为标准,而现在需要根据人口就业结构合理设置分值,将行业、年龄、居住时间、贡献等考虑进来,使得低收入人群也能够享受这一政策福利。

《意见》关于户口迁移政策的内容,主要有:(1)全面放开建制镇和小城市落户限制。在县级市市区、县人民政府驻地镇和其他建制镇有合法稳定住所(含租赁)的人员,本人及其共同居住生活的配偶、未成年子女、父母等,可以在当地申请登记常住户口。(2)有序放开中等城市落户限制。在城区人口 50 万至 100 万的城市合法稳定就业并有合法稳定住所(含租赁),同时按照国家规定参加城镇社会保险达到一定年限的人员,本人及其共同居住生活的配偶、未成年子女、父母等,可以在当地申请登记常住户口。(3)合理确定大城市落户条件。在城区人口 100 万至 300 万的城市合法稳定就业达到一定年限并有合法稳定住所(含租赁),同时按照国家规定参加城镇社会保险达到一定年限的人员,本人及其共同居住生活的配偶、未成年子女、父母等,可以在当地申请登记常住户口。城区人口 300 万至 500 万的城市,要适度控制落户规模和节奏,可以对合法稳定就业的范围、年限和合法稳定住所(含租赁)的范围、条件等作出较严格的规定,也可结合本地实

---

① 资料来源:中国新闻网,http://www.chinanews.com/gn/2014/07-30/6439778.shtml。

际,建立积分落户制度。大城市对参加城镇社会保险年限的要求不得超过5年。(4)严格控制特大城市人口规模。改进城区人口500万以上的城市现行落户政策,建立完善积分落户制度。根据综合承载能力和经济社会发展需要,以具有合法稳定就业和合法稳定住所(含租赁)、参加城镇社会保险年限、连续居住年限等为主要指标,合理设置积分分值。按照总量控制、公开透明、有序办理、公平公正的原则,达到规定分值的流动人口本人及其共同居住生活的配偶、未成年子女、父母等,可以在当地申请登记常住户口。

《意见》的实施也有利于创新人口管理,将建立城乡统一的户口登记制度、建立居住证制度、健全人口信息管理制度。

二十三、中央政治局通过《中央管理企业负责人薪酬制度改革方案》①

中共中央政治局2014年8月29日召开会议,审议通过了《中央管理企业负责人薪酬制度改革方案》。会议指出,国有企业特别是中央管理企业,在关系国家安全和国民经济命脉的主要行业和关键领域占据支配地位,是国民经济的重要支柱,在我们党和我国社会主义国家政权的经济基础中也是起支柱作用的,必须搞好。深化中央企业负责人薪酬制度改革是中央企业建立现代企业制度、深化收入分配体制改革的重要组成部分,对促进企业持续健康发展和形成合理有序收入分配格局具有重要意义。

国有企业负责人薪酬制度改革具有系统性。其他中央企业负责人、中央各部门所属企业和地方国有企业负责人薪酬制度改革,也要参照《中央管理企业负责人薪酬制度改革方案》精神积极稳妥推进。有关部门要加强统筹协调和指导监督,推动改革顺利实施。

深化中央管理企业负责人薪酬制度改革,要从我国社会主义初级阶段基本国情出发,适应国有资产管理体制和国有企业改革进程,逐步规范企业收入分配秩序,实现薪酬水平适当、结构合理、管理规范、监督有效,对不合理的偏高、过高收入进行调整。推进这项改革要坚持国有企业完善现代企

①　资料来源:新华社、搜狐新闻等,http://news.sohu.com/20140830/n403906965.shtml。

业制度的方向,健全中央管理企业负责人薪酬分配的激励和约束机制,强化中央管理企业负责人的责任,增强企业发展活力;坚持分类分级管理,建立与中央企业负责人选任方式相匹配、与企业功能性质相适应的差异化薪酬分配办法,严格规范中央管理企业负责人薪酬分配;坚持统筹兼顾,形成中央管理企业负责人与企业职工之间的合理工资收入分配关系,合理调节不同行业企业负责人之间的薪酬差距,促进社会公平正义;坚持政府监管和企业自律相结合,完善中央企业薪酬监管体制机制,规范收入分配秩序。

第二章　人力资源服务机构与人员及其新变化

【内容摘要】

近年来,人力资源服务业发展受到了党和国家的高度重视,正式纳入了国家服务经济体系,我国的人力资源服务业从此进入了发展的快车道。随着我国经济的蓬勃发展和行业的逐步繁荣,人力资源服务业在产业规模、经营项目、从业人员状况以及行业经营理念等方面有了较大的变化。本章将介绍我国人力资源服务业机构的概况、人力资源服务业机构现状及变化、人力资源服务业从业人员现状及变化、人力资源服务业机构服务理念的变化,并对以上变化进行分析,以把握我国人力资源服务业发展的趋势和脉络。

首先,本章介绍了我国人力资源服务业机构的概况,分析了人力资源服务业机构的作用,并对人力资源服务业机构的分类进行了总结和概括。然后从具体人力资源服务机构数据入手进行分析,深入剖析人力资源行业机构的现状,并从与往年的对比中发现机构变化趋势。其次,就人力资源从业人员的角度进行分析,探讨人力资源从业人员在素质分类、经验能力、学历结构、教育培训等方面的因素。最后,本章分析了近年来我国人力资源服务业经营理念的变化并做了详细的分析。以客户为中心、以客户满意为中心、以满足客户个性化需求为中心、对不断变化的客户期望迅速作出反应的能力已成为人力资源服务企业成功的关键。以客户为中心的服务理念也促进了人力资源服务企业向服务综合化、细分服务专业化和价值链整合、服务流程标准化和管理信息化的转变。

人力资源服务机构及其人员是人力资源服务业的具体载体,分析人力资源服务的机构和人员,才能真实看清人力资源服务业的现状。本章聚焦于四个维度对人力资源服务业机构进行分析。机构概况部分,重要时政新闻体现了国家领导人对人力资源服务机构的重视,并对人力资源服务机构的基本作用和分类进行梳理;机构及变化部分,选取上海市人力资源机构作为观察对象,深入分析机构的各项指标及其变化,包括基本指标、产业与经营指标等;机构从业人员及变化部门,以上海人力资源服务业从业人员作为研究对象,对人员素质、能力要求进行分析;经营理念部分,突出"以客户为中心"的经营理念以及最新的经营理念变化。

Chapter 2　Human Resources Services Agencies/ Employees and New Changes

【Abstract】

In recent years, the development of the HR service industry has drawn high attention from the Party and the State. After China's HR service industry has been officially incorporated into the national serve economy, the HR service industry in China has embarked onto the fast track of the development. With the robust development of the economy and the gradual prosperity of the HR service industry in China, major changes have taken place in the HR service industry concerning the industrial scale, business items, practitioner condition and the industry management concept. This chapter provides an overview of HR service agencies in China, the status quo and changes of HR service agencies and the practitioners in the HR service industry and also the changes in service concepts of HR service agencies. This chapter also makes an analysis of the above-mentioned changes with an aim to revealing the development trends and trajectory of the HR service industry in China.

This chapter starts with an overview of the HR service agencies in China, followed by an analysis of the roles of HR service agencies and a summary of the classification of HR service agencies. It then looks at the specific data of human resources agencies to provide an in-depth investigation into the status quo of the HR service agencies, followed by an elaboration of the development trends of the HR service agencies based on a comparison between the past contexts and the current trajectories. Then, this chapter tries to investigate into the factors such as quality classification, experience and capabilities, educational qualification and education and training of HR practitioners from the perspective of the HR practitioners, including presenting a detailed analysis of the changes of the business concepts in China. In the last part of this chapter, a detailed in-depth analysis on the changes of business concepts in China's HR service industry in recent years is presented. At present, the key to success for HR service enterprises is reflected in the following concepts: placing customers at the center of the industry, placing customer satisfaction at the core of business decisions, meeting the individualized and personalized needs of the customers and quickly replying to the ever-changing customer expectations. The customer-oriented service philosophy, in turn, promotes the transition of HR service enterprises to achieve service diversification, professional service segments, value chain integration, service process standardization and computerized management.

HR service agencies and the HR practitioners are the backbone of the HR service industry. A true and clear picture of the status quo of the HR service industry can only be derived when an analysis of the HR service agencies and their practitioners has been made. This chapter tries to analyze the human resources service agencies mainly from four aspects. In the section of the overview of the agencies, important political news is addressed to manifest the importance Chinese leaders have attached to the HR service agencies, followed by an examination of the basic roles and classification of the HR service agencies. In the section of agencies and their changes, human resources agencies in Shanghai are chosen as an object of observation for an in-depth analysis of the indicators of these agencies and their changes, including basic indicators as well as industry and business indicators. In the section of agency employees and their changes, employees in the HR service industry in Shanghai are chosen as an object of observation for an analysis of the practitioner qualification and capacity requirements. In the section of business concepts, a customer-oriented concept and the newest changes in business concepts are high lighted.

一、人力资源服务机构概况

人力资源服务业的发展历来受到中央领导的高度重视。2008 年 12 月胡锦涛主席视察沈阳人力资源市场,2009 年 3 月温家宝总理视察武汉市起点人力资源市场,同年 3 月习近平同志视察河南省人才交流服务中心,李克强同志视察广东省东莞智通人才市场。2011 年 10 月温家宝总理在南宁考察期间,视察广西壮族自治区人才市场。2013 年 5 月,习近平主席视察天津人力资源发展促进中心和天津职业技能公共实训中心,了解就业服务和职业培训情况。随着时代的发展,人力资源服务机构作为人才服务业的依托机构,对经济发展、社会稳定的作用日益受到人们的关注。

(一)人力资源服务机构的作用

人力资源服务,既包括政府部门所属人力资源服务机构本着公益目的开展的各项公共服务活动,也包括各类人力资源服务机构按照市场运行规则依法从事的市场经营性服务活动,涵盖人力资源招聘、职业指导、人力资源和社会保障事务代理、人力资源培训、人才测评、劳务派遣、人力资源管理咨询、高级人才寻访、人力资源外包、人力资源派遣、人力资源信息软件服务等业务形态。伴随着人力资源配置市场化改革进程,我国人力资源服务业从无到有,取得长足发展,多元化、多层次的人力资源服务体系初步形成。人力资源服务机构通过实现人力资源的优化配置,满足用人单位在发展中对知识智力的需要;通过人才价值的充分实现,推动各项经济社会事业的全面发展。

人力资源服务业的发展效应不仅仅体现在行业自身的发展上,更重要的是其发展的外部效应,或者称为溢出性效应,即通过促进人力资源的优化配置,促进国民素质的提高,推动经济社会的可持续发展。这一点要远远超越其自身发展的价值。

近年来,为充分发挥各类人力资源服务机构的作用,国家不断加强对整个人力资源服务行业的监督管理。

2010 年 3 月,人力资源和社会保障部印发《关于进一步加强人力资源市场监管有关工作的通知》(人社部发[2010]10号),对做好人力资源服务机构特别是经营性人力资源服务机构的统一管理、统一许可,治理非法中介,推动诚信服务,加强市场供求信息发布,引导经营性人力资源服务机构健康发展,培育统一规范、竞争有序的市场化服务体系等工作提出了明确要求。要求各级人力资源社会保障部门要根据"民生为本、人才优先"的工作要求,在推动人才强国战略和扩大就业发展战略的事实过程中,高度重视,加强领导,人力资源服务机构健康发展,培育统一规范、竞争有序的市场化服务体系,加快形成完善的人力资源市场体系。

2013年8月,人力资源和社会保障部下发了《关于在人力资源服务机构中开展诚信服务主题创建活动的通知》(人社部发[2012]46号),在全国人力资源服务机构中启动了以"诚信服务树品牌,规范管理促发展"为主题的诚信体系建设活动,推动服务机构依法经营、诚信服务,进一步形成统一开放、公平诚信、竞争有序的市场环境。在全国范围内开展了清理整顿人力资源市场秩序专项行动,共检查职介机构和用人单位15.5万户次,查处违法案件8915件,其中取缔非法职业中介活动2813起,吊销许可证51件、吊销营业执照35件。人力资源服务体系得到进一步完善。截止到2013年底,全国县以上政府部门设立公共就业和人力资源服务机构等各类服务机构达2.8万家。各类人力资源服务机构以市场需求为导向,全年共为2402万家次用人单位提供各类人力资源服务,不断拓展人力资源服务领域,丰富了服务内容,提升了服务水平。

为进一步推动人力资源服务业发展,充分发挥人力资源服务机构应有的作用,2014年12月,人力资源和社会保障部联合国家发展改革委、财政部印发了《关于加快发展人力资源服务业的意见》(人社部发[2014]104号,以下简称《意见》),首次就发展人力资源服务业在全国范围内进行了全面战略部署,并针对人力资源服务业自身特点,提出了更具操作性、实效性的措施。其中一大亮点,便是把"发展各类人力资源服务机构"作为推动人力资源服务业发展的首要重点任务。《意见》指出,要坚持政府引导、市场运作、科学规划、合理布局,构建多层次、多元化的人力资源服务机构集群,增加人力资源服务供给。支持通过兼并、收购、重组、联盟、融资等方式,重点培育一批有核心产品、成长性好、竞争力强的人力资源服务企业集团,发挥大型人力资源服务机构的综合性服务功能。鼓励发展有市场、有特色、有潜力的中小型专业人力资源服务机构,积极发展小型微型人力资源服务企业。到 2020 年,重点培育形成 20 家左右在全国具有示范引领作用的龙头企业和行业领军企业,进一步满足产业结构调整升级的需要,以及经济社会发展对人力资源服务的需求。此外,《意见》还对人力资源服务机构的发展提出了一系列其他要求:要深入推进人力资源服务机构诚信体系建设;建立人力资源服务机构分类和评估指标体系以及覆盖各级的人力资源服务机构数据库;组织开展人力资源服务水平等级认证工作;加强人力资源服务机构经营管理人员研修培训;鼓励各类人力资源服务机构提供专业化、规范化、标准化的优质高效的人力资源服务;鼓励有条件的本土人力资源服务机构"走出去",与国际知名人力资源服务机构开展合作,在境外设立分支机构,大力开拓国际市场,积极参与国际人才竞争与合作。

(二) 人力资源服务机构分类

目前,人力资源服务机构主要有四类:一是政府设立的人力资源公共服务机构,主要承担公共就业服务、公共人才开发配置以及档案管理服务、社会保险等人力资源社会保障事务代理服务。二是市场化、经营性的人力资源服务机构,属于商务服务业种的现代生产性居间服务,提供比较灵活的人力资源配置服务。其中,国有企业主要业务是人事代理、人才派遣、人才培训;合资企业主要业务是人才中介、猎头、咨询、培训;民营企业以从事网络人才中介、人事代理、猎头等业务为主。三是一些部门和行业所属的人力资源服务机构,主要承担行业和系统内人力资源开发流动配置服务,支撑行业人事制度改革。四是人力资源外事服务机构。从人力资源市场业务内容看,包括求职招聘、职业指导、网络招聘、管理咨询、人力资源规划、培训、测评、猎头、派遣、人事代理、人事外包、招聘洽谈会等各业态都得到了较好发展,面向社会各类人力资源服务需求,形成了广覆盖、全方位、多层次的服务格局。

按照营收来划分大小,国有企业是绝对的市场主力。国有人力资源服务企业,大部分是在改革开放中成立,在改革开放中发展,在规模上有明显的优势,成为外商投资企业人力资源的战略伙伴。民营企业大多从网络招聘、人才猎头起步发展,吸引了许多投资基金的关注,现在有许多企业已经成为国内网络招聘的龙头企业。中外合资企业在高附加值的业务领域具有较为明显的比较优势。其他企业、事业单位规模虽小,也在不断发展中。

根据人事部、国家工商行政管理总局2005年修订的《人才市场管理规定》,设立人才中介服务机构应当依据管理权限由县级以上政府人事行政部门(以下简称审批机关)审批。国务院各部委、直属机构及其直属在京事业单位和在京中央直管企业、全国性社团申请设立人才中介服务机构,由人事部审批。国务院各部委、直属机构及其直属在京事业单位和在京中央直管企业、全国性社团申请设立人才中介服务机构,由人事部审批。中央在地方所属单位申请设立人才中介服务机构,由所在地的省级人事行政部门审批。目前我国人才服务机构名录下分为四个部分,分别是国家级人才市场、各省级人才市场、国务院所属部门人才服务机构和全国合作人才网①。

二、人力资源服务机构从业人员及其变化分析

为进一步了解上海市人力资源服务行业从业人员的发展情况,分析行业人才发展的瓶颈与趋势,从而更好地建设上海人力资源服务行业人才队伍,推动整个行业快速发展,2015年8月12日—9月15日,上海人才服务行业协会采取问卷调查的形式,对100家会员单位的从业人员情况展开了调研。此次调研共回收问卷100份,其中100份均为有效问卷。

(一)机构基本情况与规模

参加本次调研的100家机构中,共有民营企业55家,占机构总数的55%,国有企业14家,占机构总数的14%,外资企业22家,占机构总数的22%,其他机构9家,占机构总数的9%(见图1-2-1)。

在主要业务分布方面,被调研的机构中从事中介和猎头业务的有62家、从事培训服务的有25家、从事人才派遣的有43家、从事咨询服务的有41家、从事人才测评的有14家、从事薪酬外包和福利外包业务的分别有24家和14家,从事其他业务的有16家(见图1-2-2)。

---

① 商华:《我国人力资源服务行业现状及分析》,《人力资源管理》2012年第2期。

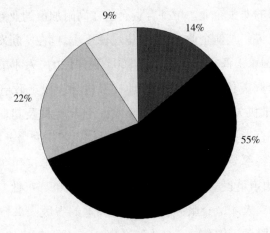

图 1-2-1 受访机构性质

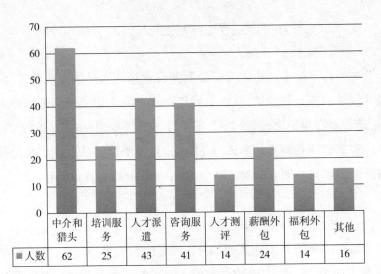

图 1-2-2 受访机构主营业务分布

从公司的经营规模来看,大于 1000 万元的机构有 48 家,占被调研机构的 48%,而小于 100 万元的机构有 10 家,占被调研机构的 10%。营业收入在 100 万—500 万元的机构占 30%,500 万—1000 万元的占 12%,基本与上一年持平(见图 1-2-3)。

在受访机构成立的年限方面,绝大部分都成立在 5—20 年之间,其中在 10—20 年之间的机构占总数的 51%,在 5—10 年之间占总数的 32%,0—5

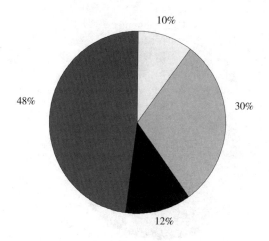

图 1-2-3　受访机构规模

年的占总数的 11%,大于 20 年的占总数的 6%,各部分比例基本与上一年持平(见图 1-2-4)。

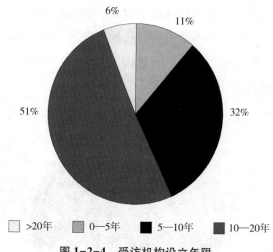

图 1-2-4　受访机构设立年限

从业人员总量方面,26% 的人力资源机构员工数在 20 名以下,有 36% 的单位员工数在 20—50 名,50—200 名员工的单位占总数的 27%,员工数在 200—500 名之间的单位占总数的 6%,而 500 名以上的单位仅占调研单位总数的 5%(见图 1-2-5)。

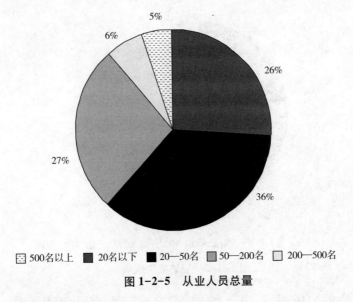

图 1-2-5 从业人员总量

从员工增长情况来看,未来三年内,有 9% 的单位没有增加员工的计划;员工人数增长幅度低于 5% 的单位也占到了调研总数的 21%,与上一年基本持平。在未来三年预估自身员工数量增长能够达到 5% 及以上的单位中,增长幅度为 5%—10% 的单位占到机构总数的 44%;增长幅度为 11%—20% 的单位占机构总数的 11%;增长幅度超过 20% 的企业机构为总数的 15%,相比上一年有增长趋势(见图 1-2-6)。

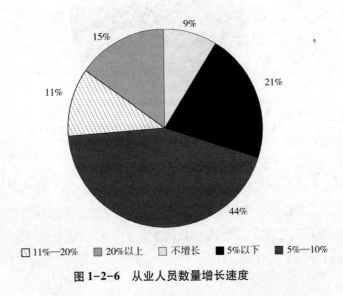

图 1-2-6 从业人员数量增长速度

（二）2015 年度机构新变化

本次调研的机构中，与历年一样，民营企业所占比例较大，占调研总数的一半（55%），可以看出，民营企业至少在数量上仍处于领先地位，是人力资源服务机构的主力军。所调查机构的业务主要集中在"中介和猎头""人才派遣"和"咨询服务"这三部分，共占总业务的 61.1%。其中，"人才派遣"和"人才测评"的比例相比上一年有大幅度提升，而"福利外包"所占比例（5.9%）较上一年（10.6%）有显著下降。此外，对顾问要求较高的咨询服务比重较上一年无明显变化。

人力资源服务行业作为一个新兴的行业，绝大多数的机构设立年数都在 20 年内，其中以 5 年到 20 年的机构为主，占到所有受访机构的 83%，可以看到人力资源服务行业在发展过程中逐渐从一个新兴行业向成熟化发展。另外，本次调研中超过半数的机构（60%）营业规模在 500 万元以上，不过相较往年的调研，中小企业仍然占到人力资源机构的绝大多数，62% 的为 50 人以下的机构。在调研中，企业普遍对未来的发展前景持稳中有进的乐观态度。绝大部分（91%）企业都表示在接下来的几年中会有员工人数的增长，超六成（65%）的企业表示未来三年内员工增长率将保持在 5% 上下。

（三）从业人员素质情况与机构对员工的素质经验要求

1. 年龄结构

从年龄结构来看，受访机构 35 岁及以下员工比例中，50% 以上的有 63 家，30%—50% 有 19 家，5%—30% 有 18 家，而相对的，35 岁以上的员工中 5%—30% 为 46 家，30%—50% 为 39 家，50% 以上的有 15 家（见图 1-2-7）。

2. 学历结构

从学历结构来看，人力资源服务行业的从业人员中，大部分员工的学历以本科及大专学历为主，拥有 60% 以上本科及大专学历从业人员的机构共 75 家（占调研机构总量的 75%，下同）；拥有 40%—60%、20%—40%、10%—20% 以及 10% 以下本科及大专学历的从业人员的机构都不足 20%，分别只有 8 家（8%）、6 家（6%）、10 家（10%）和 1 家（1%）（见图 1-2-8）。

人力资源服务机构从业人员中，拥有硕士及以上学历的人数较少。

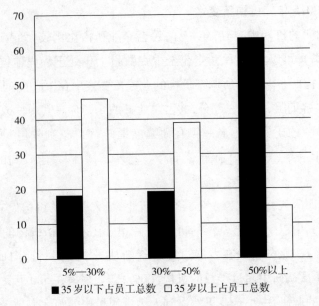

图 1-2-7 从业人员年龄结构

- 35 岁以下占员工总数
- 35 岁以上占员工总数

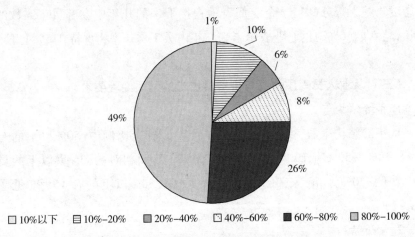

□ 10%以下 ▤ 10%—20% ▨ 20%—40% ▥ 40%—60% ▦ 60%—80% ▨ 80%—100%

图 1-2-8 拥有本科及大专学历的从业人员分布

这可以从超过一半的机构(66%)的硕士及以上学历员工所占比例在10%以下的机构可以看出。而硕士及以上学历员工所占比例为 10%—20%、20%—40%、40%—60%、60%—80% 和 80%—100% 依次递减(见图1-2-9)。

另外,由于人力资源服务机构对从业人员的学历要求基本为大专以上,

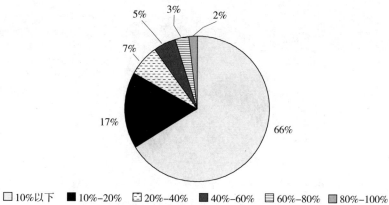

图1-2-9　拥有硕士及以上学历的从业人员分布

因此,机构中学历在大专以下的人数也较少。统计显示,在反馈的会员单位当中,大学学历以下员工所占比例为10%以上较少,总共为33家(33%)机构。而大部分的企业大学学历以下的员工都不到10%,有67家(67%)机构,与上一年持平(见图1-2-10)。

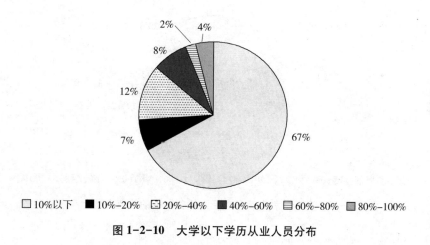

图1-2-10　大学以下学历从业人员分布

3.持证结构

根据调研结果,人力资源服务机构中持证人员在各个比例中分布比较平均,其中10%以下、10%—20%、20%—40%、40%—60%、60%—80%、80%—100%员工持有人才中介师、人力资源管理师职业资格证书分别占机构总数的20%、21%、27%、13%、10%、9%(见图1-2-11)。

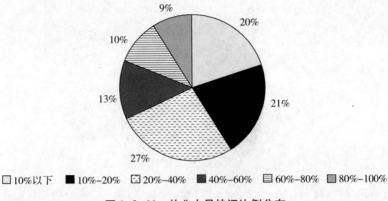

图 1-2-11　从业人员持证比例分布

此外,根据调研结果,在行业机构中人力资源管理专业毕业或者接受过人力资源权威部门培训和认证员工中,10%以下、10%—20%、20%—40%、40%—60%、60%—80%、80%—100%分别为 20 家、19 家、31 家、16 家、7家、7 家(见图 1-2-12)。

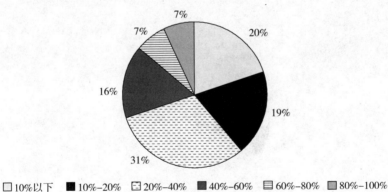

图 1-2-12　有专业教育背景或受过相关培训的从业人员比例分布

4.各机构对员工的能力素质要求

对于人力资源服务员工具有其他行业的专业知识和工作背景的重要性问题,所有机构都不同程度地意识到了这个问题,其中 56 家机构(56%)认为"重要",24 家(24%)认为"很重要",对此持中性意见和不认可意见的较少,认为"一般"的为 18 家(18%),2 家(2%)认为"不重要",没有机构认为"很不重要"(见图 1-2-13)。

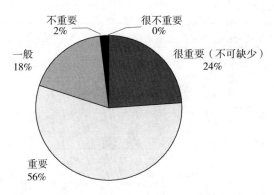

图 1-2-13　对相关专业知识和工作背景认可度

从服务行业角度划分,目前最缺乏人力资源服务人员的行业依次为:金融、保险、证券业;IT、通信、电子行业;物流和交通运输业;生物化学工业;制造业;医药行业;快速消费品行业(见图 1-2-14)。

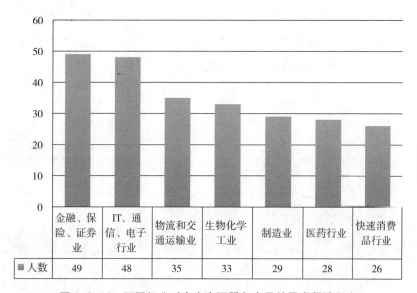

图 1-2-14　不同行业对人力资源服务人员的需求紧缺程度

对于人力资源服务机构新进员工应具备的能力要求方面,依次为人际交往能力、学习能力、问题解决能力、协调能力、渠道和客户关系网开发能力、信息处理能力、商务谈判能力、服务产品的创新和设计能力、市场调研能力、大数据分析能力等(见图 1-2-15)。

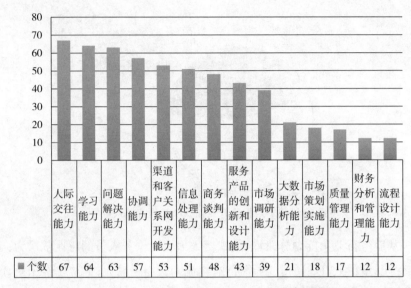

	人际交往能力	学习能力	问题解决能力	协调能力	渠道和客户关系网开发能力	信息处理能力	商务谈判能力	服务产品的创新和设计能力	市场调研能力	大数据分析能力	市场策划实施能力	质量管理能力	财务分析和管理能力	流程设计能力
■个数	67	64	63	57	53	51	48	43	39	21	18	17	12	12

图 1-2-15　人力资源服务行业新进员工能力要求

对于新进员工,除了掌握自身行业的人力资源专业知识外,还应掌握的知识要求主要为行业知识、公司服务产品知识、法律知识、客户服务和关系发展知识、互联网知识、营销知识、办公自动化知识等(见图 1-2-16)。

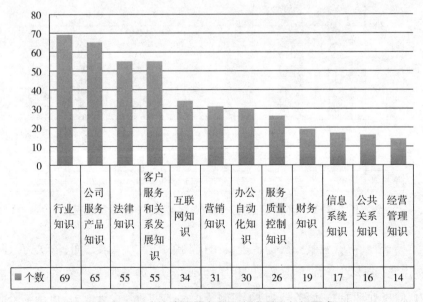

	行业知识	公司服务产品知识	法律知识	客户服务和关系发展知识	互联网知识	营销知识	办公自动化知识	服务质量控制知识	财务知识	信息系统知识	公共关系知识	经营管理知识
■个数	69	65	55	55	34	31	30	26	19	17	16	14

图 1-2-16　人力资源服务行业新进员工知识要求

对于各机构从业人员,亟须补充的能力主要集中在服务产品的创新和设计能力、渠道和客户关系网开发能力、问题解决能力、商务谈判能力、协调能力、大数据分析能力、市场策划实施能力等(见图1-2-17)。

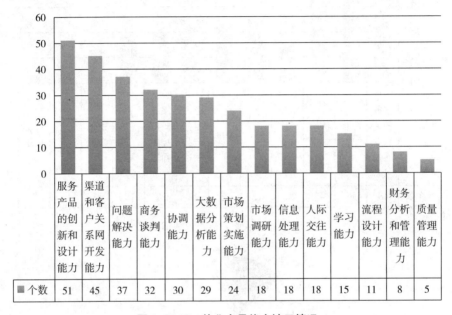

图1-2-17　从业人员能力缺口情况

此外,各机构从业人员亟须补充的知识主要包括客户服务和关系发展知识、行业知识、法律知识、营销知识、互联网知识、信息系统知识、公司服务产品知识、服务质量控制知识等(见图1-2-18)。

5.各机构对员工工作经验要求情况

各机构对于大客户经理的工作经验要求较高,共有67家机构,占对此问题反馈单位中的67%,选择需要5年以上工作经验的大客户经理。而拥有5年以下经验的大客户经理随着经验的减少,选择随之减少。其中选择需要3—5年工作经验的从业人员的机构为27家(27%),而考虑招收1—3年和1年以下甚至没有相关工作经验的仅有6家单位(见图1-2-19)。

对于一般客户经理,大部分机构选择有1—5年工作经验的人员,其中1—3年的有33家机构,而考虑招收3—5年工作经验的有51家,总共占到调研中对此问题反馈总数的84%。选择5—10年的为11家,选择0—1年

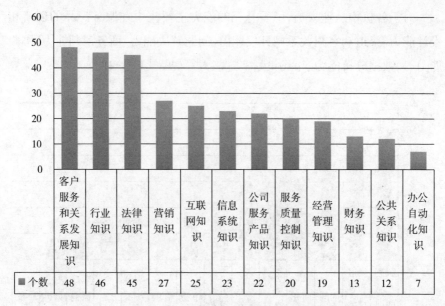

个数	客户服务和关系发展知识	行业知识	法律知识	营销知识	互联网知识	信息系统知识	公司服务产品知识	服务质量控制知识	经营管理知识	财务知识	公共关系知识	办公自动化知识
	48	46	45	27	25	23	22	20	19	13	12	7

图 1-2-18　从业人员知识缺口情况

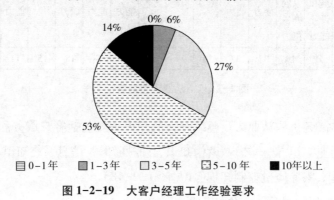

图 1-2-19　大客户经理工作经验要求

的为 4 家,而 10 年以上的仅有 1 家(见图 1-2-20)。

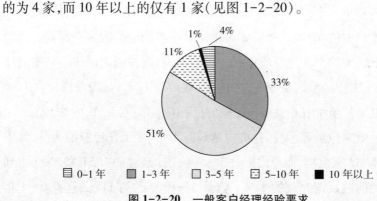

图 1-2-20　一般客户经理经验要求

对于内部专业顾问呈现需要有一定工作经验的要求,拥有1—3年、3—5年、5—10年以及10年以上的工作经验分别有37家(37%)、31家(31%)、16家(16%)、12家(12%)的单位愿意选择;而选择0—1年工作经验总共只占到反馈单位总数的4%,为4家(见图1-2-21)。

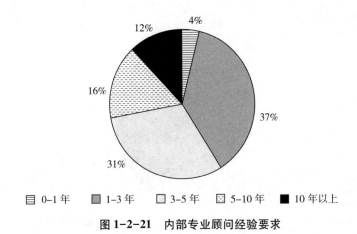

图 1-2-21　内部专业顾问经验要求

对于客服人员工作经验的要求低,主要集中在拥有1—5年工作经验,而需要5年以上的客服人员工作经验仅占1%。而客服人员的需求主要集中在1—3年,共有57家机构(57%)选择,选择0—1年共26家(26%),3—5年为16家(16%)(见图1-2-22)。

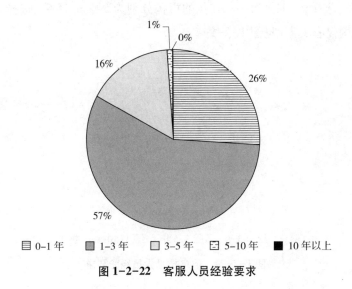

图 1-2-22　客服人员经验要求

对于市场策划和开发人员工作经验要求较集中在 1—5 年,其中,要求 1—3 年和 3—5 年工作经验的分别为 38 家和 41 家,占到总数的 79%,选择 5 年以上和 0—1 年的机构分别为 17 家(17%)和 4 家(4%)(见图 1-2-23)。

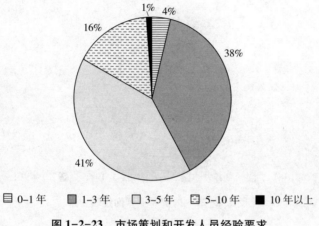

图 1-2-23　市场策划和开发人员经验要求

在对信息工作人员工作经验的要求方面,和市场策划和开发人员的要求类似,主要需求集中在有着 1—5 年工作经验的员工上。选择 1—3 年工作经验的机构占了大多数,为 42 家(42%),选择 3—5 年的机构为 37 家(37%)。选择 0—1 年和 5—10 年的机构分别为 5 家和 15 家,选择 10 年以上的机构仅有 1 家(见图 1-2-24)。

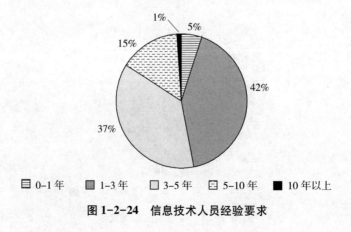

图 1-2-24　信息技术人员经验要求

（四）2015年度各机构人员新变化

在年龄结构方面，人力资源服务行业人才队伍整体较为年轻，63%以上的机构一半以上的员工年龄在35岁及以下。相对的，仅有15%的机构表示一半以上的员工年龄在35岁以上。从行业从业人员整体素质来看，本科及大专学历仍为从业队伍的主力，其中受访机构40%以上为本科或者大专学历的人员占83%，60%以上为本科或者大专学历的人员占75%，表明从业者基本受到过较良好的教育，人力资源服务业整体学历较高。在专业教育方面，员工持有人才中介师、中介员证方面，有45%的受访机构表示其内部员工持证人接近或超过一半。另外，员工接受过人力资源专业培训的机构比例也较为一致，46%的受访机构表示超过一半的员工得到专业培训教育。可见，现在上海人力资源服务机构，在学历方面基本上处于大学及大专的水平，文化素质普遍良好，高学历的（硕士及以上）的人数少。另外，行业中近一半的从业人员仍没有经历过专业的培训或者拥有相应的资格证书。

三、人力资源服务机构经营理念及其变化分析

2015年中国人力资源服务行业呈现强劲发展势头，人力资源服务机构的服务日渐全面，模式也日益多样化，特别是有更多国内企业开始涉足管理咨询、调查研究以及外包服务等更多高端领域，使原本就生机勃勃的国内人力资源服务行业更加火热。世界经济稳步增长，企业规模也随之不断扩大，随着超大型跨国公司的出现，传统的企业管理模式及人力资源管理理念，正面临着种种挑战和考验。

经营理念是一个行业发展的驱动力。从上文我们看到了2015年中国人力资源服务业机构和人员的发展、变化，在这背后是经营理念的转变和提升。可以说，经营理念的转变与提升是近几年来我国人力资源服务行业蓬勃发展的内在动力之一。

（一）"以客户为中心"等经营理念的比较与分析

服务需求的差异化带来了客户群体的细分。在较为成熟的市场中，客

户获取各种商品信息的渠道更广泛、更便捷,客户的消费趋于理性成熟,选择性增强。一旦对某个企业感到不满意,即可轻易地转向其他企业,客户成为竞争的焦点。而忠诚客户的保留对企业变得越来越困难,却越来越重要,客户成了企业的稀缺资源。在这样的市场背景下,企业不得不转变原有以资产和营销为中心的经营理念,将竞争的重点转移到客户身上,这便催生了"以客户为中心"的经营理念。

1. "以客户为中心"经营理念的内涵及产生背景

企业把客户作为经营中心,建立客户经营系统,通过获取、发展和保持与客户的持续交易来获取利润,并实现企业发展。企业一方面收集客户信息,了解每一个客户的需求,为其定制产品和服务;另一方面,对客户进行投资,提高其使用企业产品和服务的技能,建立对企业的信任和忠诚。在客户服务和技术支持方面,企业建立统一的规范标准和完善的客户管理体系,对客户与企业的交往进行全程管理①。

"以客户为中心"经营理念出现的背景具体有四类:时代环境——经济全球化;社会环境——客户制动的营销环境;市场环境——客户的行为影响企业的竞争策略;政治环境——服务型政府倡导以客户为中心②。

(1)时代环境:经济全球化

经济全球化是以信息技术为基础、以信息全球化为条件、以市场全球化为根本的世界经济发展趋势,它使各国之间的经济联系日益密切。

开放、共享、联合、合作是经济全球化的特征。这样的合作和联盟可以集中优势、优化资源配置、进一步占领全球市场,又能相互借助对方的资源、技术、管理、产品等方面的优势实现互补,增强各方的综合竞争实力。这其中就包括了企业自身的客户和其战略联盟的客户,因为客户已经成为企业最重要的资源之一。从客户的角度来看,经济全球化的这些特征改变了他们的思维方式和行为方式,缩短了他们与企业的距离。尤其是信息技术的飞速发展,带来了客户消费行为历史性和根本性的变革。所以,企业必须积极采取措施应对消费观念不断变化的客户。

---

① 张建利:《房地产客户经营理论与策略研究》,西安建筑科技大学博士学位论文,2007 年。

② 参见杨林:《"以客户为中心"经营理念的深层次诠释》,畅享网,2003 年 4 月 18 日。

（2）社会环境：客户制动的营销环境

关系营销是 20 世纪 90 年代随着大市场营销理念的发展而产生的，并且在以上各个阶段营销思想的基础上对营销过程和营销方式进行了整合。业界是这样定义关系营销的：以系统论为基本思想，将企业置身于社会经济大环境中来考察企业的市场营销活动，认为企业营销是一个与消费者、竞争者、供应商、分销商、政府机构和社会组织发生互动作用的过程，正确处理与这些个人和组织的关系是企业营销的核心，是企业成败的关键。关系营销坚持了企业与客户之间的长期关系是关系营销的核心思想，首次强调了客户关系在企业战略和营销中的地位与作用，而不是单从交易利润的层次上考虑。

（3）市场环境：客户的行为影响企业的竞争策略

经济的全球化使企业之间的界限越来越模糊。现代企业所面临的市场竞争无论在广度还是深度上都在进一步扩大，竞争者已不仅仅包括行业内部已有的或潜在的竞争对手。在利益机制驱动下，许多提供替代产品或服务的竞争者、供应商和客户也加入了竞争者的行列①。

竞争的观念逐渐由以利润为导向发展到以客户为导向、保持持续竞争力为导向。低成本、好的产品不足以保证企业立于不败之地，如何有效地避免客户占有率的流失，强化企业与客户的关系已成为竞争的标准。企业开始意识到良好的客户关系在客户保留中所起的关键作用，并着手提升客户对企业的忠诚。

（4）政治环境：服务型政府倡导以客户为中心

随着文明的进步和社会的发展，人们对政府服务也有新的要求，例如希望自己选择时间、地点和方式与政府打交道，这是各国政府在新世纪面临的挑战。特别是 20 世纪 80 年代以来在欧美兴盛的新公共管理运动，使得各国纷纷建立"服务型政府"，力求政务以客户为中心，通过拓展政府与企业、公众的沟通渠道和沟通方式，为其他政府部门、企业和公众提供个性化的服务，改善政府在企业和公众心目中的形象。

政府治理理念对于整个社会具有巨大的示范作用，"服务型政府"倡导

① 余宁：《网络环境下客户关系管理研究》，华中农业大学博士学位论文，2007 年。

"以客户为中心"的治理理念,无疑对市场主体经营理念的转变起到了巨大的推动作用。

2. 从"以客户为中心"到"以客户满意为中心"

在"以客户为中心"经营理念的形成初期,许多企业把目标定位在外部客户上,企业所宣扬的"顾客至上"更多的是一种口号,是一种提升企业形象的工具。但是进入 20 世纪 90 年代以后,客户价值得到了极大的提升,整个市场也由此步入了"情感消费"时代。随着健康、教育、娱乐、文化及信息业的发展,客户所关心的是产品能否为自己的生活带来活力、充实、舒适和美感,企业必须及时反映客户对产品和服务方面的种种特殊要求,客户对企业产品的评价用的是"满意不满意"标准。"以客户为中心"的经营理念也由此发展为它的更高级形态——"以客户满意为中心"的经营理念。"客户满意"是指客户在对企业产品、服务的消费过程中,对自己消费经历的认知和情感反应的综合感知,它是由客户对企业产品或服务的期望与实际业绩之差和客户消费后的正面情感、负面情感共同决定的,是一个相对的量,是客户可感知的满意程度。"以客户满意为中心"的经营理念是对"以客户为中心",经营理念的进一步细化,是客户关系管理(CRM)体系的重要组成部分,其基本内容是:企业的整个经营活动要以客户满意度为指针,要从客户的角度、用客户的观点而不是企业自身的利益和观点来分析考虑客户的需求,尽可能全面尊重和维护客户的利益。

进入 21 世纪以后,"以客户满意为中心"的经营理念已经进入到了战略运营的高级阶段。"以客户满意为中心"的经营理念是一个组织在其所从事的领域对所从事的事业,基于内外部客户的价值观,以客户需求驱动的持续改进过程的理念。世界上众多优秀公司的成功经验一再表明"以客户满意为中心"的经营理念不仅是组织获得竞争优势的利器,而且是组织存在的文化基础。

在国内人力资源服务行业中,诸多优秀的公司也在不断探索着"以客户满意为中心"经营理念的实践与应用。诺姆四达集团便是这其中的积极探索者。在 2013 年 4 月举办的"2012—2013 大中华区最佳人力资源服务机构评选"活动中,诺姆四达集团凭借"品牌形象""服务效率与态度""服务可靠性"等指标问鼎"大中华区最佳人力资源服务机构客户满意度大奖"。诺姆四达作为国内人才测评行业的标杆服务机构,在企业建设和运营过程中不断探索"以客户满意为中心"经营理念的实践与创新。他们通过不断完善客户服务体系,加强服务创新,客户满意度在国内一直处于领先地位。多年来,诺姆四达创立并坚持"帮助一流组织建立真正的人才竞争优势"的服务理念,从客户需求出发,在服务方式、服务团队、渠道体系和内部管理等多方面构建了具有竞争优势的服务体系,树立了行业内优质服务的良好口碑。

现在有越来越多的企业关注"以客户满意为中心"的战略意义。许多大型企业在制定企业发展战略时,将"客户满意"作为质量战略的核心,作为其支撑其他内容的纲领。"满足客户的要求和期望"将取代质量合格或服务达标而成为企业所追求的最高目标。在国内众多优秀人力资源服务企业的引领下,"以客户满意为中心"的经营理念也必将成为国内人力资源服务行业经营理念转变的一个重要趋势。

3. 从"以客户为中心"到"以满足客户个性化需求为中心"

"客户满意"是客户在消费产品、服务的过程中,对自己消费经历的认知和情感反应的综合感知,这种感知来自于客户自身期望与企业实际业绩之间的差距以及客户消费后的正面或负面情感。由此可见,客户需求的满足程度直接决定了其对产品或服务的综合感知情况。满足客户需求,尤其是客户的个性化需求,对于企业的持续发展是至关重要的。当前,我国正处于经济转型的重要战略机遇期,在以客户为主导的大数据市场环境下,客户需求变化迅速,不再聚集于提供单一产品的市场,转而寻求能够提供个性化需求产品的市场。谁的产品能充分满足客户的个性化需求,谁就具有强大的竞争力,否则注定会被市场和客户抛弃。因此,企业的发展和竞争应着眼于增加产品和服务的多样性、满足客户的个性化需求,同时最大限度地提高产品和服务的性能和质量,缩短产品开发周期,降低成本。对于人力资源服务机构而言,亦需要其了解企业和个人真正的需要,提供个性化、差异化的解决方案,使满足客户需求亦逐渐成为其企业经营理念的核心。而要想了解客户的需求,势必首先要全面理解什么是客户需求。

(1)客户需求的概念和特点

客户需求是指通过买卖双方的长期沟通,在客户购买力的前提下,为了

满足自己的愿望而对产品的特征、功能属性等提出的要求。然而,客户需求具有以下几个特点:

①模糊性:一般来说,企业的产品设计者或开发者期望客户用专业的、精确的语言来表达对产品功能、性能的需求是不现实的。客户对产品的要求大部分情况下是不明确的、含糊的,常用一些模糊性语言,如"一般""稍微"等来表达。人们的语言信息往往具有模糊性,模糊性是客户需求的基本特征。

②阶段多变性(即动态性):人们对产品的需求受季节和社会经济发展水平的影响,并且,不同时期人们对产品的需求也是不同的。在购买力有限的情况下,客户可能要求产品具有一些基本的使用功能即可,但是当客户的购买力充足时,客户可能提出一些期望型需求或兴奋型需求。有些产品属于季节性购买的产品,企业则应在适当的季节做好产品的供应,适时推出产品以满足客户需求。

③多样性:人们对事物的认知是有差异的,并受自身文化水平和经济条件的制约。因此,这就导致了客户对产品需求的多样性和差异性,不同的客户呈现出不同的个性化需求。

④相似性:在当今以客户为主导的市场环境下,不同的客户有着不同的个性化需求,而且同一客户在不同时期也有着不同的需求。然而,这些客户需求之间也存在着相似性,有效分析客户需求间的相似性是提高产品平台稳健性的基础。

⑤产品生命周期性:产品的生命周期包括产品从自然界获取原材料经过提炼、加工等生产过程,生成最终客户需求的产品,再经过产品的存储、销售和使用等过程,直到产品报废,构成了产品的整个生命周期。

⑥潜在性:受客户对产品了解程度的影响,客户有时很难用自己的语言表达出对产品的需求,因此,客户需求往往带有一定的潜在性。这些需求可能包含一些兴奋型需求或者顾客不知如何用语言表达的需求信息,因为客户并非确定对产品属性或性能的需求。

全面理解客户需求的概念和特点有助于企业明确自身发展的方向,只有深入了解客户需求的本质,才有可能作出科学合理的需求分析,充分发掘和满足客户的个性化需求,从而使企业能够在市场竞争中获得优势。

（2）客户需求分析理论

在准确把握客户需求特点的基础上，下一步便是对其需求进行具体分析。客户需求分析是了解客户的需求、进行需求分析，并最终确定产品和服务的市场定位的过程。企业需要在市场营销和产品、服务规划的过程中，对客户需求进行多维度的分析，按照不同的因素、不同的权重分析客户的需求，从而实施差异化竞争战略。通过差异化的客户需求分析，充分了解市场、分析市场，最终建立核心竞争力的产品。客户需求分析主要从 8 个方面进行产品的客户需求定义，具体为：P—产品价格（Price）；P—包装（Packaging）；P—性能（Performance）；A—可获得性（Availability）；E—易用性（Easy to use）；A—保证程度（Assurances）；L—生命周期成本（Life cycle of cost）；S—社会接受程度（Social acceptance）。此外，客户需求分析需要重点关注以下四方面的内容：一是如何处理目标市场的客户需求并实现市场细分。二是如何建立以客户需求为导向的目标价值体系，作为投资的重点。三是如何确定目标细分市场的关键决定因素。四是如何确定用户选择产品的主要差异因素。

（3）人力资源服务机构对满足客户个性化需求的探索

人力资源服务的个性化，可以从两个角度来理解：其一，从客户需求的角度来看，社会分工越来越细，必然出现客户需求越来越多元化和个性化。为了满足不同客户的需求，必然要求服务产品和解决方案的个性化。其二，从人力资源服务机构自身发展来看，行业竞争日益加剧，人力资源服务机构要想在激烈的竞争中求生存谋发展，就必须积极地塑造个性，走同质化竞争、差异化发展的道路。因此，为企业和人才提供高质量、专业化、个性化的服务，是当前我国人力资源服务机构发展的一个趋势。不同类型、不同规模的企业以及个体求职者除了具有共通性的人力资源服务需求外，还有不同于其他企业、个人的特殊性、个性化需求。这种服务对象的分化促使人力资源服务机构在服务类型上加快专业化、个性化的进程。为帮助企业和个人凸显其各具特色的竞争优势，更好地满足企业和个人日益差异化的服务需求，一些规范化的大型服务机构不再一味追求"大而全"，而是逐渐转向侧重客户导向提供"专、精、深"的服务产品，分门别类地为个人、中小型、大型和跨国企业提供"高/低定制化""高/低复杂化"的服务。企业方面，例如北大纵横管理咨询公司,对不同客户都进行一系列深入了解,并按照专业化、规范化、个性化的流程为客户提供行业细分、量身定做的咨询服务;针对个人,例如万宝盛华宁波分公司近年来推出市场调查、数据整理等个性服务,并提供紧缺人才岗位指数等指标。未来我国人力资源服务供应商必然要在充分了解客户特点和个性化需求的基础上,依据自身服务优势和特色,不拘一格地提供适配有效的服务。

(二) 人力资源服务机构经营理念新变化

传统经营模式是以产品为竞争基础,企业关心更多的是内部运作效率和产品质量的提高,以此提高企业的竞争力。随着竞争的加剧,产品同质化的趋势越来越明显,产品的价格和质量的差别不再是企业获利的主要手段。企业认识到满足客户的个性化需求的重要性,甚至能超越客户的需要和期望。以客户为中心、倾听客户呼声和需求、关注客户满意度、对不断变化的客户期望迅速作出反应的能力,成为企业成功的关键。

客户决定着企业的一切:经营模式、营销模式、竞争策略。客户的一举一动都应该引起企业的特别关注,否则企业有可能会失去稍纵即逝的发展机遇。无论企业的产品好到什么程度,客户就是市场,是企业竞争的唯一导向。

20 世纪 90 年代,随着中国市场经济的发展,中国市场逐渐由卖方市场进入了买方市场,企业竞争愈加激烈。在买方市场中,企业获得生存的最佳途径是提高客户满意度,对产品的满意度在很大程度上要看服务过程是否让人感到轻松愉快。北欧营销服务专家罗鲁斯(Gronroos)认为服务质量是一个主管范畴,它取决于顾客对于服务质量的期望(即预期质量)同其感知的实际质量水平(即体验质量)的对比[1]。因此,顾客所购买的不仅仅是产品或者服务,而是期望,他们不是仅要获得冷冰冰的实体产品,更多的是要在获得产品或服务的同时获得心理满足。根据《美国营销策略谋划》的研究结果:91%的顾客会避开服务质量低的公司,其中 80%的顾客会另找其他方面差不多但服务更好的企业,20%的人宁愿为此多花钱。毫无疑问,较好

---

[1] 　李晓:《服务营销》,武汉大学出版社 2004 年版,第 46 页。

的服务质量和顾客满意度可以提高顾客的品牌忠诚度,催生重复购买行为,从而给企业带来利润。美国哈佛商业杂志发表的一份研究报告显示,"再次光临的顾客可为公司带来25%—85%的利润,而吸引他们再次光临的因素首先是服务质量的好坏,其次是产品本身,最后才是价格"。而对于服务行业来说,服务结果的实现是硬性指标,如同实体产品的产品质量,服务过程中带给客户愉快的体验是软性指标,如同实体产品中的服务质量。因此,无论是实体产品还是服务行业,做好服务工作,以真诚和温情打动客户,培养"永久顾客",刺激持续购买,才是谋求企业长远利益的上策。

进入买方市场后,面对人力资源服务市场上众多的服务及服务供应商,客户总是根据自己的需要,对服务内容、服务质量、购买便利性、服务价格等方面进行评估,选择价值最高的服务。人力资源服务机构以往"坐北朝南""坐等客户上门"的经营方式已无法适应市场的变化,严重制约了企业的发展,于是人力资源服务机构开始改变服务模式,主动获取客户,经营理念从而也发生转变,从站在公司和服务产品的立场上逐渐趋向于以客户为中心,主要表现在以下几个方面。

1. 从注重产品转向客户

不可否认,产品的质量是决定一个企业生死存亡的关键因素,但是如果企业把眼光仅仅放在产品上,而不考虑多元、细微的客户需求,长此以往必定会对企业发展不利。随着"以客户为中心"和"以客户满意为中心"经营理念的转变,许多企业在提高产品和服务质量的同时,积极地将客户需求融入产品研发和推广上,如站在客户的立场上去研究、设计和改进服务。一些大型的人力资源服务公司在20世纪末就已设立了研发部门,投入大量研发资金,专职为快速地满足客户需求开发新型服务产品。另外,越来越多的人力资源服务公司开始进行客户需求调研和客户满意度调研,进一步了解客户的产品和服务需求及其对产品和服务的满意度状况。

2. 从注重内部业务的管理转向外部业务——客户关系的管理

客户关系管理是一项综合的IT技术,也是一种新的运作模式,它源于"以客户为中心"的新型商业模式,是一种旨在改善企业与客户关系的新型管理机制。如高度重视客户的想法和意见,让客户参与决策,把处理客户的意见作为使客户满意的重要一环,客户和服务商积极有效的互动满足了客户"上帝"的感受等。现代的管理信息系统通过"客户服务端"技术极大地支持了客户参与服务流程、决策的体验。国内主要的人力资源服务企业如上海外服、中智等均已提供"客户端"服务,支持客户参与、监督服务全流程。客户关系管理同样是一种企业经营战略,企业据此赢得客户,并且留住客户,让客户满意。当然客户关系管理系统是否能够真正发挥其应用的功效,还取决于企业是否真正理解了"以客户为中心"的客户关系管理理念,这一理念是否贯彻到了企业的业务流程中,是否真正提高了用户满意度等。

3. 从注重吸引新的客户转向全客户生命周期(Customer Lifetime)的关系管理

其中很重要的一部分工作放在对现有关系的维护上,因此,为了满足各类企业不同的服务需求,国外各人力资源服务机构在专业化的基础上,业务内容逐渐由单一化向多元化拓展,并不只局限于传统的职业介绍和人才招聘,还包括向企业提供需求调查及预测、劳务派遣、员工培训、管理咨询、特殊人才"猎头"等"一揽子"服务,致力于提高人力资源服务的技术含量、信息集成度及附加值,形成大众化服务与差别化服务、单项型服务与复合型服务、静态性服务与连续性服务等多元发展的综合配套的完整的人力资源服务产业链。通过全方位、一站式的产品和服务,使得客户的满意度增高,品牌的忠诚度上升,人力资源服务机构和客户的现有关系得到了良好的维护和极大的拓展①。

4. 注重将客户价值(Customer Value)作为绩效衡量和评价的标准

瑞士洛桑国际管理发展研究院营销与战略学教授肖恩·米汉认为,客户价值是客户从某种产品或服务中所能获得的总利益与在购买和拥有时所付出的总代价的比较,也即顾客从企业为其提供的产品和服务中所得到的满足。有学者认为,客户价值是企业从与其具有长期稳定关系的并愿意为企业提供的产品和服务承担合适价格的客户中获得的利润,也即顾客为企业的利润贡献。"长期的稳定的关系"表现为客户的时间性,即客户生命周期(Customer Lifetime)。一个偶尔与企业接触的客户和一个经常与企业保持接触的客户对于企业来说具有不同的客户价值。这一价值是根据客户消

---

① 秦浩、郭薇:《国外人力资源服务业的发展现状及趋势》,《商业时代》2013 年第 8 期。

费行为和消费特征等变量所测度出的客户能够为企业创造出的价值。

如今,客户资源无疑已经成为企业最重要的战略资源之一。拥有客户就意味着企业拥有了在市场中继续生存的理由,而拥有并保留住客户是企业获得可持续发展的动力源泉。这要求企业在广泛关注所有的竞争环境的同时,必须加大投入关注客户这一因素的力度。当前企业的核心任务是适应客户需求的变化,以提高市场竞争力和客户占有率。因此,将客户价值作为绩效衡量和评价的标准显得意义重大。

表 1-2-1　部分人力资源服务企业公司理念/服务宗旨

编号	公司名称	公司服务内容	公司理念、服务宗旨
1	东软	eHR、e-Learning	坚持以客户为中心,打造卓越服务流程,创造客户价值
2	用友		以客户为中心,为客户提供全生命周期价值服务
3	智联招聘	招聘、培训、外包、测评	以客户为中心,以服务为桥梁
4	上海外服	人事代理及派遣、招聘、薪酬、福利、培训、咨询等	以人为本,全心为你
5	金蝶		鼓励爱戴客户、尊重客户、将客户放在第一位的行为
6	北森	人才测评	帮助企业实现最佳人岗匹配
7	卓博人才网	人才招聘	及时、全方位、热忱一体化服务,确保客户100%的满意度
8	科锐	猎头	心系客户,升华自我,回报股东,立业兴国
9	CDP	人力资源业务流程外包	客户满意度是 CDP 追求的核心目标
10	嘉扬		客户至上,服务第一

资料来源:各公司网站。

第三章　中国人力资源服务业现状及其发展趋势

【内容摘要】

当今世界,伴随着知识经济时代的到来,各国都把人力资源作为经济发展和企业竞争的第一驱动力。人力资源服务业也在上述背景下迅速崛起,成为现代服务业中非常重要的一种形态。

本章首先介绍了我国人力资源服务业的业态划分情况,通过梳理中国人力资源服务业的发展情况和学界对业态划分方法的主要观点,提出了将人力资源服务业划分为招聘会服务、求职推荐服务、高级人才寻访服务、素质测评服务、培训服务、人力资源管理咨询服务、劳务派遣服务、薪酬服务、福利服务九种业态。其次,本章结合最新的形势,分析了"互联网+"技术对我国人力资源服务业的影响。通过分析得出,"互联网+"时代的到来,一方面促使人力资源服务业的管理理念、方式朝着人性化、扁平化的方向发展,另一方面也促使人力资源服务业的技术水平不断提升,未来培训行业、招聘行业等将借助互联网络技术得到更大的发展空间。同时,本章还介绍了2014年全国人力资源服务业的重要活动,在内容上涵盖学、政、企三界。可以看出人力资源服务业的活动越来越频繁、社会影响力也越来越大。最后,本章探讨了人力资源服务业未来的发展趋势,总结出我国人力资源服务业专业化、集群化、信息化、国际化的发展趋势。值得一提的是,本章最后通过对案例的研究,指出中国人力资源服务企业要想真正"走出去",必须依托政府搭建的平台,大力发展自身的集群能力。

Chapter 3　Status Quo and Development Trends of the HR Service Industry in China

【Abstract】

With the advent of the knowledge-based economy era, each country has now identified human resources as the most critical force for driving economic development and enhancing the enterprise competitive power. Against the above-mentioned background, the HR service industry is rapidly emerging as one of the most important sectors of the service industry.

This chapter starts with an introduction of the segment classification of China's HR service industry. It then canvasses the development of the HR service industry in China and the main view points of the academic circle on the segment classification of the HR service industry. This is followed by a proposal for classifying the HR service industry into 9 segments, i. e., recruitment services, job referral services, executive search services, qualification assessment services, training services, HR management and consulting services, labor dispatch services, payroll services and welfare services. It then analyzes the impact of "Internet Plus" technologies on the development of the HR service industry in China based on the newest industry situation. After the analysis, conclusions can be drawn that the arriving of the "Internet Plus" era serves as a catalyst for development of the human resources service industry towards a flat management structure with greater humanity on the one hand, and uplifts the technological level of the labor force in the human resources service on the other hand. In the future, Internet technologies will provide enterprises with more business development opportunities in training, recruitment and other segments. It also outlines the major events of the human resources service industry in China between 2014 and 2015, covering event in political, economic and academic circles. The past year has witnessed the development of the human resources service industry with increasingly frequent activities and greater social influence. In the last part of this chapter, it explores and summarizes the trend of specialization, clusterization, information technology application and internationalization of the development of the human resources services in China. It is worth mentioning that, this part points it out quite clearly that China's human resources enterprises must rely on the platforms provided by the government and strengthen their capabilities on clustering if they are determined to go global, which is based on the relevant case studies in this chapter.

一、人力资源服务的业态情况分析

（一）人力资源服务业的发展背景及重要意义

当今世界,知识和信息成为时代发展的主要动力,对信息和知识的占有能力正在成为衡量一个国家、一个组织经济实力的重要标志。创新和创新能力成为一个国家和组织发展的根本动力和基本保障。而人才作为知识和信息的掌握者,作为一种具有增值性、稀缺性和难以模仿性的资源,成为了经济发展和企业竞争的"第一资源"。在此背景下,人力资源服务业迅速崛起,成为现代服务业中迅速发展的一个新兴领域,在帮助企业合理有效地获取、开发、配置和利用人力资源方面发挥了重要的作用。

国外人力资源服务业起源于 19 世纪末。在开始阶段,由于其自身经营不规范,加之社会环境和认识方面的局限性,其发展受到很大的制约①。进入 20 世纪 70 年代后,在严重的滞胀危机面前,就业服务业在促进灵活就业、增加工作岗位、减少失业特别是长期失业方面的作用日益突出,逐渐为社会所接受和认可②。随后而来的第三次工业革命浪潮,更是让国外人力资源服务业在 20 世纪 90 年代开始走上了发展的快车道。根据国际私营就业机构联合会的统计,截至 2013 年,全球共有 15.7 万个私营就业机构,分支机构 20.9 万个;全球私营就业机构的工作人员总数为 112.3 万人;全球

---

① 路静:《关于国外人力资源服务业的发展对我们的启示探讨》,《财经界（学术版）》2014 年第 10 期。

② 莫荣、陈玉萍:《国外人力资源服务业的发展》,《第一资源》2013 年第 8 期。

派遣就业年营业额为 2950 亿欧元①。总之,国外人力资源服务业呈现出企业规模不断扩大、经营实力不断增强、服务质量日益提升的特点。

1979 年,北京外企人力资源服务公司成立,成为我国人力资源服务业的开端②。从那时开始,我国人力资源服务业不断发展,行业规模不断扩大,服务领域和服务内容更加多元化,服务经济社会发展的能力有所提升,在促进就业方面发挥了重要作用。一批人力资源服务机构在市场竞争中逐步发展壮大,其中有北京外企、上海外服、中智公司、中国四达等规模化发展的国有企业,还有智联招聘、前程无忧、中华英才网、科锐国际、易才集团、汇思集团、红海人力集团、鼎源万家、太和顾问、泰来猎头、东方慧博、万宝盛华等民营和中外合资企业。

我国是人力资源大国,充分开发和利用我国丰富的人力资源是一项基本国策。当前,我国经济发展进入新常态,经济发展方式正从规模速度型粗放增长转向质量效率型集约增长,经济结构正从增量扩能为主转向调整存量、做优增量并存的深度调整,经济发展动力正从传统增长点转向新的增长战略。在此背景下,人力资源服务业显得尤为重要,其发展程度直接反映一个国家或地区的人力资源开发利用水平,关系经济社会发展全局。具体来说,其意义主要体现在:

1.既能够满足国民经济各个行业对人力资源的需求,也能够为广大劳动者的就业提供专业化的服务,有利于促进充分就业并有效开发和优化配置人力资源。

2.人力资源服务业也是现代服务业的重要组成部分,其发展有利于扩大现代服务业的规模,优化现代服务业的结构,支撑现代服务业的发展,已成为我国国民经济新的增长点。

(二) 人力资源服务业业态划分方式概述

人力资源服务有狭义和广义之分。狭义的人力资源服务等同于人力资

---

① 秦浩、郭薇:《国外人力资源服务业的发展现状及趋势》,《商业时代》2013 年第 8 期。

② 韩树杰:《我国人力资源服务业的发展现状及趋势》,《中国人力资源开发》2008 年第 1 期。

源中介服务,主要指猎头公司、人才和劳动力市场提供的服务。广义的人力资源服务业是由专业的人力资源机构和能提供人力资源咨询的管理顾问公司组成,主要涵盖了战略层面和操作层面两大类性质的服务;战略层面的服务如人力资源管理体系设计,涉及人员招聘、培训与发展、薪酬福利、绩效考核和岗位设置等服务内容;操作层面的人力资源服务是指人力资源咨询公司从事的常规事务性工作,如客户企业日常繁琐的操作和管理,主要提供薪资福利管理、薪资福利数据的获得、能力评估等服务内容。本书所指的主要是广义上的人力资源服务业。①

　　目前,世界上各国关于人力资源服务业的构成方面各有侧重,有着较为明显的分别。但从北美、欧盟、日本、新加坡等国的国家统计标准来看,不难发现,人力资源管理咨询服务、就业服务和培训服务是其共同的成分②。

　　《北美产业分类体系》(NAICS)中,与人力资源服务相关的业态集中在三个方面:行政管理和普通管理咨询服务;人力资源及高级管理人员搜寻咨询服务、就业服务;管理开发培训。其中行政管理和普通管理咨询服务,包括薪酬福利、劳动关系、人事管理、员工评价、员工薪酬等方面的咨询服务;人力资源及高级管理人员搜寻咨询服务,则是指除专业和管理开发培训外的向企业和其他类型组织提供人力资源和人事政策、薪酬系统规划、薪酬管理及高级管理人员搜寻和雇佣等方面建议和帮助的服务。就业服务包括就业安置中介(employment placement agencies)、短期支持服务(temporary help services)和专业派遣组织(professional employer organization)。专业和管理开发培训,从属于教育服务中商业、计算机和管理培训一类,包括管理和专业发展的短期课程和研讨会等。③

　　英国与北美不同,其将有关雇佣及培训的人力资源服务归为"其他企

---

　　①　萧鸣政、郭丽娟、李栋主编:《中国人力资源服务业白皮书 2013》,人民出版社 2014 年版,第 301 页。

　　②　汪怿:《国外人力资源服务业:现况、趋势及其启示》,《科技进步与对策》2007 年第 7 期。

　　③　《北美产业分类体系》(NAICS)是美国、加拿大和墨西哥等共同执行的产业结构协议。具体参见:"2012 North American Industry Classification System", United States Census Bureau.December 18,2012.

业服务"项目中的"企业管理及管理咨询"（business management and management consulting）类别中。①人力资源管理咨询，属于企业服务业；②劳动力录用和人事服务，包括商业或者产业工人、国内中介、就业中介、就业顾问、高级管理人员、高级管理人员录用顾问、劳动力录用、医疗人员、护士中介、办公室支持人员、就业的人事领域、公务员注册办公室、销售管理录用咨询、人员的提供、教学人员的提供；③管理培训服务。这可以在未分类的其他成人和教育中找到相关的内容。①

日本的人力资源服务业，主要隶属于"其他服务业"（その他の事业サービス业，其产业编号 90）大类。在"其他企业服务业"，与人力资源服务业相关的有"民营职业介绍业"（民营职业绍介业，产业编号 905）和"未经特别分类服务业"（他に分类されない事业サービス业，产业编号 909）。其中，"未经过特别分类服务业"（他に分类されない事业サービス业）包括两类，分别是：90A"劳动者派遣业"（劳働者派遣业）和 90B"未分类服务业"（分类されない事业サービス业）②。

新加坡的标准产业分类（SSIC）中，与人力资源服务业相关的产业主要分布在如下分类中：①"人力资源咨询服务业"，隶属专业、科学技术服务业；②就业服务，包括信息技术人力资源派遣服务、除 IT 人力资源派遣外的劳动力派遣服务、保姆介绍业、除保姆以外的就业介绍、高级管理人员搜寻服务、劳工招录与人事事务，隶属于行政与辅助服务业；③专业和管理开发培训。教育培训归类于社区、社会活动范畴③。

（三）我国目前的人力资源服务业业态划分情况

在构建我国人力资源服务业统计指标时，既要考虑到我国的实际情况，从机构性质上加以区分，又要借鉴国外的经验，关注人力资源服务业业态这一划分因素。

---

① 汪怿：《国外人力资源服务业：现况、趋势及其启示》，《科技进步与对策》2007 年第 7 期。

② 汪怿：《国外人力资源服务业：现况、趋势及其启示》，《科技进步与对策》2007 年第 7 期。

③ "Singapore Standard Industrial Classification（SSIC）2015"，http://www.singstat.gov.sg/methodologies-standards/statistical-standards-and-classifications/SSIC.

　　目前,我国统计学意义上的人力资源服务业①主要在机构性质上进行划分,包括公共服务就业机构、人才公共服务机构、国有性质的服务企业、民营性质的服务企业与港、澳、台及外资性质的服务企业五大类。

　　在业态划分方面,目前我国并没有官方统一的业态划分方式。比较权威的划分方式见于一些行业发展报告中。其中最具典型性的是由萧鸣政、郭丽娟、李栋主编的《中国人力资源服务业白皮书 2013》和由张宇泉主编的《北京人力资源服务业发展报告 2014》,以及北京市政府于 2014 年出台的《北京市人民政府关于加快发展人力资源服务业的意见》。

　　《中国人力资源服务业白皮书 2013》将人力资源服务划分为人力资源管理咨询服务行业、招聘服务行业、高级人才寻访服务行业、人才测评服务行业、劳务派遣服务行业、薪酬服务行业、福利服务行业、培训服务行业、人力资源业务流程外包服务行业等九个业态。

　　《北京人力资源服务业发展报告 2014》将人力资源服务业划分为招聘洽谈会服务、网络招聘服务、高级人才寻访服务、素质测评服务、培训服务、咨询顾问服务、人力资源外包服务、劳务派遣服务等八个业态。另外,该书将人力资源市场公共服务划分为公共就业服务、创业服务、毕业生就业服务、流动人员人事档案管理服务、人力资源市场公共信息服务等五项服务内容。

　　《北京市人民政府关于加快发展人力资源服务业的意见》将人力资源服务业的重点领域划分为人力资源管理咨询、人力资源外包、素质测评、人力资源培训、高级人才寻访、人力资源信息网络服务等六项。

　　综合上述内容,可以将我国人力资源服务的业态划分为以下七项:

1.流动人员档案管理服务

2.人才测评服务

3.网络招聘服务

4.高级人才寻访服务

5.管理咨询服务

6.人力资源软件服务

---

① 人社部:《人社部 LM1 号人力资源服务机构综合情况》,国统制［2008］99 号。

7.人力资源外包服务

二、人力资源服务的"互联网+"新技术的产业分析

（一）"互联网+"时代对人力资源管理的影响

1."互联网+"时代的背景

当今世界,是互联网的时代。截止到 2013 年,我国互联网上网人数达到 6.2 亿,互联网宽带接入用户数达到 1.9 亿。从企业信息化情况来看,2013 年,每百家企业拥有网站数量达到 57 个,电子商务营业总额达到 9.1 万亿元①。与此同时,互联网以其迅速、广泛的信息传播能力而渗透到各行各业以及人们生活的方方面面,极大地改变了人们生产和生活的方式,提高了资源配置的效率。正是在上述背景下,"互联网+"的概念应运而生。

2."互联网+"概念的提出

国内"互联网+"理念的提出,最早可以追溯到 2012 年 11 月于扬在易观第五届移动互联网博览会的发言。② 易观国际董事长兼首席执行官于扬首次提出"互联网+"理念。他认为"在未来,'互联网+'公式应该是我们所在的行业的产品和服务,在与我们未来看到的多屏全网跨平台用户场景结合之后产生的这样一种化学公式。我们可以按照这样一个思路找到若干这样的想法。而怎么找到你所在行业的'互联网+',则是企业需要思考的问题"。③

2014 年 11 月,李克强出席首届世界互联网大会时指出,互联网是大众创业、万众创新的新工具。其中"大众创业、万众创新"正是此次政府工作报告中的重要主题,被称作中国经济提质增效升级的"新引擎",可见其重要作用。④

---

① 《2014 中国统计年鉴》。

② 于扬:《所有的传统和服务应该被互联网改变》,http://tech.qq.com/a/20121114/000080.htm。

③ 《"互联网+"激活更多信息能源》,http://www.netofthings.cn/GuoNei/2015-07/5705.html。

④ 新华网评:《中国有了"互联网+"计划》,http://www.netofthings.cn/GuoNei/2015-03/5505.html。

　　2015 年 3 月,全国两会上,全国人大代表马化腾提交了《关于以"互联网+"为驱动,推进我国经济社会创新发展的建议》的议案,表达了对经济社会的创新提出了建议和看法。他呼吁,我们需要持续以"互联网+"为驱动,鼓励产业创新、促进跨界融合、惠及社会民生,推动我国经济和社会的创新发展。马化腾表示,"互联网+"是指利用互联网的平台、信息通信技术把互联网和包括传统行业在内的各行各业结合起来,从而在新领域创造一种新生态。他希望这种生态战略能够被国家采纳,成为国家战略。①

　　2015 年 3 月 5 日十二届全国人大三次会议上,李克强总理在政府工作报告中首次提出"互联网+"行动计划。李克强在政府工作报告中提出,制定"互联网+"行动计划,推动移动互联网、云计算、大数据、物联网等与现代制造业结合,促进电子商务、工业互联网和互联网金融健康发展,引导互联网企业拓展国际市场。②

　　2015 年 7 月 4 日,国务院印发《关于积极推进"互联网+"行动的指导意见》,这是推动互联网由消费领域向生产领域拓展,加速提升产业发展水平,增强各行业创新能力,构筑经济社会发展新优势和新动能的重要举措③。

　　3."互联网+"的含义及特点

　　现阶段,学术界和企业界已就"互联网+"的内涵基本达成一致。从技术角度来说,"互联网+"就是利用互联网技术、互联网思维、互联网平台等助推各行各业发展。从产业角度来说,"互联网+"既是传统行业互联网化,又是互联网产业同制造业、金融业等传统产业进行全面的、深层次的跨界融合。"互联网+"的核心技术——大数据、云计算、移动互联网技术、物联网技术,既是网络经济时代的重要技术支撑,又是实现商品交易"在线化""数据化"的重要工具,同时也是信息时代下信息处理的重要工具④。因此,传

---

　　① 《马化腾两会提案大谈"互联网+"》,http://www.netofthings.cn/GuoNei/2015-03/5507.html。

　　② 《学者热议:李克强提的"互联网+"是个啥概念?》,http://scitech.people.com.cn/n/2015/0305/c1007-26644489.html。

　　③ 《国务院就积极推进"互联网+"行动印发〈指导意见〉》,http://www.netofthings.cn/GuoNei/2015-07/5704.html。

　　④ 何师元:《"互联网+金融"新业态与实体经济发展的关联度》,《改革》2015 年第 7 期。

统行业"互联网+"的过程意味着一种新的能力,技术应用和创新是其核心内涵,云计算、大数据等信息处理创新、用户创新、服务创新、营销创新等至关重要①。

通俗来说,"互联网+"就是"互联网+各个传统行业",但这并不是简单的两者相加,而是利用信息通信技术以及互联网平台,让互联网与传统行业进行深度融合,创造新的发展生态②。它代表一种新的社会形态,即充分发挥互联网在社会资源配置中的优化和集成作用,将互联网的创新成果深度融合于经济、社会各领域之中,提升全社会的创新力和生产力,形成更广泛的以互联网为基础设施和实现工具的经济发展新形态。几十年来,"互联网+"已经改造及影响了多个行业,当前大众耳熟能详的电子商务、互联网金融、在线旅游、在线影视、在线房产等行业都是"互联网+"的杰作。

互联网时代,是一个互联互通的商业时代,是一个基于大数据的知识经济时代,是一个客户至上与人力资本价值优先的网状价值时代,更是一个开放、共享的"有机生态圈"时代③。"互联网+"主要有以下六大特征④:

(1)跨界融合。"+"就是跨界,就是变革,就是开放,就是重塑融合。敢于跨界了,创新的基础就更坚实;融合协同了,群体智能才会实现,从研发到产业化的路径才会更垂直。融合本身也指代身份的融合,客户消费转化为投资,伙伴参与创新,等等,不一而足。

(2)创新驱动。中国粗放的资源驱动型增长方式早就难以为继,必须转变到创新驱动发展这条正确的道路上来。这正是互联网的特质,用所谓的互联网思维来求变、自我革命,也更能发挥创新的力量。

(3)重塑结构。信息革命、全球化、互联网业已打破了原有的社会结构、经济结构、地缘结构、文化结构。权力、议事规则、话语权不断发生变化。"互联网+"社会治理、虚拟社会治理将会对传统的治理观念产生巨大的影响。

---

①　杨凯:《布道"互联网+"》,《华东科技》2015 年第 4 期。

②　《"互联网+"到底是什么,一张图看懂》,http://www.sheitc.gov.cn/gydt/666007.htm。

③　彭剑锋:《互联网时代的人力资源管理新思维》,《中国人力资源开发》2014 年第 16 期。

④　http://baike.baidu.com/link? url = hTpEjsr1nGsimv - Y0nCH2 - 7BJ - ZPYpp6lM1HvE - cEcwPSsy6S6 - tEXId2Hx0_lVn1P8wp3aG - bhl8rEDtbsVs_#reference - [3] - 11323226 - wrap.

（4）尊重人性。人性的光辉是推动科技进步、经济增长、社会进步、文化繁荣的最根本的力量，互联网的力量之强大最根本地也来源于对人性的最大限度的尊重、对人体验的敬畏、对人的创造性发挥的重视。例如 UGC，例如卷入式营销，例如分享经济。

（5）开放生态。关于"互联网+"，生态是非常重要的特征，而生态的本身就是开放的。我们推进"互联网+"，其中一个重要的方向就是要把过去制约创新的环节化解掉，把孤岛式创新连接起来，让研发由人性决定的市场驱动，让创业并努力者有机会实现价值。

（6）连接一切。连接是有层次的，可连接性是有差异的，连接的价值是相差很大的，但是连接一切是"互联网+"的目标。

4."互联网+"对人力资源开发与管理的影响

"互联网+"时代的到来，对经济和社会发展的影响是全面而深刻的。具体到人力资源管理领域更是如此。一方面，互联网带来的信息高速传播，大大提高了人们对信息的获取能力和工作效率，促使整个社会价值更加多元、竞争更加激烈、产业更新换代更快，从而改变了人与组织的博弈态势，以及人力资源管理理念的更新。另一方面，互联网技术的广泛应用也促使人力资源管理的各个环节工作效率提升，使具体的工作方式发生变化。

（1）"互联网+"时代促使人力资源管理理念的转变

"瞬时反馈、极简主义、人才体验、共赢生态"是互联网时代典型的变革特征。在这个机遇与风险并存的时代，企业决策对员工命运的影响逐渐弱化。相反的是，一个优秀的人才或团队创造一款优秀的产品，就能很快改变一个企业的命运。未来企业对人才的投资和有效管理变得比任何时候都重要。劳动力比以往任何时代更具有流动性、更加虚拟、更加多样化、更加稀缺、更加关注体验。这就使得企业针对人才进行管理的理念发生变化，一系列适应互联网发展的理念正在普及。

①对人力资源的新认识。互联网时代的员工，已经从"经济人"转变为"知识人"。人掌握的信息与知识成为企业盈利的关键要素。再加上人员流动的成本降低，导致资本追逐人才，传统的企业管理者则从"命令者"变成了知识拥有者的"合伙人"。总之，在互联网时代，对人的尊重与关怀被

提到了前所未有的高度。

②组织的变革。互联网时代,技术、知识投入的重要性远远大于实物投入。一小部分掌握大量技术的人员,利用几台电脑和网络,就能创造出巨大的价值。这就使得传统工业时代的大型企业组织发生变化,开始往扁平化、网络化、自主化的方向发展。比如,华为公司最近取消了考评经理、薪酬经理等职位,一律称小组长,这是一种去职位化的表现;微软放弃了员工分级制,认为任何一个层级的人将来都可能变成组织运行的中心,这就是所谓的"去中心化"①。组织的变化,必然导致相应的人力资源管理方式发生变化,需要变得更轻、更快、更即时、更有效。

(2)互联网思维对人力资源开发与管理方式的渗透

首先,大数据思维在人力资源开发与管理中得到广泛应用。大数据技术贯穿人力资源的选、用、育、留等各个环节。在人力资源生态链上,人力资源咨询、培训、猎头、中介、政府主管部门,包括企业人力资源管理部门在大数据的作用下共享数据,共享测评工具,共享人才发展理念,通过合作分享机制,在大数据平台上共同创造并分享价值。

其次,价值创造方式的变化导致人力资源管理变革。在"互联网+"时代,人才价值创造也在不断延伸,同在一个生态链的企业之间通过价值链实现人力资源的共享,企业之间人力资源开发相互嵌套,销售企业人员通过信息反馈机制来帮助制造企业改进生产质量,提高产品品质;同样生产企业的产品设计员工深入销售企业一线,共同挖掘客户信息,共同为客户提供满意的产品和服务。

最后,"全员参与"的思维得到普及。在"互联网+"思维下,人力资源管理可以通过企业微博、微信以及微信公众平台、电子邮箱等方式,让员工参与人力资源管理,让员工成为人力资源部的"粉丝",时刻为人力资源管理工作建言献策,与人力资源部一起"工作",共同打造以实际需求为基础的人力资源管理体系。比如通过制定个人使命宣言、全员监督、员工内部调解委员会、员工薪酬委员会等方式,明确员工协商职责范围。同时,企业的客户可以为人力资源管理活动提供重要的信息,企业的客户也可以参与到人

---

① 《互联网新思维为人力资源管理带来了什么?》,《组织人事报》2014 年 12 月 16 日。

力资源管理活动中。

(二)"互联网+"新技术对人力资源服务业的影响

在当今时代,计算机及互联网技术的成熟和普及,正全方位地影响着现代人类的生产和生活方式,同时也不断地改变着企业的生产经营模式。而作为利用信息和资源优势,为各个企业之间输送、培养人才的现代人力资源服务业,也必须适应这种潮流,加强自身的信息化建设,以便对环境和企业内外部的各种要求和变化作出快速的响应。简而言之,人力资源服务业逐渐向信息化即 e 化转变。

从整体上看,信息网络技术的普及为人力资源服务业提供了更为便捷、迅速、全面的工作方式和手段,使其能更加高效率地、更加精确地满足企业对于人力资源数量和质量的各种要求。

具体来说,目前互联网领域兴起的各项技术、模式、思维等,都可以被人力资源服务业的各个业态加以有机整合与利用,从而促使人力资源服务企业不断提高自己的服务效率与服务质量。这些互联网技术、模式和思维应用包括:

1.人力资源云服务

人力资源服务行业引入和运用云计算技术,为客户提供人力资源服务的共享平台、交易平台和支付平台等"云平台"服务①。其最突出的典型成果是:国外市场已经开始运行基于"云平台"的人力资源服务。其中,以云计算为核心的人力资源 SaaS(Software-as-a-Service"软件即服务")和大数据分析成为人力资源行业的服务趋势。

云服务可以在很多人力资源服务业态中得到应用,形成"云薪酬""云招聘""云测评""云培训"等服务平台。比如,在薪酬发放工作中大规模数据录入、跨地区工资发放、外籍员工工资发放等,都已成为日益困扰企业人力资源管理的现实问题。而薪酬"云服务"凭借强大准确的数据库基础和覆盖面很广的服务网络,不仅能够与各地社保及个税政策快速融合和响应,

---

① 《人力资源服务业能否冲浪"互联网+"——访北京大学人力资源开发与管理研究中心主任萧鸣政》,《中国劳动保障报》2015 年 8 月 8 日。

还能帮助企业迅速了解本土企业的薪酬和社保处理机制。比如,招聘这项繁复的工作不仅耗时耗力,而且需要极为系统的统计数据。"云招聘"可以把各行业中潜藏的猎头对象形成一个人才库,并凭借涵盖强大的搜索技术,在几秒钟内完成人才搜索和筛选。比如,人才测评云服务,可以从多维度嵌入新技术的成果,可以按照客户需求进行测评工具的自由组合,测评内容也可以全面包含测评被试者的各个方面才能。更重要的是,凭借互联网,可以实现测评过程实时交互、实时沟通,大大提高人力资源管理的效率和效能。再比如,在日常管理中,云服务还可以针对企业办公人员建立网络沟通服务平台。人力资源部门工作人员可以将大量琐碎、重复的工作交给电脑来处理,将更多的时间花在业务提升上。

2. 公司内部 EHR 系统的引入

目前,EHR 系统已经发展成为企业信息化的主要领域之一。在国外学者的研究中,EHR 的"E"主要包含了"electronic""effectively""employee"三个层面的含义。而此处所指的 EHR 系统,则主要是指企业内部的人力资源信息管理平台。这种平台可以集人力资源管理的多个模块于一体,实现员工信息管理、入离职流程办理、薪酬事务处理、绩效信息搜集等功能,从而大大简化工作流程,提高管理效率。现代人力资源服务企业可以通过开发、维护此类平台,来帮助企业实现内部人力资源管理的规范化、高效化。

3. 招聘的网络化

近年来,网络以其信息量大、覆盖面广、招聘费用低、方便、快捷、时效性强等优点获得越来越多的公司认可,网络招聘、移动招聘等新兴的方式在公司的招聘方式中占有越来越重要的地位。据《财富》统计,全球 500 强公司中有 88% 使用网络进行员工招聘。网络招聘不但突破了人才集市的时空概念,使人才在网上真正地流动起来,而且应聘者也可以随时随地与招聘企业联系,获取需要的最新信息。这样的方式不仅大大提高了招聘效率,还节省了双方的时间及成本。

招聘网络化的另一个重要渠道则是各类网络社交平台。社交网络的普及已经使人力资源服务行业的业态发生了变化,目前美国知名社交网站领英已经开通了采用人际关系寻找工作的频道。国内一些企业,也有一定的成果。在传统的网络招聘模式基础上,联络家、天极网等专业社交求职和招聘平台已经有了一定的市场,58 同城、微博、人人网、微信等社交服务平台和软件也以其服务范围广、信息可信度高、信息传播速度快等优势迅猛发展起来。人力资源服务企业应逐步通过大数据等新技术手段渗入社交网络这一新平台,主动与社交网络上的各种社群建立联系。一来可以把自己的服务信息通过社交网络迅速地传递出去,花费较低,而传播效果较好;二来在为客户招聘和猎头的过程中,可以通过社交网络中的群体推荐,更容易找到某一类型的候选人,降低成本①。

4. 在线培训的兴起

利用信息技术对职员进行培训,也是近年来人力资源服务行业利用互联网技术的一个典型。在线培训有以下几大优点:(1)有利于弹性化管理,使接受培训者不再受时间和地点的限制。(2)有利于降低成本。采用网络化的培训减少了不必要的差旅费、交通费、场地费等,减轻了企业和员工在经济上和时间上的负担,避免了脱产和半脱产的培训方式的弊端。(3)有利于培养员工的主动性。员工可以根据自身的需要,在互联网上寻找适合自己的内容和方式进行自主学习,拓展知识和技能方面的深度和广度。(4)有利于提高员工的自身素质。员工在接受企业给予的系统化的网络培训之后,掌握了新的知识和技能,无形中增加了企业人力资本的价值②。

三、人力资源服务行业的学术研究和实践活动

(一) 人力资源服务业的学术研究活动

2015 年,随着人力资源服务业的发展及其在经济社会中的作用逐渐凸显,学术界对这一领域的研究也越来越多。下面从学术论文、学术专著两个方面来总结分析 2015 年人力资源服务行业的学术研究活动。

1. 学术论文发表情况

编者在中国学术期刊网络出版总库(中国知网)内,以"人力资源服务业"为主题进行搜索,得到相关学术论文及报刊文章共 705 篇。具体情况

---

① 《人力资源服务业能否冲浪"互联网+"——访北京大学人力资源开发与管理研究中心主任萧鸣政》,《中国劳动保障报》2015 年 8 月 8 日。

② 杨燊:《网络化时代人力资源管理新模式》,《沿海企业与科技》2003 年第 4 期。

见表 1-3-1。

表 1-3-1　近两年人力资源服务业学术论文发表情况

论文类型	论 文 数 量	
	2014 年	2013 年
期刊论文	326	368
学位论文	121	144
硕　士	105	119
博　士	16	25
会议论文集	2	1
报纸文章	249	276
辑刊文章	7	2
总　计	705	791

由上表可知,2014 年,以"人力资源服务业"为主题发表的期刊论文共 326 篇。学位论文共 121 篇,其中硕士论文 105 篇,博士论文 16 篇。会议论文集 2 份。报纸文章 249 篇,辑刊文章 7 篇。可见学术界对"人力资源服务业"的关注度比较高。

从发表学术论文的研究内容来看,主要有以下几种视角:

(1)介绍国外人力资源服务业的先进经验。

(2)从宏观上研究人力资源服务业存在的问题。

(3)研究人力资源服务业的未来发展趋势。

(4)研究某一地区人力资源服务业的发展现状。

(5)研究某一服务业态的发展情况。

为更好地反映 2014 年人力资源服务业学术论文发表情况,编者将代表性学术论文列表展示,详见本书附录。

2. 学术专著出版情况

2014—2015 年,人力资源服务领域出版的学术专著主要有 5 部。

(1)萧鸣政、李栋等:《中国人力资源服务业蓝皮书 2014》,人民出版社 2015 年版。本书从实践和理论两个层面对中国人力资源服务业的发展状况进行系统梳理,通过理论归纳、事实描述、数据展现、案例解读等方式,使读者全面了解中国人力资源服务业 2014 年的发展现状、重点领域和最新进展,科学预测人力资源服务业的未来方向,系统展现 2014 年中国人力资源服务业的重大事件和发展概况。

(2)《中国人力资源服务业发展报告》编委会:《中国人力资源服务业发展报告(2014)》,中国人事出版社 2014 年版。在横向维度的安排上,报告从概念、现状等总体情况的综述入手,全面介绍了人力资源服务的基本业态、相关政策、管理规制,并探讨和研究了行业发展环境与趋势展望。在纵向维度的覆盖上,报告立足于 2013 年的数据和情况,回顾了行业发展的历程,并站在历史视角对行业发展中的重大事件、重大政策进行了系统的梳理和解读。所有这些努力,都是力求做到为读者展示人力资源服务业的全景。

(3)王颖主编:《人力资源外包实务》,中国人民大学出版社 2014 年版。本书以生动活泼的案例、清晰晓畅的语言介绍了人力资源管理的相关理论和原理,侧重展示企业人力资源管理及其外包事务的具体操作执行程序,传授人力资源外包管理和执行时必备的相关知识与技能,为读者提供了有关人力资源外包的全面指导和帮助。

(4)余兴安主编:《人力资源蓝皮书:中国人力资源发展报告(2014)》,社会科学文献出版社 2014 年版。本书重点介绍了中国人力资源总量和素质发展状况、就业形势和质量评估、各类人才队伍建设、科技人才全球流动、公务员管理制度改革、事业单位人事制度建设、人力资源服务业发展、社会保障制度状况以及劳动关系形势等,总结分析了各相关领域取得的进展和存在的问题,并对未来发展和改进措施进行了探讨。

(5)俞安平主编:《江苏人力资源服务业发展研究报告(2013)》,南京大学出版社 2014 年版。本书由数个部分构成,通过翔实的数据资料和规范的经济分析,从不同角度和层次比较全面地分析江苏人力资源服务业发展情况。通过对过去资料的总结和分析,以期给相关从业者和政府管理部门提供参考。

(二) 人力资源服务业的相关政策

2014 年,随着《国务院关于加快发展生产性服务业促进产业结构调整升级的指导意见》(国发〔2014〕26 号)、《人力资源社会保障部、国家发展改革委、财政部关于加快发展人力资源服务业的意见》等国家级重要政策文件相继推出,人力资源服务业的发展得到了充分的重视。在上述背景下,各地政府相继出台政策文件,推动本区域内人力资源服务业的发展。

1.《北京市人民政府关于加快发展人力资源服务业的意见》。具体措施:(1)大力培育人力资源服务产业;(2)加强人力资源市场基本公共服务;(3)优化人力资源服务业发展环境。

2.安徽省人民政府《人力资源服务业发展的实施意见》。具体措施:(1)制定行业发展规划;(2)深入推进市场体制改革,促进各类服务机构发展;(3)推进人力资源服务业集聚发展;(4)加快服务产品创新。

3.《天津市人民政府办公厅关于加快我市人力资源服务业发展的若干意见》。具体措施:(1)加快形成"一园两核多点位"的产业布局;(2)加快构建链条清晰、多层发展的产业体系;(3)加快培育高端领先、国际一流的产业品牌;(4)加快搭建产业发展的"四大平台";(5)实施更加开放的产业发展政策;(6)加强宏观指导和监督管理。

4.河北省委办公厅、省政府办公厅《关于加快我省人力资源服务业发展的意见》。具体措施:(1)建立健全人力资源服务业发展政策体系;(2)大力实施人力资源服务业发展推进工程;(3)依法加强人力资源服务业发展监督管理;(4)切实强化人力资源服务业发展组织保障。

5.南京市人民政府《关于加快推进人力资源服务业发展的实施意见》。具体措施:(1)放宽市场准入;(2)支持园区建设;(3)扶持企业发展;(4)支持产品创新;(5)鼓励引进培育高端人才。

6.苏州市《关于加快推进人力资源服务业发展的若干实施意见》。具体措施:(1)加大人力资源服务业支持力度;(2)鼓励人力资源服务机构入驻产业园区,扶持人力资源服务机构;(3)不断提升公共就业服务水平,充分发挥行业协会作用。

(三) 人力资源服务业的商业活动

1.2015年6月6日,上海市闸北区国家级人力资源服务业标准化试点项目正式启动。

2.2015年4月18日至19日,第十三届中国国际人才交流大会在深圳成功举办。

3. 2015 年 1 月 27 日,中国人力资源服务业创新大会在苏州成功举办。

四、人力资源服务产业走向预测

作为一个人口大国,中国具备丰富的人力资源,但是如何确保丰富的人力资源得到最优的配置,以及及时的提升和补充,是人力资源服务业所致力于解决的问题。目前,国内人力资源市场供需结构性失衡现象、经济发展中所需的高端人才短缺现象、人才流动空间加大等现象依然存在。伴随着《国家中长期人才发展规划纲要(2010—2020 年)》在社会经济生活中的不断渗透,未来几年培养和造就规模宏大、结构优化、布局合理、素质优良的人才队伍,是人才强国战略实施的阶段目标,也必然是我国人才工作的主要目标。这些目标的实现,将为人力资源服务业提供巨大的发展空间。

与此同时,在我国经济社会发展"新常态"的背景下,人力资源服务业也是发展我国现代服务业、推动我国经济转型升级的重要举措。国家及各地方政府相继出台了许多政策措施,推动服务业大发展。这些政策以建立公平、规范、透明的市场准入标准、产业结构优化升级为重点,营造了有利于人力资源服务业发展的政策和体制环境。

综上所述,外部环境的巨大需求和内部政策的鼎力扶持,将为我国人力资源服务业的大发展提供绝好的契机。结合上述背景以及国内外人力资源服务业发展的经验教训,可以对我国人力资源服务业未来的发展趋势作出预测。

(一) 专业化

随着我国经济社会快速发展,人力资源服务市场规模业迅速扩大。与此同时,企业对人力资源服务的需求也更加复杂,更加个性化。这就促进了人力资源服务业的专业化。专业化首先体现在服务对象的分化。目前,我国人力资源服务对象按规模大小分为小型企业、中型企业和大型企业或跨国企业三类;按企业性质分为国有企业、民营企业、外资企业三类。不同类型的组织,对服务的要求也殊为不同。这种服务对象的分化,也要求提供服务时在服务类型上加快专业化的进程。其次,专业化还体现为服务内容的专业化。目前,我国人力资源服务业的业态不断细分,划分出招聘、测评、咨询、派遣、薪酬福利等几种不同的服务业态。服务企业在这些细分的业态上深入钻研,力争提供更加优质、高效的服务,使得每项服务内容都朝着专业、精深的方向发展。最后,专业化还表现为从业人员的专业化。一方面,服务内容的细化要求从业人员在某种具体业态中"精耕细作",积累独特的经验;另一方面,企业对人力资源服务的需求不断深入,要求从业者掌握客户企业所在行业的相关知识、技能,以便更有针对性地提供服务。

(二) 集群化

随着我国人力资源服务业的不断发展、市场规模迅速扩大、市场准入逐步放宽,市场竞争日趋激烈。人力资源服务企业数量不断增加,且相互之间竞争日趋激烈,必然造成企业兼并重组加剧,产业的集群化程度不断提高。这一趋势最重要的表现,就是一批优秀的人力资源服务企业规模不断扩大、市场份额迅速扩张,并在长期激烈的竞争中积累了经验和声誉,形成了自己的核心竞争力和品牌效应。目前,我国已经形成了一大批具有明显的市场知名度和品牌影响力的企业。比如,在人力资源外包领域,有上海外服、北京外服、中智、四达等;在网络招聘领域,有中华英才网、智联招聘、前程无忧等;在人力资源软件领域,有用友、金蝶、北森等;在人力资源管理咨询领域,有北大纵横、和君创业、华夏基石等。这些企业以优质的服务树立良好的品牌形象,以提高客户价值提升服务品牌为目的,积累竞争优势,最终培育起了自己的知名度和影响力。在未来更为激烈的竞争中,这些业已形成的人力资源服务产业集群,必将继续发展壮大,集中最优势的资源,成为行业内、领域内的标杆和旗舰。

(三) 信息化

现代服务业是基于高度发达的信息技术基础上的。在信息网络高度发展的今天,服务的传递已经力求突破时空的限制,变得愈加数字化、网络化。在这种背景下,人力资源服务也日益呈现信息化的特征。仅以招聘为例,我国的网络招聘活动增长快速,呈现出极强的活力。相关数据显示,网络招聘已经取代传统的印刷媒体的招聘广告,成为企业招聘的首选。人力资源服务信息化有效地提高服务效率、降低交易成本,同时为终端用户提供更为精准的信息和个性化的服务。通过网络提升客户自我服务的能力,以此提升服务质量,强化客户关系,扩大市场份额,成为人力资源服务业发展的重要方面。

（四）国际化

在经济全球化的今天,随着跨国公司的不断壮大、信息技术的高速发展,各国经济管制不断放松,人才作为促进生产发展的第一资源和直接创造价值的第一要素,已经产生了一种在全世界范围内快速流动的趋势。这就使得作为人才资源配置手段的人力资源服务业也必须走向国际化。人力资源服务业的国际化,是从外资人力资源服务商进入我国市场开始的。目前,全球领先的人力资源服务商已悉数进军中国市场,通过并购、合资、设立办公室等方式完成了在内地的登陆和布局。并且,随着我国中西部人力资源服务市场的发展,这些国际人力资源服务业巨头已经加快了在中国市场的拓展。

我国人力资源服务业国际化的另一个重要趋势,是我国本土创立的人力资源服务企业"走出去",开拓海外市场,逐步发展成为国际知名的人力资源服务提供商。随着我国对外开放的程度逐步增大,以及本土人力资源服务企业自身规模的日益扩大,"走出去"的能力已经初步具备。同时,随着"一带一路"建设等国家战略的提出,一大批中资企业走向国际舞台,必将产生人力资源服务需求,这就为我国人力资源服务"走出去"提供了良好的契机。因此,只要在现有基础上,完善治理结构、挖掘竞争优势、提高开放程度,我国的人力资源服务业也一定能逐步走向国际舞台,形成一批享誉全球的国际品牌。

五、我国人力资源服务产业"走出去"的趋势分析

在我国逐步扩大对外开放的今天,一大批中资企业已经成长为具有极强核心竞争力的企业,逐步开始扩展海外市场,其中不乏人力资源服务企业

的身影。应当说,"走出去"的趋势,是未来我国人力资源服务业企业发展的一大方向。

(一) 中国企业走出去的发展趋势

1. 中国企业走出去的驱动力

"走出去战略"是在 2007 年召开的党的十七大上,胡锦涛总书记作的十七大报告中明确提出的。"坚持对外开放的基本国策,把'引进来'和'走出去'更好结合起来,扩大开放领域,优化开放结构,提高开放质量,完善内外联动、互利共赢、安全高效的开放型经济体系,形成经济全球化条件下参与国际经济合作和竞争的新优势。"预示我国"走出去""引进来"的双向开放向纵深发展。自此以后,中国企业纷纷"走出去",走出国门,与世界上其他国家的企业同台竞争,拓宽市场,进一步提高企业的竞争力。

2008 年的金融危机充分证明中国已经与世界经济融为一体了,一损俱损,共存共荣。全球化的深入发展更加需要中国企业走出去,现在正是处于后危机时代,此时中国企业走出去不仅是一个巨大的机会,而且更是一种前所未有的挑战。

而在当前,中国经济呈现出新常态从高速增长转为中高速增长,经济结构优化升级,从要素驱动、投资驱动转向创新驱动。伴随着"一带一路"战略的提出,我国企业唯有积极转型,提升自身的核心竞争力,不断开拓海外市场、积极参与国际竞争,才能找到适应新常态的发展路径和模式,也才能找到新的、均衡可持续的经济增长点。

2. 中国企业走出去的现状

中国企业走出去大部分是属于海外并购和海外直接或间接的投资,还有就是海外市场或者是业务开拓。海外并购中不仅有国有企业,而且也不乏一批实力比较雄厚的民营企业。

近年来,我国企业参与海外并购和投资的企业数和交易金额均高速增长①。大批国有企业和民营企业都积极参与到国际市场的竞争中。其中较

---

① 2014 年中国地区企业并购回顾与 2015 年前瞻,普华永道集团。

为典型的案例有:

(1)联想收购 IBM 全球 PC 业务①

收购内容:2004 年 12 月 8 日,联想宣布了一项双方酝酿长达 13 个月之久的重大协议:联想将以 6.5 亿美元的现金和价值 6 亿美元的联想股票,总计 12.5 亿美元收购 IBM 全球 PC 业务(台式机业务、笔记本电脑业务相关的技术和渠道,ThinkPad 品牌及相关专利,以及位于美国和日本的研发中心等)。换言之,IBM 也就掌握了联想 18.9% 的股权和 9.9% 的投票权,而联想则承担了 IBM 5 亿美元的相关债务。另外,联想将在五年内有权根据有关协议使用 IBM 的品牌,并完全获得商标及相关技术。

收购结果:交易后,新联想的股权结构为联想控股(45.9%)、IBM(18.9%)和公众(35.2%)。联想也将成为年收入超过百亿美元的世界第三大 PC 厂商,同时,获得了 IBM PC 业务的品牌效应、巨大的国际市场份额、数百项专利以及全球范围内的经销网络。新联想集团的总部将设在纽约,在北京和美国北卡罗来纳州的罗利市设立主要运营中心,并在世界各地设立销售办事处。时任 IBM 高级副总裁兼 IBM 个人系统事业部总经理史蒂夫·沃德将担任收购完后的联想 CEO,时任联想董事局副主席、总裁和 CEO 的杨元庆将担任收购完后的新联想的董事局主席。

收购效果:经过不断地学习西方管理者的管理知识之后,中方管理者成功的吸收并灵活的运用,创造出了"双业务模式"在全球范围内大获成功,就是联想通过并购、整合 IBM PC 业务部习得先进的管理知识的最好的证明。

(2)中兴通讯集团"走出去"②

中兴通讯成功"走出去"得益于国家的援外项目。在公司海外发展的初期,这些项目帮助公司在一些国家打开局面、站稳脚跟。援外项目一般都是关系到受援国国计民生的项目,对公司提升品牌资质、锻炼项目管理执行能力大有裨益。此外,援外项目对后续扩容项目及其他非政府型

---

① 孔鑫然:《联想收购 IBM 全球 PC 业务案例分析及其启示》,首都经济贸易大学硕士学位论文,2013 年。

② 何小欧、马晓宇、孙丽霞:《中兴通讯"走出去"与援外工作》,《国际经济与合作》2012年第 5 期。

项目的积极影响不可低估。所以,援外项目有助于企业"走出去"并且在国际市场扎根。

从另一个角度看,企业承建的援外项目也极大地改善了所在国人民的生活水平,拉动了当地就业和消费,推动了所在国的经济发展,夯实了中国与受援国的友好关系,配合实现了我国援外工作的经济及政治目的。

比如中兴集团承建的埃及远教项目,在帮助埃及培训各地教师、召开电视会议、开展各式培训班方面起到了重要作用,形成了中东北非地区最大的师资培训网络系统,也是世界上最大的全国性教育培训网络之一,也帮助中兴集团在当地开拓了市场。

(二) 走出去的中国企业在人力资源管理方面的困惑

目前,已经有大批中国企业积极投身国际市场。然而在走出去之后,受限于自身的经验不足、文化差异等原因,这些企业在人力资源管理方面普遍存在一些问题。主要表现为以下几个方面:

1.本土化用工的矛盾。本土化用工是指跨国企业的海外企业按照所在国家(地区)相关法律法规的规定,根据企业实际需要,就地直接雇佣或间接使用当地人力资源。本土化用工具有必要性,对降低成本、加快项目开发实施、促进与当地政府管理部门的密切合作等方面,都有较大的价值。然而,在雇佣本地劳工的过程中,由于当地社会动荡、劳动力政策缺陷、工人文化教育程度低、存在语言障碍限制等问题,造成工人的工作能力差、工作稳定性低、沟通交流不畅等问题,也在一定程度上影响了企业工作的推进。

2.在激励机制方面,我国很多企业的薪酬结构还未摆脱计划经济模式,未能与企业战略相一致。到目前为止,我国走出去企业的薪酬结构基本上还是岗位效益工资制度,没有处理好资历、职位、能力、贡献等要素在薪酬分配体系中的关系,难以有效激励员工努力工作。而在国外,一般由董事会或者董事会里的薪酬委员会来确定领导人的薪酬。这种薪酬机制方面与国际脱轨的现象,造成了我国企业部分海外工作人员流动性高、工作积极性低,没能起到良好的积极作用。

3.人力资源管理人员的整体素质不高,掌握先进跨国公司经营的管理人才匮乏。企业国际化发展需要高素质的人才队伍。然而,目前我国海外企业的外派人员仍以外语人才为主,而既懂外语又懂专业的高级人才不多,懂经营、会管理的高素质领导人才更少①。这与我国海外人才培养体系有关。

由于没有非常专业的跨国人才培养体系,国内跨国管理人才的培养增长异常缓慢。② 目前,中国企业在对外直接投资中所需要的跨国经营管理人才的培养主要来自三个方面。第一是自主培养,就是在企业内部培养那些具有丰富公司管理经验的人才,并提拔到相应的跨国经营管理的岗位上。这些人才的优点在于具有丰富的经营管理经验,缺点是缺乏跨国公司的管理经验,同时外语基础差。第二是从相应外国语学院或外语专业中获取相应的外语人才,这些人才对于中国企业对外投资的东道国的文化和语言有较深入的了解,但缺点是经验不足。第三是从其他跨国公司中网罗优秀人才。优点是能直接获取高质量的跨国经营管理人才,缺点在于"空降部分"的不稳定性及高昂的薪酬。以上原因直接导致中国企业对外直接投资中掌握先进跨国公司经营的管理人才高度匮乏,尤其是那些资金相对较弱的企业,这方面的问题更为严重。

(三) 中国人力资源服务企业服务中国企业"走出去"的发展趋势

随着我国"一带一路"战略的提出,大批中资企业加快了国际化的步伐,开始在世界各地开拓市场,从而产生了极大的海外用人需求。尤其当这种需求规模的庞大性与跨国家、跨文化、跨制度的特点相结合时,就对专业化的人力资源服务产生了需求。这就为我国人力资源服务企业实施"走出去"战略提供了巨大的机遇。

1. 中国人力资源服务企业"走出去"需要做好的准备

我国人力资源服务企业在"走出去"过程中要充分预估所面临的困难,并针对性地做好准备。

一是准备好"走出去"的整体战略规划。服务企业"走出去"刚刚起步,

---

① 余建年、俞钮凡:《中国对外直接投资中人力资源管理遭遇的挑战及其战略取向》,《科技进步与对策》2003 年第 7 期。

② 迟骏:《中国企业对外直接投资中人力资源管理研究》,《贵州民族学院学报(哲学社会科学版)》2010 年第 4 期。

企业"走出去",去到哪个国家,目标定位哪个市场,需要哪些人才,在人力资源管理上面临哪些困难,我们都不是十分清楚。需要对企业"走出去"过程中人力资源管理的需求进行详细的调研分析,整合资源设计有针对性的专业化解决方案,加快制定"走出去"战略规划和战略执行的步伐。

二是准备好企业境外人才服务的市场化运营机制。人力资源服务企业"走出去"目标服务于企业客户在海外市场的人力资源服务需求,然而目前国有企业在人力资源外包服务方面的使用意识、操作模式及价值认同方面还处于起步阶段,外包意识不强导致采购意愿小、采购行为少,市场化服务的盈利很难形成。

三是准备好自身优质、专业的服务能力。在"走出去"过程中,人力资源服务集团为多家企业提供了并购前人力资源尽职调查、人力资源合规性审计和人力资源流程和制度整合咨询服务项目。通过专业咨询服务,一方面通过尽职调查咨询确保并购过程中人力资源交接工作的合法性;另一方面结合其国际化管理的程序和标准在新并购企业建立了完整、规范人力资源管理流程和制度;最后,也实现核心团队成员的有效沟通和保留。

2. 人力资源服务企业"走出去"相关的政策建议

(1)搭建政府、用人企业和专业人才服务机构广泛合作的人才市场化配置和服务平台,提升人才服务能级

为了有效支持国资委企业"走出去"项目,我们建议由政府统一指导,由政府、用人企业和专业人才服务机构合作,在全国范围内搭建人才信息更通畅、人才配置更高效、服务内容更全面、服务体系更专业的七个人才服务平台。

①建议搭建人才战略研究和咨询的合作平台。一方面,支持政府开展人才战略研究,研究和发布人才供求指数、人才吸引力指数、分行业薪酬指数等人才指数,为政府、产业人才管理和人才发展提供战略咨询支持;另一方面,促进国内企业与跨国企业之间人力资源高管的互动和经验交流和互动,提供覆盖人才战略规划、领导力开发、组织架构及体系优化、员工保留和激励、人力资本管理、企业文化建设等全方位人力资源咨询服务,全面提升上海企业跨国界和跨文化战略人力资源管理的能力。

②搭建覆盖全球的人才招聘渠道和引才服务平台。建议由政府支持和

委托专业人才服务机构建立全球化渠道、人才数据库及引才服务平台,为各类组织和企业提供从岗位分析、人才搜寻、人才测评、人才面试、人才职业规划、人才就业咨询等服务的一站式引才服务平台。

③搭建核心产业发展的国际化人才培训及发展平台。建议政府可利用专业咨询及培训机构的全球培训合作关系,逐步和完善重点行业关键岗位人才的胜任力模型,提供岗位胜任力模型设计、人才测评、人才培训、人才发展、人才认证和继续教育一体化的人才培训及发展服务平台。

④打造人才吸引、保留和激励的平台。关键人才保留和激励成为企业用好人才的重要课题,建议政府利用专业机构的员工保留、激励的咨询及服务平台搭建面向国际化人才工作生活关怀和关爱的平台,打造体现尊重人才、关怀人才的人才吸引、保留和激励平台,提升人才吸引的竞争力。

⑤搭建高效能的人力资源事务外包平台。建议政府通过政策支持,鼓励各类组织和企业将企业人力资源事务性工作外包,搭建人力资源事务性外包平台,促进整体产业内部人才管理由人事管理向人力资源战略管理转变。

⑥搭建国际化人才资源动态化信息管理平台。建议政府可整合各类国际化人才信息平台,形成一个动态化的国际化人才信息数据库和管理平台,服务于重要产业发展的人才预测、人才总量、质量分析和优化配置,实现中高端人才信息有效的动态管理和配置的持续优化。

⑦建设服务企业"走出去"的人力资源风险咨询及服务平台,包括并购前人力资源尽职调查、人力资源合规性审计和人力资源流程和制度整合咨询服务项目。

(2)大力发展人力资源服务产业,培育具有集成能力本土跨国人力资源服务机构,服务于发展和企业"走出去"战略

建议政府能进一步通过优化人力资源产业布局、支持产业服务体系创新、优化人才服务政策、扶持重点人才服务企业等来大力支持人力资源服务产业发展,培育具有集成服务能力的跨国经营人力资源服务企业,全面提升人才服务能级,将人力资源服务产业发展成为建设人才服务竞争力的重要关键性资源。

培育具有集成能力的本土跨国人力资源服务企业,包括支持企业加快全国化发展、支持服务创新和信息化发展、建立全球化人才服务网络。

第四章　中国人力资源服务业经验与技术创新

【内容摘要】

中国人力资源服务业经过近 40 年的发展,已经成为用人单位和求职人员必不可少的"工具"。我国的人力资源服务行业已经形成了以国有人力资源服务机构、政府人力资源服务机构、外(合)资人力资源服务机构与民营人力资源服务机构所共同构成的行业结构。总结上述优秀机构代表的经验对行业的进步与发展无疑是有着积极作用的。

伴随着人力资源服务业在我国的发展,有些业态已经日趋成熟、发展稳定。但是有些业态还存在着一定的问题。本章第二部分着重介绍了这些业态,分析了它们存在的问题以及发展的趋势。

伴随着信息时代的飞速发展与 Web 2.0 时代的到来,传统的信息技术在人力资源服务业中的应用已经不能够满足人力资源服务供求双方的需求。因此,云技术在人力资源服务业的应用、人力资源共享服务中心概念的引进以及 SaaS(软件即服务)的实践显得尤为重要。

本章在总结各类优秀人力资源服务机构代表的经验的同时,对一些新的信息技术在人力资源服务业中的应用进行介绍,以期为我国人力资源服务业的发展提供一些经验及理论支持。

Chapter 4　Experience and Technological Innovation of China's Human Resources Service Industry

【Abstract】

The HR service industry in China has gone through the development of nearly four decades before it become an essential "tool" for both employers and job seekers. State-owned HR service agencies, government HR service agencies, foreign-owned (joint venture) HR service agencies and private HR service agencies collectively constitute the structure of the HR service industry in China. Summarizing the valuable experience of these outstanding agencies will surely play an important and positive role in facilitating the progress and development of this industry.

Some service economy segments have evolved steadily with the development of the human resources service industry in China. However, problems still exist in some other segments. The second part of this chapter focuses on those segments by analyzing the existing problems and their development trends.

With the rapid development of the information age and the advent of the Web 2.0 era, application of traditional information technologies in the HR service industry is not sufficient to meet the needs of both suppliers and demanders. Thus, it is particularly important to advance the application of cloud technologies in the human resources service industry, the introduction of the "centralized HR shared service center" concept and the application of SaaS (Software as a Service) in the human resources service industry.

This chapter summarizes the valuable experience of the outstanding representative enterprises in the HR service industry. It also presents the application of some new information technologies in the human resources service industry with an aim to providing experience reference and theoretical support for the development of the human resources service industry in China.

一、中国人力资源服务业的先进机构与经验分析

改革开放近 40 年来,"人力资源服务"在中国从一个陌生的概念逐渐发展成为一个产业。改革开放以来,以 10 年为一个时间节点,人力资源服务业在我国大致经历了如下三个阶段。

第一个十年是起步阶段。1978 年,党的十一届三中全会胜利召开,并

标志着改革开放伟大事业的正式启动。1979 年,北京市友谊商业服务总公司国内服务部作为北京外企服务集团的前身成立,同年 11 月,向日本外商驻京代表机构派出了第一名中方雇员。从 1980 年开始,随着经济体制改革的不断深入和对外开放力度逐步增强,我国开始改革干部人事管理制度,逐步开始实行毕业生自主择业、用人单位择优录用的"双向选择"制度。20 世纪 80 年代后期,外商驻华代表处纷纷变成"三资企业",有了独立的用人权。在这些外资企业的带动下,市场对人力资源的需求进一步扩大,因此,人力资源服务机构进一步增多。

第二个十年可以被称为迅速发展阶段。1992 年,邓小平同志视察南方并发表重要谈话,在此之后,党的十四大正式提出以建立社会主义市场经济为首要目标。从 1990 年开始,国家加快了干部人事制度改革的速度,开始建立社会保障制度,大力推动人才流动。1993 年,北京外企服务集团(FESCO)与北京市人才中心合作举办了国内第一届外国企业人才招聘会,并形成规模,自那以后每年一届,共举办了 16 届,共计吸引 150 多万名毕业生和各类求职者。从 1995 年开始,人力资源服务市场开始出现比较多样化的服务产品,包括人事社保代理、招聘猎头、人才派遣、岗位外包、福利外包、教育培训、外籍人员服务、财务外包、管理咨询、员工关系、海外劳务等。在这个时期还有一个值得关注的一点,即技术手段在人力资源服务行业的应用。得益于 IT 技术的发展,网络招聘、各种类型的人力资源管理系统和软件开始出现。

第三个十年可以从中国正式加入世贸组织开始算起。2001 年起,我国开始开放人力资源市场,众多国外人力资源服务企业凭借充足的经验和各方面的优势,以不同方式进入中国市场。随着全球经济一体化,中国的人力资源服务产业也呈现出"国内竞争国际化、国际竞争国内化"的特点。与此同时,国内主要从业企业也开始加速扩张,用了将近 5 年的时间完成了全国业务网络的搭建,将服务覆盖至全国众多的二、三线城市。中共十六大、十七大以来,党中央、国务院全面部署落实"人才强国"战略,要求"建设人力资源强国""建立统一规范的人力资源市场",为新时期人力资源服务行业的发展提供了明确的指导和强大的动力。2007 年,国务院发布了《关于加快服务业发展的若干意见》,"人才服务业"第一次出现在国务院文件中。

2008 年 1 月 1 日,《劳动合同法》和《就业促进法》正式施行,进一步丰富了人力资源服务产业发展的法律环境和政策环境,为新时期产业的健康发展与和谐劳动关系的构建提供了保障。

近 40 年的发展历程中,中国人力资源服务业形成了以国有服务机构、政府服务机构、私有服务机构和外资(合资)服务机构共同竞争的市场格局。服务机构的日益增多使得服务种类日益健全,但伴随而来的是行业竞争日益激烈,服务质量参差不齐。因此,本书将选取上述四类机构中的优秀代表进行介绍,以期对其发展经验进行总结,为中国人力资源服务业的进一步发展提供借鉴。

(一) 国有服务机构——上海市对外服务有限公司

1. 机构简介

上海市对外服务有限公司(以下简称上海外服)成立于 1984 年,隶属于上海东浩国际服务贸易(集团)有限公司。30 多年来,上海外服始终致力于人力资源服务领域,服务上海改革开放和人才高地建设,围绕"人才吸引、人才发展和人才保留"等核心价值,紧跟跨国公司在中国的人才管理战略需求,不断创新服务价值。目前,上海外服已设立了 112 个直属分支机构和 400 余个服务网点,服务网络遍布全国。截至 2014 年 6 月,上海外服人力资源业务服务企业客户达到 25000 余家,其中 90% 为外商投资企业,服务员工总数达到 139 万名,服务规模位居中国人力资源服务行业首位。在华世界 500 强企业中有 85% 选择了上海外服的服务。

"以人为本",印证了上海外服成立至今的发展轨迹。多年来,外服始终专注于人力资源服务,以"人力资源"为立业之本,以"人"为服务之本。"全心为你"是源于外服多年行业深耕后对于专业服务的自信,是源于外服对于"你"的需求的深刻了解。对于外服来说,"你"是所有企业客户,也是所有企业拥有的员工。无论是企业服务还是员工关怀,上海外服郑重承诺"以人为本,全心为你",倾心成为企业客户最值得信赖的合作伙伴,让"你"专注核心事务,无后顾之忧;用心建筑企业员工最值得信赖的坚强后盾,让"你"放心去闯大事业,小事情我照顾。

"专业"是外服发展的立业之本,是赢得客户的关键因素。30 多年来,凭借着本土智慧与全球视野的完美融合,上海外服在中国人力资源服务行业形成了独具价值的"专业"优势并巩固成为企业核心竞争力,为亚太区域的企业提供人力资源管理综合解决方案,服务涵盖人力资源咨询、基础人事管理、薪酬福利管理、人才管理、商业外包服务和数据及软件服务。

在专业技术平台建设方面,上海外服持续 20 多年来投入巨资打造人力资源信息管理系统,在业内研发推出首个人事外包 IT 解决方案"速立方",并通过 App、微信、网站、邮件等立体交互渠道提供企业和员工触手可及的服务。在服务标准建设方面,2001 年上海外服在行业内率先通过挪威船级社 ISO9001:2000 质量管理体系认证,建立了完善的工作指标体系,其严密的质量管理流程已经成为中国人力资源外包行业的标准。在服务网络方面,上海外服独创了"总部—大区—区域"的三级管控模式,开拓了一个遍布全国的网络网站。

"严谨"是外服的处事原则。面临挑战,每一步都反复论证,深思熟虑,使外服在历史转折点上多次转危为机,更获得了长足的进步。比如,针对新《劳动合同法》的出台,上海外服推出了周密的应对方案。面对金融危机的不利因素,上海外服主动应对,危机争"机",确定了以产业化为主导,信息化、品牌化为支撑的"三化"战略,致力于提升"三个力",即市场的应变能力、资源的综合能力、核心业务的竞争能力。同时加快自身结构调整、积极转变发展方式,进一步优化产品,整合资源,加大全国市场拓展力度,顺利完成了专业优势和竞争实力的整体提升,平稳度过了危机。

"创新"是外服的核心动力。外服在业内缔造了众多第一:率先推出中国员工团体医疗保障计划;率先上马 MIS(Management Information System,管理信息系统),并在此基础上投巨资打造 EHR 系统,将上海外服所有的业务、管理全部纳入其中,并可延伸到全国各地的分支机构,该项目的成功不但填补了行业内自主打造第三代生产系统的一个空白,也使上海外服再次领先全国同行;率先建立全国互为代理网络;率先开设首家为员工度身打造的健康管理中心,提供了一流的医疗服务;率先推出门店式便捷服务;率先推出行业内首个基于云技术的人力资源服务平台——"外服云",以技术创新、服务模式创新和商业模式创新为核心,致力于打造国内第一个完整的人力资源服务生态圈。

"和谐"外服把维护内部员工、外部客户乃至社会的和谐关系,作为公司创业的追求。对内提高员工归属感,营造团结奋进的文化氛围。在工作和生活上,上海外服都给予了员工无处不在的温情关怀,创办了员工专项的杂志、报纸以及网站等,搭建起了一个立体丰富的精神空间。在一次"你心目中的外服"调查中,很多员工表示,上海外服"是值得信赖的""福利很贴心""服务很称心"。自 2010 年起,上海外服已连续五年围绕公司年度工作目标和重点,组织中层干部进行了全覆盖式的必修课程培训,这不仅是干部们对培训工作的肯定,也为打造学习型组织积累了经验,奠定了基础。

对外,以客户为先,与客户一起成长。上海外服立足行业,为企业精英搭建沟通与分享平台。外企菁英会活动、人事经理沙龙等平台汇聚业界资深专家,定期请政府相关部门人士解读热点政策法规,为客户提供多元化的服务。

对社会,坚持履行企业公民的职责。多年来,上海外服始终坚持"在企业自身发展的同时,关注社会热点,履行企业公民责任",搭建了加强政企合作沟通之桥,公益事业"责任之桥"和促进劳资关系、文明经济社会发展的"和谐之桥"。

2. 主营服务

基于 30 余年的行业实践和业务成长,上海外服依托广泛的服务网络、创新的技术平台和精益的管理流程,为客户带去持续的外包价值——达成高效、优化成本、支持决策。

凭借着经验丰富的人力资源专家顾问团,针对不同企业的个性化需求,上海外服着重为客户企业度身定制灵活的综合解决方案并加以科学实施。遍布全国的近 400 个服务网点、严谨的供应商管控体系、驻店服务、呼叫中心、24 小时在线自助服务以及移动终端 App 查询为用户提供全国如一的服务和最快速的响应。

上海对外服务有限公司主要为客户提供的服务分为六大模块:人力资源咨询、招聘及用工管理、薪酬福利管理、人才管理、商业外包服务、数据及软件服务。

(1)人力资源咨询

人力资源咨询方面,上海外服拥有着人力资源外包各领域的专家资源,

图 1-4-1　上海对外服务有限公司服务种类

依托深厚的本土经验,集成多个行业的最佳实践经验,帮助客户达成最贴合本行业的人力资源管理规划技战术设计,全面实现人力资源管理的商业伙伴价值。其具体服务内容有组织架构设计、薪酬体系设计以及绩效考核体系设计等。

除此之外,上海外服还为客户提供劳动关系与合规支持。凭借着业内最专业的法律专家团队与深厚的行业经验以及对立法精神的深刻把握,帮助客户推行贴和战略且满足合规的人力资源管理,使得客户从容预防与化解风险,构建和谐双赢的劳动关系。其具体服务内容包括合规审计与风险管控、企业转型时期 HR 合规管理、冗员安置与离职管理以及雇佣模式优化。

（2）招聘及用工管理

招聘及用工管理方面，上海外服通过专业的招聘流程和资深的招聘团队为客户定制个性化的优质解决方案，以便客户迅速作出合理有效的招聘决策，提升招聘质量，优化生产力和保留率，为人才投资带来切实的业务回报。其具体服务内容为高级人才招聘、专业人才招聘、通用人才招聘以及招聘流程外包。

另外，上海外服在人事代理方面拥有丰富经验，通过逾 350 个全国服务网点，凭借强大先进的 IT 技术平台，帮助客户轻松完成从员工入职到离职的一切事务性工作，提供高效、完善的全国一体化标准的优质服务，帮助客户降低人力资源管理成本，以便其聚焦核心事务。其具体服务内容为法定保险类业务和行政咨询与服务。

除此之外，上海外服独创了三套适应企业不同阶段需求的人才派遣方案，帮助客户实现规范管理、成本控制和人才架构优化等多重目的。作为"一站式"人力资源外包服务解决方案不可或缺的一个组成部分，帮助和妥善安置员工，通过党工团等多元平台，打造积极和谐的员工关系。其具体服务内容为常规派遣、风险共担派遣和全风险派遣。

（3）薪酬福利管理

薪酬福利管理方面，上海外服为客户度身定制最贴合客户发展需求的薪酬管理解决方案，通过灵活安全的薪酬服务模式，为客户提供薪酬管理体系、流程和信息平台的持续支持，协助客户提升管理效率和员工满意度。其具体服务内容为大客户定制化薪酬管理、中小客户标准化薪酬管理以及个税全国服务体系。

除此之外，上海外服深入整合全国范围的优质供应商，打造涵盖员工健康、家庭关怀、工作生活平衡等各方面的综合商业福利解决方案；通过深入分析员工需求，帮助客户合理规划商业福利体系，提供个性化的灵活解决方案，确保客户有效利用成本，有力提升员工满意度。其具体服务内容为健康管理以及员工福利。

（4）人才管理

人才管理方面，上海外服引入美国服务质量协会（SQI）、美国人力资源协会（IPMA-HR）、美国国际财务管理协会（IFMA）等全球之名合作伙伴，在与企业战略保持一致的前提下,提供基于业务流程、整合 HR 管理的咨询、培训、认证解决方案,帮助员工有效发展职场能力,促进客户企业的可持续发展。

(5)商业外包服务

商业外包服务方面,上海外服作为国内最早从事投资咨询的专业机构,为客户企业的投资发展提供一站式解决方案。上海外服凭借其专业的服务团队、良好的政府关系和可靠的质量管理系统,有效地保障了其服务质量,帮助客户规避风险,达成商业成功。其具体服务内容为投资咨询与服务、财税策划与外包、出入境证件及签证以及商务办公租赁及服务。

除此之外,上海外服还为金融、快消、零售等行业提供优质、个性化的业务外包解决方案,通过专业流程设计及优化,在确保信息安全的前提下,实现与企业流程的无缝对接,帮助客户获得更优化的管理流程与成本结构。其具体服务内容为职能业务外包、流程业务外包、全程业务外包及商业文档管理。

(6)数据及软件服务

数据及软件服务方面,上海外服关注大数据、云计算、移动互联网在人力资源管理领域的创新化运用机遇,搭建中国人力资源大数据平台和基于移动化的人力资源软件平台,让客户企业人力资源管理更加具有科学性、互动性、延展性和可视化,帮助企业搭建人力资源数据整合应用能力和移动化管理需求。其具体服务内容为用工成本数据服务、员工福利数据服务、员工健康数据服务和人力资源管理研究报告。

除此之外,上海外服的人力资源管理信息化百宝箱为各类企业提供适用、好用的解决方案,让客户企业的人力资源管理更加智能化、整体运作更趋便捷高效。其具体软件服务内容为针对大中型企业的 HR Elevation,针对中小企业的 HR Standard 以及针对采用上海外服人力资源外包的客户的 HR Connector。

3.行业评价

2014 年,上海外服业务收入 735 亿,在 2015 年中国企业 500 强排名第 133 位,在中国人力资源服务行业中排名第一,位居“2014 年上海第三产业税收百强企业”第 16 位。同时,上海外服连续多年荣登全国个人所得税缴交排行的第二名。外服公司位居"2015 上海市百强企业"第 20 位、"上海服务企业 50 强"第 10 位,蝉联"上海市服务贸易重点企业",获评"高校毕业生就业见习国家级示范单位"。

上海外服致力于成为国家和地区产业发展的人才发展战略合作伙伴、企业人力资源管理战略合作伙伴、人才职业发展和生活关怀的服务伙伴。上海外服积极参与国家人力资源行业标准和相关法律法规的起草制定及宣传贯彻工作,受中国人力资源和社会保障部委托成为中国人力资源管理服务标准的主要牵头制定单位,先后参与了高级人才搜寻、人力资源管理咨询、人力资源培训等多项国家标准的制定工作。

上海外服是上海人才服务行业协会会长单位、上海劳务派遣分会会长单位、中国人才交流协会副会长单位、中国对外服务行业协会副会长单位。上海外服与北京大学合作连续七年出版《中国人力资源服务业白皮书》(2014 年起改为"蓝皮书"),关注产业科学发展和规范化经营。该书得到国家人力资源和社会保障部认可,成为各省市政府和行业服务机构的重要参考工具书。

上海外服先后获得了全国精神文明建设先进单位、全国五一劳动奖章、上海市文明单位"十一连冠"、上海市先进基层党组织、上海市国资委系统红旗党组织等各类荣誉称号。

(二) 政府服务机构——北京市人才服务中心

1. 机构简介

北京市人才服务中心成立于 1984 年 6 月,是北京市人力资源和社会保障局下属的副局级全额拨款事业单位。2012 年 6 月机构调整后,内设 10 个部室,即办公室、规划发展部、高端人才部、培训部、标准化部、评价服务部、行政部、财务部、人事部和党委办公室;下属 3 家单位,即北京市毕业生就业服务中心、北京市人才档案公共管理服务中心和北京市职业介绍服务中心;代管 1 家单位,即北京市人才开发中心。

北京市人才服务中心共有员工 301 人,其中从业人员 153 人,持有人力资源市场从业资格证书的有 152 人,占从业人员比例为 76%。本科及以上学历 89 人,占从业人员比例为 65.4%。人均年度培训时间 74.85 课时。

北京市人才服务中心现有服务场所 4 处,分别位于北京人才大厦、建安物业太平湖小区、北京人才市场雍和宫桥分部和金洲大厦(正在装修),建筑面积 12352.07 平方米。

2. 主营服务

北京市人才服务中心及所属(管)单位服务项目包括招聘洽谈会、信息网络服务、职业指导服务、素质测评服务、培训服务、咨询顾问服务、流动人员人事档案管理服务和人力资源外包服务等八项。

(1)招聘洽谈会

北京市人才服务中心每年举办不定期招聘洽谈会 8 次。小型会(场均)参会人数 2500 人次,参会单位 207 家,提供岗位 2602 个。另外,每月举办定期招聘洽谈会 11 次,参会人数 7150 人,参会单位 110 家,提供岗位 12100 个;每年举办公益性专场招聘洽谈会 5 次,材料归档率 100%。

(2)信息网络服务

北京人才网提供单位招聘与用人推荐、个人求职与岗位推荐、网络培训、高级人才寻访、行业薪酬调查、网上政策法规及服务内容解答等服务,年提供职位数 13014 个,求职登记数 15536 人;网站有效单位注册数 3549 个,有效个人注册数 15536 个,数据库有效简历 15536 份,日均浏览量 5000 次;年举办公益性网络招聘活动 4 次。

(3)职业指导服务

北京市人才服务中心通过完备的职业指导工具,提供包括素质测评服务、职业生涯指导等 7 项针对劳动者的职业指导服务和人员招聘指导、在职人员指导等 5 项针对用人单位的职业指导服务。

(4)素质测评服务

北京市人才服务中心拥有稳定的测评专家队伍和测评专家库,从业人员具备应用测评工具和方法的专业技能。中心在北京人力资源服务行业独立开展测评业务 9 项,除在北京开展测评业务外,对外承担的测评业务量占业务总量的 45%。年完成测评项目数 25 个,测评人数 10000 人。

(5)培训服务

北京市人才服务中心每年开展包括政府主管部门委托或授权的培训项目、人力资源和社会保障理论与实务培训等项目 6 个,培训 11 次,培训

2000 人。

（6）咨询顾问服务

北京市人才服务中心提供人力资源战略规划设计。年完成咨询项目
15 项,并提供后续服务,进行项目评估。

（7）流动人员人事档案管理服务

北京市人才服务中心有独立的档案库房,设施设备均按标准配置。建
立了档案保管、保密、安全、借阅及转递制度。档案库存量 148543 份,装订
率 100%。提供人事档案接收、分类归档、整理保管和转出等服务。

（8）人力资源外包服务

北京市人才服务中心每年服务客户 302 家,服务 20400 人次。能够提
供招聘流程、内部竞聘、绩效评估、薪酬福利管理、员工培训、人事事务外包
服务,能够提供人力资源外包服务整体解决方案。

3. 行业评价

北京市人才服务中心是深化人事制度改革的产物,它在人力资源配置
从统包统配模式向发挥人才市场基础性作用模式的转换中逐步成长壮大,
开辟和发展了各项为人才服务的业务。运用多种方式,提供多功能的人才
交流服务,中心自成立以来一直把为单位招聘和个人求职作为一项基本业
务,为了探索有效的服务方式,1984 年 9 月 11 日在工人体育场游泳池边举
办了北京市第一次人才交流洽谈会,首开全市人才交流洽谈会的先河,创建
了供需见面、双向选择的形式。1992 年 11 月 18 日北京人才市场正式成
立,作为常设的人才交流场所,使人才职业介绍实现了活动经常化、手段专
业化和服务现代化。经过近 20 年的努力,北京人才市场在行业内具有良好
的口碑,并形成了以"雍和宫桥北京人才市场""中关村北京人才市场"为基
础的连锁经营模式,2001 年又拥有了设备先进、服务智能、吸引高素质人员
参与的精品市场"北京中高级人才市场"。而其自 1996 年起每年春季举办
的人才大市场,8 年来共吸引了 12000 余家用人单位设展招聘,80 余万求职
个人参会洽谈,不仅是首都人才市场知名度最高的品牌,而且成为全国范围
内规模最大、影响最广的人才交流盛会之一。

1988 年 3 月,北京市人才服务中心开辟了管理流动人员人事档案的业
务,建立了"人才流动中转库",接受单位和个人委托管理人事档案,办理流

动人员出国的政审手续。这是干部人事制度改革中人事档案实行社会化管理的一种新体制。1995 年随着服务功能的健全，"人才流动中转库"更名为"北京市人事档案社会管理中心"，国有企业、全民事业单位委托管理的人事档案比重逐年上升，委托管理人事档案的单位和个人提供系列的人事服务，包括办理流动人员出国(境)政审手续、办理应届大中专毕业生接收手续、开具相关人事证明、代办养老保险、失业保险、大病保险和住房公积金等，服务功能不断完善。不仅是全国成立最早而且也是规模最大的人事档案库。

市场化运作、社会化合作，优势互补，全方位开展人事代理业务，是北京市人才中心贴近市场、服务首都经济、支持企事业单位人事制度改革的具体体现。1998 年，北京市人才服务中心成立了人事代理业务部，为客户提供人才引进、综合人事代理和社会保险代办等"一条龙"服务。自挂牌成立以来，根据用人单位需求推荐猎取各类高级管理和技术人才、提供综合人事代理服务，并配合国有企事业单位的人事制度改革解决用人社会化、市场化问题。

人才市场方兴未艾，展望未来，发展前景广阔。21 世纪是科技高度发展、竞争也更加激烈的世纪，各个领域的竞争，归根到底是人才的竞争。曾为推动北京人才市场发展作出巨大贡献的北京市人才服务中心将继续改善人才市场服务设施和功能，全方位地为不同经济成分的单位、不同层次的人才提供服务，为首都建设创造出更加辉煌的业绩。

（三）私有服务机构——东方汇佳集团

1. 机构简介

北京东方汇佳集团成立于 1999 年，作为国内首批专业人才服务机构，公司历经十六年的沉淀和积累，实现了集团化发展的跃升，成为人力资源服务整体解决方案提供商。近年来，顺应互联网的发展浪潮，除了传统的人力资源服务，集团还通过自身打造的线上服务平台，通过网络和个人客户端等渠道为客户提供"线上""线下"相融合的多元化服务模式，开启了人力资源行业全新的"O2O"服务模式。

2003 年，公司在北京市人才服务机构中第一个通过 ISO9001—2000 的质量管理体系认证。2004 年,公司开始实施门市连锁式经营,当年在北京市自主发展了 12 家连锁服务机构。2009 年,公司提出"伙伴计划",整合人才招聘、人事外包、企业内训、管理咨询等资源于一体,向客户提供涵盖"招用育留"的系统服务。2012 年,公司整合资源,全面完成产品体系升级,成为提供 RPO 招聘外包服务、HRO 人事外包服务、培训与咨询及人力资源信息化系统的人力资源整体解决方案供应商,为客户提供涵盖整个雇佣生命周期和商业周期的全方位服务。2015 年 1 月,东方汇佳入选第三批北京市中小企业公共服务平台,通过公共服务平台,为广大的中小企业提供优质的综合性人力资源服务(见图 1-4-2)。

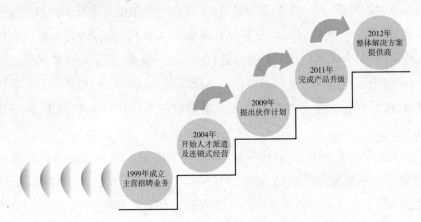

图 1-4-2　东方汇佳发展历程

集团在北京拥有一个总部办公地,位于西城区珠市口西大街太丰惠中大厦;两个固定人才市场,虎坊桥人才市场与赵公口人才市场;三个大中型综合招聘会场,农展馆人才招聘会场、国家会议中心人才招聘会场、国贸人才招聘会场。成立至今,东方汇佳招聘服务累计服务 10 余万企业客户,服务个人求职者 180 余万人次;人事外包服务网络和终端覆盖北京、上海、广州、深圳、青岛等近 50 个城市,为广大外商投资企业、国有企业、民营企业、私营企业等各类企事业单位和政府部门提供服务,引领中国人力资源管理的发展与变革,为社会、企业和个人创造共同的进步与辉煌。

2. 主营服务

经过十六年的沉淀和发展,东方汇佳已经建立了成熟的系统化、流程化、标准化的服务模式。公司的服务宗旨为:为北京市中小企业提供多渠道、多形式的招聘、人力资源管理以及劳动法律政策的培训与咨询等服务,帮助中小企业化解招聘压力;优化人力资源治理体系,有效规范人力资源管理业务流程,提高人力资源管理工作效率;帮助中小企业化解劳动关系矛盾,控制劳动用工风险,建立和谐稳定的劳动关系。

（1）招聘服务

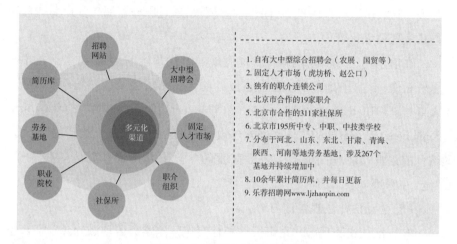

图 1-4-3　东方汇佳服务模块

东方汇佳拥有多元化的招聘渠道,是北京地区最大的现场招聘会服务提供商,拥有北京市极具知名度的大中型综合招聘会品牌,如农展招聘会、国贸招聘会、国家会议中心招聘会等。每月举办中高端人才招聘会,并成功推出国内首个植入现场招聘会的职场真人秀"职有我型",主要帮助企业招聘中高端人才。

东方汇佳拥有北京市最权威的中低端固定人才市场——虎坊桥人才市场,每天为基础类岗位提供招聘求职服务;从 2012 年起,东方汇佳赵公口人才市场开业,已成为南城规模最大、影响力最大的人才市场。东方汇佳利用自己在渠道资源、流程控制等方面的优势,为企业客户提供"项目外包""职位外包""代理招聘"及"拓展方案"等招聘外包服务,"快速、准确、低成本"地为客户化解招聘压力。

（2）人事管理服务

公司提供专业的人力资源管理服务,主要有以下项目:①劳务派遣:入职手续、离职手续、五险一金服务、代理招聘服务、工资代发服务、存档服务及全天候 24 小时队长驻场管理、定期上门提供现场办公等特色服务;②人事代理:社会保险服务、住房公积金服务、人事档案服务、各种证件代办服务;③员工福利:商业保险系列、健康管理系列、员工关爱系列;④薪酬服务:薪资核算、薪资发放、个税代缴、保密工资单服务、代缴残保金服务;⑤职易宝 HR-BOX:是公司自主开发的人事管理辅助软件,设置了薪资管理、福利管理、考勤管理、人事管理、合同管理等模块,通过服务器端与客户端结合的方式实现精细化管理。

在信息化、系统化、网络化快速发展的时代背景下,集团建立了人才信息资料库,自主开发了中小企业办公自动化(OA)、会员客户管理(CRM)、人事管理(HR-BOX),及官网(www.315job.com)和乐荐招聘网站(www.ljzh-aopin.com)等一系列的软件和网站建设。帮助客户实现线上线下的"双线"结合的招聘效果,并通过打造人事管理服务平台,帮助企业实现人事事项的"云"端管理。

(3)劳动法律法规咨询与培训

东方汇佳集团现为北京市劳动和社会保障法学会劳动法分会副会长单位。借助分会的专业法律力量,东方汇佳常年为各类企业提供劳动法律法规政策的培训,以及协调劳动关系管理诊断、管理顾问、管理咨询等服务,帮助企业化解劳动关系矛盾,控制劳动用工风险,建立和谐劳动关系。

劳动关系管理师培训:面向企业人力资源管理者和有志向从事人力资源管理工作的人员,开展了人力资源管理师、人力资源和社会保障管理(岗位)等专业培训,为北京对外经贸控股有限责任公司等单位组织了人事档案管理等内训,面向企业管理者和工会干部举办了劳动关系管理师培训。

劳动政策培训与咨询:东方汇佳依托北京市劳动和社会保障法学会劳动法分会的资源优势,搭建专业的劳动政策服务平台,为企业提供用工风险防范方案的制定与修改、非诉讼法律服务、诉讼代理服务、劳动管理文本服务及劳动法律法规培训等。

企业人事培训与咨询:为企业人力资源战略发展、人事决策、企业规章制度建设等提供日常咨询、项目咨询和诊断建议及相关培训,解决企业人力资源管理和实操中的问题,促进企业人力资源管理系统的优化。

3. 行业评价

作为行业的标杆企业,东方汇佳不仅是国内首批人才服务机构,更凭借自己的优质和服务建设获得了客户和社会各界的广泛认可。自成立以来,东方汇佳一直致力于诚信服务的建设,严格贯彻人力资源服务机构的国家规范和北京市《人力资源服务规范》等地方标准,是北京市首批人力资源诚信服务示范单位。此外,东方汇佳一直致力于推动人力资源行业的合理流动与优化配置,为创造和谐劳动关系发挥积极作用,将企业自身发展和承担社会责任相结合,实现社会价值。

东方汇佳是北京市人力资源和社会保障局择优确认的公共就业服务机构。多年来,针对初涉职场者及再就业人员开展职业技能培训,培训学员逾十万人;多次应邀参加北京市人力资源调研会议。在为各类企业提供的招聘服务、人事管理服务及培训与咨询服务方面,也得到客户普遍认可和好评。

中小企业发展过程中,一直受到人才短缺和用工成本提高的困扰。东方汇佳作为北京地区最大的现场招聘会服务提供商,在多次接受中央电视台、北京电视台、北京日报、京华时报、北京青年报、北京晚报等媒体采访过程中解读当前用工短缺的现象,分析其原因,并引导求职者转变观念,到更有广阔发展空间的中小企业实现自身的发展和提升,打造了良好的、有责任感的企业社会形象。

此外,东方汇佳还与北京市劳动和社会保障法学会及其劳动法分会开展合作,免费举办了多场大型劳动用工管理研讨会,免费举办劳动法律法规培训讲座 20 余场,参训企事业单位 900 余家,为近百家企业提供了管理事务咨询和指导劳动争议处理服务。每次举办的专题讲座都得到了企业的一致认可和称赞,讲座的时间虽短,但参会企业表示受益匪浅,不但掌握了更多的相关法律知识与信息,提高了自身素质,更为企业规避了很多用工风险,起到了积极的促进作用。

(四) 外资服务机构——任仕达

1. 机构简介

任仕达集团(Randstad Group)成立于 1960 年,是全球最大的综合性人力资源服务机构之一,长期位居财富 500 强。总部位于荷兰阿姆斯特丹市,在全球 40 多个国家和地区设有 4500 多家分支机构,每天为超过 56 万名求职者提供工作岗位。2014 年,任仕达全球营业额为 172 亿欧元。任仕达致力于为客户提供综合性人力资源服务:从短期雇佣到长期雇员招聘,从人力资源外包到岗位与业务外包,从单一服务到人力资源解决方案,其服务正在满足客户不断变化的需求。任仕达致力于"打造工作的世界",通过持续关注企业和求职者,实现两者间的最佳匹配,达到企业发展和个人职业成长的一致。每年,任仕达通过举办全球规模最大的独立雇主品牌调查——任仕达奖,帮助企业树立雇主品牌,更好地吸引和保留人才。任仕达奖已成为衡量企业雇主品牌价值的行业标准。

作为一家全球性的人力资源服务企业,任仕达于 2006 年进入中国,在上海、北京、广州、深圳、苏州、厦门、南京、成都、武汉、天津等城市设立了分支机构,服务网络覆盖全国 100 多个一、二线城市,提供包括人才搜寻、岗位外包以及人力资源解决方案在内的全方位人力资源服务。每年为中国企业成功招募数千名高级经营管理人员,并管理数万名外包员工。服务行业主要包括金融、IT、制造、汽车、化工/能源、消费品和奢侈品、服务、建筑、房地产与工程、制药和医疗器械。与此同时,任仕达积极履行企业社会责任,已在国内近 30 所大专院校举办校园公益宣讲会,利用丰富的人力资源服务经验和职场专家优势,提供有针对性的就业辅导,帮助广大学子迈好走出校门的人生第一步,赢得了校方和学生的一致好评。

自创立以来,任仕达始终坚持其核心价值——"了解,服务,信任"(to know,to serve,to trust)。越是了解企业和求职者,就越能为双方提供有针对性的服务,从而不断加深彼此间的信任。通过不断践行核心价值,持续地追求为企业和求职者提供最贴切的服务。任仕达坚信,每一家企业、每一个人都是独一无二的,因此任仕达更需要关注每个企业特有的愿景和需求,并充分了解每一位求职者的职业理想和期望。了解越多,任仕达就越能够为"最佳匹配"注入更多的细致服务。通过无数次富有成效的合作,任仕达赢得了众多企业和求职者的信任。这种信任又为彼此带来了更为深入的了解,最终帮助任仕达与企业和求职者建立起长期的合作关系。"很高兴认识你"(good to know you)是一句简单的问候,却凝聚着任仕达的行为准则与承诺。它清晰地表达了任仕达期待贴近客户、倾听客户心声和热诚服务的价值观。基于这样的承诺,任仕达更有信心为客户提供最匹配的解决方案,以满足客户的需求。

2. 主营服务

(1)人才搜寻

优秀的人才是企业成功的关键。任仕达深知企业所期望的是在合适的时间、在合适的岗位上配置合适的人才。只有将企业的岗位职责、岗位预算、发展目标、企业文化等要素,和候选人的能力结构、薪资期望、职业发展目标以及价值观相结合,才能达到双方的"最佳匹配"。任仕达用这样一套5C 理论 (Competence, Compensation & Benefit, Career Goal, Culture, Chemistry)来诠释其对于最佳匹配的理解。为了实现最佳匹配,任仕达在所专注的每个行业中配备了经验丰富的顾问团队,他们深谙行业动态,熟悉企业需求,同时借助强大的人才数据库和专业的服务流程,为企业搜寻并筛选出合适的候选人。

任仕达目前主要服务于以下行业:金融、IT、制造、汽车、化工/能源、消费品和奢侈品、服务业、建筑、房地产与工程以及制药和医疗器械。

任仕达顾问团队平均从业经验超过 8 年,团队成员不仅是人力资源专家,更重要的是对所服务的行业有深入了解,可与企业分享最新的行业人才与薪酬信息,并对人才吸引和保留提出针对性的建议。"最佳匹配"的背后是一套严谨而规范的服务流程,指导着任仕达一丝不苟地完成从理解客户需求、搜寻并甄选候选人、安排和推动候选人与企业的匹配,到后续跟踪的每一个环节。30 万活跃的专业技术人员及中高层管理人员数据,可在第一时间内为企业推荐合格的候选人。

(2)岗位外包

现今企业间竞争激烈,业务波动变化莫测,企业对用工灵活性和风险管理的需求越发强烈。特别是人员管理难度大和流动率高的业务、短期内需要大量人员执行的业务、突发性和临时性的项目,企业在人员迅速补充和消化、项目日常管理上投入大量精力,不但影响了工作效率,还对正常运营造成了不小的困扰。

基于对弹性用工的理解,任仕达推出了可定制化的岗位和业务外包服务,由人员招聘培训、工作管理直至最终的服务交付,为企业解决诸多棘手难题。

目前任仕达的岗位外包业务主要集中在:

- 业务流程外包,如客服店员、活动促销、电话坐席等;
- 因中、短期项目而产生的阶段性用工需求;
- 因业务波动而产生的季节性批量用工需求;
- 因人员编制限制而产生的岗位外包,如财务、前台、行政、文秘、HR、Corporate IT 等;
- 因女性员工怀孕而产生的临时性岗位空缺;
- 因员工病假、工伤而产生的突发性岗位空缺。

作为任仕达集团的核心业务之一,任仕达岗位和业务外包服务已在全球成功运营了 50 年。企业无论在大批量,还是临时性、突发性的用工需求上面临着何种状况,都可在任仕达以往的服务中找到答案。岗位外包和业务外包为企业在人员结构、用工规模、管理模式、服务时间以及劳动工时方面提供了极大的弹性度,并为企业提供服务期限、人岗匹配、人员管理、风险控制等综合性保障,让企业真正实现灵活用工。

任仕达在岗位外包业务方面体现出了如下特性:

综合性。在客服店员、电话坐席、财务、前台、行政、文秘、HR、IT 等岗位上储备了万余名精心筛选的候选人。

充分性。可及时填补企业的岗位缺口,确保业务正常运营,对于业务类岗位、通用类岗位和储备人才实现全覆盖。

灵活性。服务具备高度灵活性,能按月、周、日提供服务,也能按项目成果提供服务,结算费用方式多样,为企业提供定制化服务。

专业性。项目组会深入了解项目的业务流程、实施要点、岗位职责及用工需求,提出最贴近企业需求的解决方案。经验丰富的项目经理,可及时处理项目中可能出现的各种突发状况。

(3)人力资源解决方案

随着业务的发展、员工规模的扩大,人力资源管理中的事务性工作占据了企业的大量资源。为聚焦于核心竞争力,越来越多的企业选择将繁琐、重复的事务性工作委托给人力资源服务机构处理。

任仕达人力资源解决方案包括：

- 员工劳动合同签订；

- 办理员工录用、调档和退工手续；

- 缴纳社会保险和公积金；

- 发放员工工资和扣缴个人所得税；

- 工会与党员关系管理；

- 设计员工福利保障计划；

- 开具各类人事证明；

- 人事政策与法规咨询；

- 学历验证；

- 居住证办理；

- 处理劳动争议。

任仕达凭借其覆盖全国 100 多个城市的服务网络,伴随企业将业务拓展至全国各地,轻松实现各地员工的一站式管理。任仕达已通过 ISO9001质量管理体系认证,严谨的内部监控体系可以有效保障服务的及时性和准确性。强大的 IT 系统支持全国超过 2000 种社保政策与规定,支持多种工作制下的薪酬/奖金计算,支持集团与子公司综合管控体系,支持企业与员工自助查询等。经验丰富的客服团队,具备专业的知识和技能,协助企业HR 妥善处理日常的人力资源管理事务。专业的法务和财务专家,帮助企业主动规避各种突发事件和用工风险,有效提升企业管理的合规性。

（4）招聘流程外包

随着企业规模的不断扩大,企业对人才的需求也在不断增长,但市场上专业人士的数量,特别是愿意转职的人员数量有限。经常发生的是,企业HR 部门的人力和物力在招聘中显得有些力不从心,内部招聘的质量和成本难以平衡。为使公司 HR 招聘部门更集中于管理层岗位和关键人才的招聘,也为了在尽可能短的时间里找到与岗位最匹配的候选人来支撑企业战略发展,越来越多的企业倾向于将内部的招聘流程外包出来,交由专业的招聘机构来管理。

通过寻找到一家深刻了解企业组织架构与战略发展需求的招聘机构,企业省去了与众多供应商一一打交道的繁琐过程,从而更专注于候选人质量的管理。而负责外包的专业招聘机构在满足客户对人才需求的同时,也可帮助企业有效降低招聘用人成本,从而也有效地减少企业的运营风险。

任仕达招聘流程外包服务包括:

- 分析客户业务需求、制定招聘计划;
- 职位工作内容与任职资格分析;
- 设立专职项目经理;
- 安排现场人员服务;
- 二级供应商筛选、评估、协调;
- 面试与评估候选人;
- 薪酬谈判;
- 候选人入职管理;
- 提供定期工作报告。

任仕达拥有资深的项目团队,并有大量针对多个行业、不同类型客户的成功服务经验。另外,基于全球和国内实践相结合的工作流程和 IT 系统,任仕达遵循一系列的标准化来达到高度的可靠性,可以优化企业现有的招聘流程,并有效提升对时间点的把控。凭借着丰富的候选人资源与招聘渠道,任仕达可以在短时间内积累大量的优质候选人,形成规模效应后,有效控制整体招聘成本。

3. 行业评价

2005 年,任仕达在中国开设了第一家分支机构,从事猎头招聘业务。2006 年初,通过与上海市人事局(现上海市人力资源和社会保障局)的战略合作,任仕达成功注资上海人才有限公司(Talent Shanghai)和上海派遣人才有限公司,这一举措使得任仕达顺利进入了正在飞速发展的国内人才派遣市场。

任仕达在中国已有十年的服务经验,总部设在上海,并在华东、华北、华南、西南等地区成立了多个分支机构,服务网络覆盖全国 100 多个一、二线城市,可向企业提供包括人才搜寻、岗位外包以及人力资源解决方案在内的全方位人力资源服务。

作为全球领先的人力资源服务机构,任仕达与世界各地的企业和商界领袖建立了良好的合作伙伴关系,而任仕达的中高级人才搜寻、灵活派遣以及人力资源解决方案等服务也得到了客户的高度评价。

任仕达十分重视其对所服务地区的人们与社区的责任,因为"共赢"是其一项核心价值。任仕达致力于创造就业,为客户寻找理想的员工,并帮助人们构建自己的职业,并为此深感自豪。但任仕达对社会的投入并不满足于此,任仕达通过打造工作的世界,向涉足就业领域的所有人分享知识与经验,以此履行其作为劳动力市场权威机构的职责。

二、中国人力资源服务业创新发展趋势分析

经过近40年的发展,人力资源服务业在我国取得了巨大的突破,有些业态已经日趋成熟,比如档案管理、管理咨询服务等。但我们也发现,诸如人才测评、网络招聘等业态存在着一定的问题以及更大的发展空间。下文将就人才测评服务、网络招聘服务、高级人才寻访服务、人力资源业务流程外包服务以及人力资源共享服务中心的现状与发展前景进行介绍与分析。

(一)人才测评服务的内容及其发展趋势

1.人才测评服务概述

人才测评是指通过一系列科学的手段和方法对人的基本素质及其绩效进行测量和评定的活动。人才测评的具体对象不是抽象的人,而是作为个体存在的人其内在素质及其表现出的绩效。人才测评的方法包含在概念自身中,即人才测量和人才评价。人才测评是在综合运用心理学、管理学和行为科学的基础上,通过面试、心理测验、情境模拟等方法对测试者的能力、性格特征等因素进行科学的测量,结合企业特征及组织的岗位要求对测试者的发展潜力、个性特点、素质状况等方面进行评估,为企业和组织选人、用人以及育人提供一定的科学依据或参考。

人才测评服务包括测评工具的开发与供应、工具开发应用全程服务、专家顾问咨询、为客户定制测评整体解决方案等。

伴随着市场经济的到来,企业之间的竞争越来越激烈。这种竞争表面上是产品的竞争,而产品竞争背后是技术和人才的竞争。在这样的背景下,

人才测评也受到了全社会的关注,目前人才测评成为人力资源服务业比较重要的服务项目之一。为了实现人岗匹配和有效的开发人力资源,充分发挥人力资源的价值,避免人才浪费,科学合理的人才测评才是最好的方法。如今,人才测评服务已经广泛应用于国家公务员录用、党政领导干部选拔,考核及评价;企事业单位人员晋升、提拔、考核及培训,毕业生就业指导,以及在职人员工作调动、职位变换、择业,企业领导班子经营业绩的评价、考核等。从测评内容来看,它既可以全面测试,评价一个人,也可以对一个人的某个单独能力进行测评。

人才测评的内容广泛,就对个体的测评而言,主要包括:知识技能测评、能力测评、个性测评、职业适应性测评、综合素质测评等。从测评方法来看,主要方法有:纸笔测试、面试人机对话、心理测试、文件筐测验、行为模拟与观察、评价中心技术、角色扮演、案例分析等。

2. 人才测评发展阶段

我国的人才测评服务经历了复苏、初步应用和繁荣发展三个阶段。

复苏阶段。1980 年至 1988 年,这个时期心理测验的应用主要局限于教育领域,在社会经济领域的应用很少。当时只有少数心理学者和测评专家开始在社会经济领域中开展人才测评的应用研究。人才测评的发展还处在萌芽时期。

初步应用阶段。1989 年至 1992 年,国家公务员录用考试制度开始建立。至 1992 年底,全国 29 个省、国务院 3 个部门都不同程度地采用了人才测评方法补充人员,取得了良好效果。这使得人才测评在社会上引起了人们的广泛关注。同时,中国在高级官员的任职中也开始借用人才测评技术,由于这种选拔方式客观公正,深受社会各界的欢迎。

繁荣发展阶段。1993 年至今,各地普遍建立的人才市场,使人才交流日益普遍,从而更促进了人才测评的快速发展。从某种意义上讲,传统的人才价值尺度(如学历、工作经验和职称等)并不能客观准确地反映人才的价值,所以必须借助于人才测评。随着人才测评的应用不断扩大,新的人才测评手段发展,从事人才测评研究和服务的机构也在不断增多,广为人知的有朗识测评、北森、诺姆四达等。所有这些都象征着中国人才测评事业已到了一个繁荣发展阶段。

3.人才测评的主要内容与特点

人才测评服务可以应用在招聘、培训、选拔和晋升、绩效考核等人力资源管理的各方面,用于在招聘、选拔和晋升中甄选合适的候选人,帮助确定培训的方向、效果以及评定绩效考核的结果。对企业和人才,人才测评服务的价值主要在于以下几点:

(1)鉴定。鉴定是人才测评的最基础的价值体现,鉴定是指对人的心理素质、能力素质、道德品质和工作绩效等作出鉴别和评定。由于人才测评综合采用了多种科学方法和技术,它能依据人才测评的目的和要求对被测试者进行更为客观和准确的鉴定,并将鉴定的结构以定量或定性的方式表示出来。人才测评的鉴定功能的实现有赖于人才测评工具的科学性和人才测评实施过程的规范性以及鉴定标准的适当性,这三者是实现人才测评的鉴定价值的必要条件。

(2)预测。人才测评主要是为受测者在实际工作岗位和业绩上所能达到的程度的预测提供丰富而客观准确的有关个体(或群体)当前发展水平的信息。心理学是人才测评的重要理论基础,而有关人的发展规律是心理学研究的重要领域,在进行人才测评的工具——量表设计时就已经考虑到人的发展规律了,更为重要的是用于人才测评的量表在编制过程中,非常注重对其效度的研究,即探索人才测评的结果与某一段时间后的工作行为(或实绩)之间的关系。内容全面、系统,方法科学,提供的有关测评对象当前发展水平的信息丰富、客观,故其预测的准确性在现实上是有很大的可行性的。

(3)激励。激励功能是指人才测评能够激励人们进取向上的愿望与动机,使人们自觉自愿地努力学习和工作,从而不断地提高每一个人的素质和工作能力。每个人都有自尊和进取的需要,希望自己在人才测评中取得好成绩、好结果。这就迫使人们发奋努力、不断进取。从行为修正激励理论观点看,获得肯定性评价的行为将会趋于高频率出现,而获得否定性评价的行为将会趋于低频率出现。因此,人才测评是促使个体素质的培养与修养行为向着社会所要的方向发展的强化手段。

目前,中国的人才测评服务市场的特点如下:

(1)市场重视程度不断提高

随着市场经济的进一步发展,人才测评作为一种科学的"识人""用人"

工具将越来越受到企事业和个人的重视,越来越多的企业把人才测评作为人力资源管理决策的重要依据。运用测评技术不仅能发现优秀人才与奇缺人才,而且还能提供有关各人之长处短处的信息,使用人单位能用人之长,避人之短,取长补短,优化组合,市场重视程度已经显著提高。

(2)人才测评服务发展迅速,潜力巨大

人才测评技术在西方已得到广泛而深入的应用,已形成一个稳定而庞大的产业规模。近年来,我国的人才测评市场发展迅速,前景广阔。根据不完全统计,在中国,围绕着人才的服务每年至少有8000亿元人民币的潜在市场。

(3)测评服务范围扩大

目前我国测评工具或服务开始由招聘选拔、个人职业生涯规划两个方面的测评服务向高品质测评服务范围转变,比如人才测评与管理团队的匹配、后备人才的选拔与培养、人力资源激励方案的设计等,测评服务范围和服务种类增多,专业测评服务公司开始在市场中崭露头角。

(4)专业测评人才急缺

人才测评对从事这项工作的人员的专业素质要求非常高,无论是对整体测评方案设计,还是应用各种手段定量采集各种数据,以及在全面分析的基础上出具测评报告,要想得到全面、公正、有效的结果,测量者扎实的理论基础、丰富的实践经验和良好的职业道德修养都是必需的。人才测评运用的成功与否,很大程度上取决于是否拥有人才测评的专业人士以及专业的咨询和培训支持。目前,我国在专业测评人才队伍上还比较缺乏,急需进一步发展和壮大。

人才测评结果的应用与企业招聘和培训关系紧密,因此在市场上,人才测评服务往往和招聘服务、培训服务结合在一起,作为招聘服务的一部分,或者是培训服务的前期服务,市场上经营人才测评服务的公司大部分也同时经营招聘服务或者培训服务。

4.人才测评发展趋势

人才测评服务作为人力资源服务的子行业已经显现雏形,展望未来,我国人才测评服务市场的发展将呈现出如下趋势。

(1)人才测评服务走向产业化

我国加入 WTO 之后,企业处于更为激烈的市场竞争和人才竞争中,更渴望选拔到优秀的人才并分配到最恰当的岗位上。市场的需求不但为人才测评提供了广阔的发展空间,同时也对我国方兴未艾的人才测评业提出了挑战。人才测评服务渐渐适应市场的要求,走产业化的道路。越来越多的企业将采用服务外包的方式选择战略性的测评供应商,测评服务产业化趋势加强。

（2）测评技术手段逐渐现代化

随着人才测评服务的进一步发展,进一步完善量表测评的信效度,开发和编制适合中国人特性的测评量表,已经成为行业发展的重要发展方向;同时利用现代技术手段,开发如笔迹分析、自传分析、职业统觉之类有满意效度的投射技术,以及建立无领导小组讨论、情景模拟、案例分析等测评手段的题库和信息,是测评技术手段现代化的重要方向和趋势。

（3）在线测评服务专业化

基于互联网的在线测评服务将是人才测评与选拔的有效解决方案。在线测评系统这一平台带来的效率和成本优势是显而易见的,在线测评服务将成为未来企业人才测评实践的重要选择。同时,随着新的劳动合同法的实施以及中国经济和产业结构的升级调整,越来越多的企业将会使用在线测评服务这一方便、高效的测评工具。在线测评服务业将越来越走向专业化,有影响力的在线测评品牌和有影响力的测评软件将会大量出现。

（4）个性化服务需求增多,专业测评人才队伍壮大

随着测评外包服务的实施,购买测评服务的企业提出了更多的个性化需求。满足差异化需求的个性化测评服务已成为测评服务商市场竞争制胜的法宝,测评服务商也不断提高个性化服务的能力和质量。同时,要满足个性化测评需求,各测评服务商必定会加强人才测评队伍建设,素质过硬的专业测评人才也将在激烈的市场竞争中大量出现。

（二）网络招聘的内容及其发展趋势

1. 网络招聘概述

网络招聘开始于 20 世纪末,随着计算机网络信息技术的发展和互联网应用的普及而发展壮大起来,现已经成为最主要的招聘形式。网络招聘可分为搜索类、行业类、SNS 类、地方性、综合性五类。搜索类依托于搜索引擎

的求职招聘系统,通过一站式来搜索企业个人求职信息,如职友集;行业类将每一个行业作为一个细分市场,通过将主流的网络招聘的商业模式应用在行业中,整合业内资源,提供更加具有针对性和专业化的服务,如数字英才网;SNS类通过社交类网站建立的人脉关系,朋友推荐方式获取工作信息,如联络家;地方性专注于地方的招聘市场,主要提供本省或本市的招聘服务,如上海人才网;综合性网站服务范围广、服务类型齐全、用户基础庞大、成立时间早、资金丰厚,市场竞争力强,如前程无忧。

网络招聘的商业模式主要是聚集企业招聘信息,吸引求职者线上投递简历,向发布招聘信息的企业收费,对于求职者应聘免费,其收入来源主要有企业的会员费、企业的招聘信息发布费、企业的广告费,也包括简历筛选、初步面试、求职者简历优化、求职者简历推荐等增值服务收费。

2. 网络招聘存在的主要问题

传统的招聘网站存在的最大问题是服务的同质化和趋同化。作为国内网络招聘的"第一梯队",前程无忧、中华英才网、智联招聘"三巨头"依然呈"鼎立之势",三者加起来占据了国内网络招聘超过70%的市场份额。但同质化竞争较为严重,大量的广告投入把招聘网站的成本不断推高,用户重合度较高,经营模式日渐趋同,产品线基本一致,自身商业模式受到局限。

另外,信息的海量增长也将网络招聘行业推入了一个困局,大量无效信息的拥塞导致人力、物力、财力和时间成本增加。海量的信息已经成为企业雇主和招聘平台"不能承受之重"。有调研数据显示:大型企业平均每周收到 750 到 1000 份简历,其中 80%的简历被企业招聘工作人员删除。招聘人员平均花费 10—30 秒的时间阅读简历,而与此同时,75%的网上求职者经历过失败。

3. 网络招聘的新趋势

在传统的网络招聘即招聘网站的招聘弊端逐渐显现之时,新型的网络招聘模式即社交网络招聘应运而生。这类社交招聘分两种:一种是Linkedin 这样的商务社交网站,会带走一些招聘的市场份额;另一种就是Facebook、QQ、微博可能通过其平台推出一些招聘服务类的产品,给传统网络招聘带来一定的挑战。在中国,以校内网、大街网、高校或行业 BBS 为代表的 SNS 网站也在跑步进入网络招聘领域。

社交网站的蓬勃发展不仅为人们的网络沟通方式提供了一种新的模式,也无形之中编织了一张巨大的人脉网络,让求职者能够通过社交圈找到合适的工作,开辟了传统网络招聘之外的新途径。而从目前企业的招聘效果来看,这类求职者的专业化程度较高,通常具备符合招聘条件的工作经验,对企业文化的适应程度也较高。目前有招聘需求的企业内部不少员工都会通过社交网络找寻身边最适合的候选人,而企业也会通过微博、行业网站等网络招聘渠道发布免费消息,寻找合适的人才,微招聘和 BBS 招聘成为目前企业招聘过程中的重要渠道。

未来,网络招聘产业发展的机遇可能有如下几个方面:一是进一步向专业化发展;二是催生新技术,比如履历分析技术,利用它能从海量信息当中找到需要的人才;三是定期对劳动力市场的供需状况进行信息反馈,引导人才的培养方向。

(三) 高级人才寻访服务的内容及其发展趋势

1. 高级人才寻访服务概述

高级人才寻访,也叫猎头服务,指人才服务机构为企业提供高级人才的搜索、追踪、评价、甄选和提供,主要招聘对象为高职位、高价位的人才。猎头服务的出现,促进市场上人力资源的流动和合理配置,猎头服务已成为企业求取高级人才和高级人才流动的重要渠道,并逐渐开始形成了一种产业。

以猎头服务所猎取的人才层次的高低,可将猎头服务分为两大类——高端猎头和一般猎头。高端猎头服务为客户搜寻企业的领军人物,如为规模较大公司寻找总经理、副总经理、技术总监、财务总监等高级管理岗位的人才。一般猎头主要承接的是中级管理岗位和技术人才,如经理、主管、主任、工程师等。

高端猎头的服务,通常包括咨询、猎取和后续服务三个阶段。猎头的咨询服务主要帮助客户企业明确所猎职位的职位设计和职位需求、定位猎取对象并设计猎取方案;猎取服务阶段,凭借人才库和猎头咨询顾问的能力,帮助客户企业成功招聘到岗位所需的人才;后续服务阶段是通过沟通、辅导等方式帮助人才适应客户企业的文化和管理方式,以促进所猎取人才能力的最大发挥。而一般猎头的服务,主要是完成客户企业所需人才的猎取。

2. 高级人才寻访产生及发展历程

1992 年,国内最早的猎头公司在沈阳成立。随后,北京、上海、深圳、广州等大城市的多家猎头公司相继诞生。2003 年国家人事部、商务部、工商行政管理总局联合发布了《中外合资人才中介机构管理暂行规定》,规定的出台使"洋"猎头在中国正式浮出水面。光辉国际、海德思哲、亿康先达、史宾莎、罗盛等国际著名猎头公司都已先后进入中国市场。随着国际"洋"猎头的进入,中国本土猎头也迅速发展起来。

随着中国经济的不断发展,中国企业对专业高级人才的需求也日渐强烈,这为猎头行业的发展提供了难得的契机。猎头行业随着社会发展的需要,逐步向专业化、规范化方向发展。2011 年,《高级人才寻访服务规范》正式发布并实施,这是人力资源服务行业的第一个国家标准。

3. 我国高级人才寻访服务的特点

从功能上来说,高级人才寻访是招聘服务的一种。比起一般招聘服务来说,猎头的服务职位更高端、服务内容更个性化、服务方式更倾向于咨询,主要服务价值如下:

风险低。猎头公司主要从客户竞争对手和相关公司内近似职位上挖人,寻访到的人才一般比较符合要求,因而试用期离开的现象较少。而且,候选人在成功推荐上班后,猎头会提供一系列的后续服务,降低招聘失败造成的风险。

服务更快速。在寻访时间上更有保证,因为猎头招聘是主动出击,迅速锁定寻访的范围,与候选人建立长期联系。

服务更完善。猎头服务已经建立了一整套完善的服务体系,能够满足各种客户的不同需求,不需要企业在大量的简历中寻找自己需要的人才,对推荐人才进行反复甄选、履历验证或人事调查。具有效率高、及时正确等特点同时可以避免用人失误。

经过 20 多年的发展,目前,中国猎头服务市场的主要特点如下:

(1)猎头服务机构数量形成一定规模,并主要集中在上海、北京等一线城市,一、二线城市差别明显

有调查显示,北(北京)、上(上海)、广(广州)以及深圳、苏州、宁波等经济相对发达地区也是高级人才寻访服务活跃的地区。受经济环境影响,

二线城市的高级人才寻访机构数量明显较少,规模也较小,呈现出一线城市强、二线城市弱的地区差别。

(2)中低端市场竞争激烈,成长压力巨大

互联网技术在招聘领域迅速发展和应用对中低端寻访机构带来巨大的压力,同时,随着国际金融危机的影响,外资企业需求减少,行业性经济波动也影响猎头客户需求。这种业内形势对中低端猎头企业造成冲击,造成中低端猎头企业成长压力巨大。

(3)规范程度不高,服务水平参差不齐

近年来,"无照经营,压价竞争,不按流程,抢单作假"情况时有出现,这说明行业规范程度亟须提高。猎头机构、用人单位、候选人的不诚信行为,服务水平参差不齐,加上人工成本日益增长,顾问流失率增高,另立门户的枝节现象严重,都影响着猎头机构的发展。

总体来说,人才库和猎头顾问是猎头服务机构最关键的成功要素。人才库为猎头服务提供了人才搜寻的库,是猎头服务的基础,国内外专业、著名的猎头公司都有自己建设的专业人才库。猎头顾问是服务的实施者,猎头顾问的资历、经验以及对客户企业所在行业和职位要求的理解,直接决定所猎取的人才与客户企业的匹配度,决定猎头服务的成败。

4.高级人才寻访服务存在的问题和发展趋势

猎头服务目前存在的问题主要有:行业无序竞争现象严重;行业服务水平参差不齐;专业人才缺乏,流动率高;行业多数企业只是提供猎取服务,没有提供整体解决方案的能力。

未来,中国猎头服务的市场发展趋势呈现如下:

(1)猎头服务的网络化趋势显著

网络猎头作为一种新型的猎头服务方式,具有自助、网络传播速度快、规模效应大、影响大等特点。从猎头服务市场将来的发展趋势看,猎头服务与网站结合将成为解决中低端职位的重要渠道,并出现专业的猎头招聘网站。

(2)猎头公司向专业化方向发展

猎头服务是带有一定咨询性质的中高端人才的个性化招聘服务。随着猎头行业的发展和竞争的加剧,越来越多的猎头公司将意识到猎头服务需要做深做精,开始选择专业化的发展方向。

（3）品牌化、国际化的趋势加强

近几年来国内一批新兴的猎头公司发展迅速,它们向国际猎头学习,并不断提高效率,让猎头运作更加规范,并且更加重视品牌和强调诚信,品牌化战略渐渐成形,并进行海外拓展积极参与跨国公司业务,加快了国际化进程。

（4）专业优势和风险规避得到进一步加强

猎头行业的专业优势,如信息保密、快速、对人才市场及薪酬的了解、背景调查等,在市场的进一步成熟之后,将得到进一步加强,将为企业提供更加安全高效的服务;并能加强企业在人才招聘上规避涉及的风险的能力,包括同行业挖角、假简历及其他法律纠纷等风险在专业猎头公司将得到有效的控制。

（四）人力资源业务流程外包（BPO）的内容及其发展趋势

1.人力资源业务流程外包服务概述

业务流程外包（Business Process Outsourcing,BPO）是指组织用户为了降低成本、提升核心业务能力,而将支持性职能或核心业务流程总的某项任务的管理与执行责任转移给外部服务供应商的一种运营方式。①

一般认为,服务外包经历了 ITO（信息技术外包）、BPO（业务流程外包）、KPO（知识流程外包）三个发展阶段。BPO 从表现形式看可以分为:财务管理 BPO、订单管理 BPO、IT 服务 BPO、人力资源 BPO、供应链管理 BPO、呼叫中心 BPO、数据处理 BPO、客户信息管理 BPO 等。

人力资源业务流程外包服务,是一种在全球范围内较为成熟的业务模式。它涵盖了日常员工信息管理、员工自助、薪资计发、员工绩效管理、员工能力管理、员工培训管理、劳动人事政策咨询等。概括起来,人力资源业务流程外包包括人力资源信息系统外包、薪酬外包、人才管理外包、学习外包和招聘流程外包等服务领域。通过将人力资源业务流程外包,正处于发展

---

① 业务流程外包赛迪顾问:《2008—2009 年中国业务流程外包（BPO）服务市场研究年度报告》。

阶段的企业可降低在人力资源管理信息系统方面的投资,显著提升人力资源职能部门的运营效率和管理水平,更加专注于自身的核心业务发展。人力资源信息化与业务流程外包服务已成为业界趋势,并正越来越广泛地应用于各个行业。

　　人力资源业务流程外包中被应用最多的当属由人才中介发展而来的招聘流程外包(RPO),此外薪酬外包和福利外包服务中涉及多个流程环节的外包服务也属人力资源业务流程外包范畴。

　　2.人力资源业务流程外包服务现状与发展

　　国际 BPO 服务公司通常是集管理咨询、信息技术和外包服务于一体的公司,凭借丰富的行业经验、广泛的全球资源和在本土市场的成功实践,帮助客户明确战略、优化流程,集成系统、引进创新,提高整体竞争优势,成为绩效卓越的组织。既能够为客户设计制胜战略,又具有强大的实施能力帮助客户实现其战略愿景。

　　著名研究机构 Yankee Group 的调查报告显示,全球人力资源外包市场的年复合增长率超过12%,至2008年,全球人力资源外包市场的规模已达800亿美元,仅美国的市场规模即超过全球总体规模的一半,达420亿美元。从客户角度来看,数据表明全球财富500强企业通过人力资源外包而使其劳工成本削减25%—30%。[1] 据国际知名市场研究公司 IDC 最新发表的研究报告称,全球人力资源商务流程外包市场从2010年至2015年的复合年增长率将达到44%。

　　放眼国内,中国人力资源业务流程外包市场正从导入期进入快速增长的成长期阶段。从市场总体来看,目前形成了内容丰富、形式多样的人力资源业务流程外包服务。从提供的服务内容来看,人力资源管理中薪酬核算、税务代理、工资单处理等服务,财务管理中的应收、应付账款、报销、报表处理等服务都已经在市场上广泛的开展起来。市场已经从导入期的单一服务向多样化、多层次服务的纵深发展。

　　国内从事人力资源外包服务机构的三巨头——上海外服、北京外企、中智占据了相当的市场份额,随着国家政策对外资巨头准入门槛的降低,以及

---

　　[1]　http://www.yankeegroup.com/home.do.

国内民营外包企业的不断扩展,三巨头面临着与外资外包企业以及民营外包企业竞争的双重压力。另外,在高端企业人力资源业务流程外包领域,外资外包企业较国内人力资源机构更有优势,导致国内机构在这些领域涉足的机会不多。在维持了 30 年的高速增长后,2010 年以后,国有外包服务提供商首次进入销售额微幅增长、利润负增长的衰退期,转型迫在眉睫。当然,我们也高兴地注意到,一些企业正在加大对于产品研发的投入以及商业模式的创新,相信未来会有更多的中国企业在激烈的市场竞争中突围。

3. 人力资源业务流程外包服务的特点

(1)外包服务内容增多,呈现多元化发展趋势

人力资源业务流程外包以招聘流程外包服务为主,近年来薪酬流程外包服务、福利流程外包服务以及人力资源管理事务流程外包等服务内容增多,发展迅速,人力资源业务流程外包服务内容呈多元化发展。

(2)新兴市场发展增速

受限于人力资源和成本方面的劣势,以及经济低迷的连锁反应,不少发达国家的 BPO 服务竞争力已开始下降,众多国际知名提供 BPO 服务的企业已开始将业务领域拓展到发展中国家,促进了新兴市场的迅速发展。

(3)中国人力资源 BPO 服务市场前景广阔

人力资源流程服务外包在节约成本、提高效率等方面的优势已被越来越多的中国企业所认识,随着国际领先人力资源 BPO 提供商的进入及本土 BPO 服务企业的成长,人力资源 BPO 市场将越来越成熟。

4. 人力资源业务流程外包服务的发展趋势

(1)人力资源业务流程外包服务逐步向业务流程外包服务延伸

未来,随着人力资源业务流程外包服务的发展和成熟,人力资源业务流程外包服务供应商在某些行业如快消品、金融服务等行业的专业服务和管理能力不断积累,其服务中人力资源管理的界限将逐步淡化乃至消失。人力资源业务流程外包服务逐步向业务流程外包服务转变,从单纯的人力资源管理外包向结合人力资源管理的销售管理、数据处理管理外包延伸。

(2)离岸外包或异地外包将成为普遍形式

中国东部沿海地区经济发展水平高,劳动力成本增长快速,之前三十年的劳动力成本优势将不复存在。未来,人力资源业务流程外包服务商将在

具有人口资源优势的中西部地区和东南亚地区建立外包服务基地,以异地或离岸的方式承接外包服务订单。

（五）人力资源共享服务中心的内容及其发展趋势

1. 人力资源共享服务中心概述

人力资源共享服务中心（Human Resource Shared Service Center,简称HRSSC）,是指企业集团将各业务单元所有与人力资源管理有关的行政事务性工作（如员工招聘、薪酬福利核算与发放、社会保险管理、人事档案人事信息服务管理、劳动合同管理、新员工培训、员工投诉与建议处理、咨询与专家服务等）集中起来,建立一个服务中心。该中心为集团所有的业务单元提供人力资源管理服务,业务单元为其支付服务费用。通过人力资源的共享服务中心的建立提高人力资源的运营效率,更好地服务业务单元。而企业集团的人力资源部门则专注于战略性人力资源管理的实施,使人力资源管理实现战略转型。

构建人力资源共享服务中心的意义在于整合专业资源、降低运营成本、提高运作效率和提供管理决策支持。具体来说,企业集团创建人力资源共享服务中心后,集团内所有业务单元的人事行政工作集中起来统一由共享中心来完成。共享中心不行使人力资源的管理职能,它与业务单元是服务与支持关系,依据业务单元的需要,提供服务,集中服务有利于资源的集中利用形成规模效应,达到从规模中实现效益的同时降低成本。

共享服务中心通过集中服务,建立统一的服务标准和流程,通过专业分工,打造专业化的队伍来提供专业服务,减少和避免以前分散在各业务单元中的因人力资源工作标准不统一造成的不公平性和执行标准不一致造成的偏差,从而提高人力资源政策执行的公平性,提高员工满意度。

此外,集中的专业化、标准化的服务,提高了人力资源的运营效率,也使集团人力资源部门摆脱行政事务专注于战略性人力资源管理,聚焦于员工能力提升、团队建设和战略绩效的落实。

最后,人力资源共享服务中心在服务过程中积累了多个业务单元大量人力资源管理运营数据,如薪酬数据、入离职记录等,将这些数据进行对比分析,可以为管理层决策提供有力的数据支持。

　　一般来讲,人力资源共享服务中心可以由人力资源服务机构进行组织并提供服务,其主要职能在于三方面:集中的人事行政服务、人力资源专业咨询服务、人力资源业务伙伴。

　　共享服务中心的主要职能是提供集中服务,因此,共享中心通过建立专业化的人事服务队伍,制定专业的服务流程和服务标准,来满足其中心内部客户的需求。这些人事行政服务主要包括人员招聘、薪资核算、福利发放、社会保险缴纳、劳动合同管理、人事档案管理、人力资源信息、职业培训、员工沟通、投诉建议处理等。因此,企业集团的人事共享中心需要专业人员开展专业人力资源管理服务,如招聘团队,专门负责招聘;薪酬福利团队,负责薪酬的核算与发放,社会保险的缴纳、异动、劳保福利的发放等;培训团队,负责新员工培训,员工技能培训,管理人员培训等;员工关系部,负责员工劳动关系管理、劳动合同管理(合同签订,变更、劳动争议处理)、员工档案管理、员工投诉、员工建议管理;人事信息团队,基于管理信息系统专门建立人事信息,生成各种管理报表供管理决策使用。

　　其次,共享服务中心通过建立专业的咨询机构负责为业务单元提供人力资源专业咨询,包括人力资源规划、素质模型构建、人事测评、薪酬设计、薪酬调查、绩效管理制度设计、培训需求调查、培训课程开发、培训体系建立等专业性的工作,指导人事行政服务中心开展服务活动。

　　最后,共享中心的人员主动跟进业务部门的发展需要,进行调研,了解其人力资源管理需求和员工的需求,制定解决方案,调整人事政策或者与咨询服务部门的专家一同提出解决方案,由人事行政服务中心来执行。

　　2. 人力资源共享服务中心发展现状

　　根据业内某权威机构在 2014 年上半年发布的一份调研报告表明,人力资源共享服务中心在我国的发展现状喜忧参半。

　　在参与并提供有效问卷的 203 家企业中,共有 71 家企业建立或使用了人力资源共享服务中心,占总调研企业的 35%。

　　其中 40.9% 的参调企业仅在中国设置了人力资源共享服务中心,并且只服务于中国;11.3% 的参调企业仅在中国设置了人力资源共享服务中心,但是服务中国与海外;47.9% 的参调企业在中国及海外均设置了人力资源共享服务中心,但其为分别的独立机构并服务相应区域。

设置或使用人力资源共享服务中心的参调企业,大部分将该中心设置在一线城市和沿海城市,这主要与企业中国总部所在地、人才分布以及覆盖区域的语言习惯等一系列因素有关。

参调企业人力资源共享服务中心事项完成比率最高的十一项职责分别为人力资源信息系统维护与支持(74.6%),奖金核算与发放(70.4%),工资核算、工资发放与经费计提(69%),入离职手续办理(66.2%),公司劳动力年检与薪酬相关的审计支持(64.8%),社保、福利等服务内容(63.4%),员工考勤及假期管理(62%),员工调任与再安置(59.2%),外籍人员管理(56.3%),员工服务热线及政策信息咨询(53.5%),员工手册制作(53.5%)。

这说明人力资源共享服务中心的运营主要依靠人力资源管理信息系统的支持才能完成对多个地点多业务单元的服务,人力资源共享服务中心最适宜集中处理人力资源管理中的事务性操作的工作,最常见的是薪资福利处理、入离职管理。

其次,本书对各类型企业进行了调研。在92家参与调研的外资企业中,47.8%(44家)的企业设置了人力资源共享服务中心;27家参与调研的中外合资企业中,33.3%(9家)的企业设置了人力资源共享服务中心;21家参与调研的国有企业中,33.3%(7家)的企业设置了人力资源共享服务中心;63家参与调研的民营企业中,仅有17.5%(11家)的企业设置了人力资源共享服务中心。由此可见,大多数外资企业已经在利用人力资源共享服务中心实现其人力资源的相关工作内容,而国有企业也正在逐步注意到人力资源共享服务中心的重要性。

使用人力资源共享服务中心的主要驱动力在于其能够整合专业资源、降低运营成本、提高运作效率和提供管理决策支持。人力资源共享服务中心并不行使人力资源管理的职能,只是将集团内所有业务单元的人事行政工作集中起来统一完成,这既保证了人力资源管理工作完成的效率与效益,又不会干扰组织的战略人力资源管理。

但是,值得注意的是,建设与使用人力资源共享服务中心已然存在着各种挑战。习惯于金字塔式传统管理的人力资源管理,面对集中的共享服务,由管理者转向服务和支持者,这需要管理层的观念做大的转变。同时在实施了共享服务后如何实施集团统一的管理,这需要以新的观念和意识来推动组织变革,适应变革。

实施集中共享服务的前提是管理流程的梳理与流程再造、管理基础的提升、管理的标准化和程序化。因此,在实施共享服务中心构建之前必须对组织的各种人力资源管理流程进行重新梳理和变革,只有这样才能保证共享中心的顺畅运行。

实施人力资源共享服务,信息技术是基础。因此企业要在组织变革、流程再造的基础上引进管理信息系统,实施 ERP,基于 ERP 的共享服务如虎添翼。只有应用信息技术才能实现数据集成,提高共享服务的效率,使跨地域的远程服务与支持成为可能。

目前我国的劳动合同管理、社会保险管理由于受政策的限制,尚属属地管理。因此在集中共享服务上还受到限制,无法实现跨地域的集中管理服务。大部分外资企业共享服务中心通过外包给专业的人力资源服务公司来完成劳动合同管理和社保管理等各地个性化程度较高的管理工作。

除去上述挑战外,企业内部的文化、沟通方式以及共享服务中心工作人员的专业素质也是建立和使用人力资源共享服务中心的挑战。

3.人力资源共享服务中心发展趋势

2014 年 1 月 6 日国家财政部发布并正式执行《企业会计信息化工作规范》,其中第三十四条要求:"分公司、子公司数量多、分布广的(央企)大型企业、企业集团应当探索利用信息技术促进会计工作的集中,逐步建立财务共享服务中心。"其中将薪酬、福利管理明确列入共享中心的范围。这项规定为我国大型国企建立财务共享服务中心和人力资源共享中心提出了政策要求。

国家已有相关规定提出大型企业建立共享服务中心,无论是从政策要求或是组织发展的角度来看,建立人力资源共享服务中心是大势所趋。而可以预见的是在不久的将来,大型央企国企都将建立和使用人力资源共享服务中心,而小微企业也将逐步使用该服务。

对于人力资源服务机构来讲,"人力资源共享服务中心"的出现无疑是一个重大的机会,如何组建提供优质服务的人力资源共享服务中心将是一段时期内人力资源服务机构亟待思考和解决的问题。目前中国市场上一些全国性的大型综合人力资源服务公司,如上海外服等,完全有能力为大型企业客户提供人力资源共享服务中心的服务,他们有经验丰富的专业服务团队,具备丰富的实践经验、成熟的管理流程和人力资源整合能力,具有社保公积金、合同管理的全国落地服务能力,可以根据客户公司该阶段的战略需求、个性化需要和公司特点,定制特定化、个性化、灵活弹性的人力资源共享服务。

三、求职者及人力资源服务机构的变化

（一）求职者及其变化

根据人力资源和社会保障部下属的中国人力资源市场网最新发布的数据,本书整理了截至 2014 年第四季度全国人才服务机构供求情况,其中第一部分为对求职者变化的情况分析,第二部分为对人力资源服务机构的变化情况分析。

1. 求职人员所学专业情况

截至 2014 年底,从求职人员所学专业情况看,排名前 10 位的专业占求职人员总数的 51.11%,环比下降 1.02 个百分点,同比下降 4.49 个百分点,与上季度相比仅在排序方面略有不同。机械类专业和计算机科学与技术类专业求职人员本季度并列排名第一位,各占总求职人数的 7.13%,环比分别下降 1.83 个百分点、上升 0.06 个百分点,同比分别下降 1.57 个百分点、1.09 个百分点。总体上看,求职人员所学专业与用人单位所需专业相比,存在不太匹配的现象(见表 1-4-1)。

表 1-4-1　求职人员专业前 10 位的排名情况

排名	求职人员所学专业	2014 年第四季度所占比例	2014 年第三季度所占比例	环比	同比
1	机械类	7.13%	8.96%	-1.83%	-1.57%
2	计算机科学与技术类	7.13%	7.07%	0.06%	-1.09%
3	工商管理类	6.60%	7.66%	-1.06%	-1.31%
4	电子信息类	6.25%	6.32%	-0.07%	-0.63%
5	土建类	6.05%	5.43%	0.62%	0.16%

续表

排名	求职人员所学专业	2014 年第四季度所占比例	2014 年第三季度所占比例	环比	同比
6	经济学类	5.94%	5.95%	−0.01%	−1.33%
7	医学类	3.26%	2.67%	0.59%	0.33%
8	化工与制药类	3.09%	2.52%	0.57%	0.69%
9	管理科学与工程类	3.03%	2.85%	0.18%	0.35%
10	语言文学类	2.63%	2.70%	−0.07%	−0.09%
占登记求职人员总数		51.11%	52.13%	−1.02%	−4.49%

从各地区求职人员所学专业情况看,华北、西北、西南地区求职人员所学专业排名第一位的是土建类专业,华中、东北地区求职人员所学专业排名第一位的是计算机科学与技术类专业,华东地区排名第一位的专业是机械类专业,华南地区求职人员所学专业排名第一位的是工商管理类专业(见表 1-4-2)。

表 1-4-2 各地区求职人员专业前 10 位的排名情况

排名	求职人员所学专业						
	华北地区	华东地区	华中地区	华南地区	西北地区	西南地区	东北地区
1	土建类	机械类	计算机科学与技术	工商管理类	土建类	土建类	计算机科学与技术
2	计算机科学与技术	电子信息类	工商管理类	经济学类	经济学类	工商管理类	经济学类
3	工商管理类	计算机科学与技术	公安技术类	土建类	计算机科学与技术	计算机科学与技术	公共管理类
4	电子信息类	工商管理类	机械类	机械类	工商管理类	电子信息类	机械类
5	经济学类	经济学类	经济学类	管理科学与工程类	语言文学类	经济学类	电子信息类
6	化工与制药类	土建类	化工与制药类	计算机科学与技术	机械类	机械类	工商管理类
7	医学类	医学类	医学类	电子信息类	电子信息类	管理科学与工程类	土建类
8	管理科学与工程类	化工与制药类	土建类	语言文学类	公共管理类	图书档案学类	语言文学类

排名	求职人员所学专业						
	华北地区	华东地区	华中地区	华南地区	西北地区	西南地区	东北地区
9	机械类	管理科学与工程类	哲学类	公共管理类	艺术类	公共管理类	医学类
10	化学类	公共管理类	政法类	艺术类	能源动力类	轻工纺织食品类	管理科学与工程类

2. 求职人员学历分布情况

截至 2014 年底,从求职人员学历情况看,以本科、大专学历求职人员为主体,所占比例为 71.98%。其中,本科学历求职人员所占比例为 32.38%,环比下降 0.56 个百分点,但用人单位所需本科学历的比例为 20.63%,因此本科毕业生就业压力较大;大专学历求职人员所占比例为 39.60%,环比下降 1.58 个百分点,同比下降 2.84 个百分点。中专学历求职人员所占比例有所上升,环比、同比分别上升 1.03 个百分点、3.87 个百分点;硕士学历求职人员所占比例有所上升,环比、同比分别上升 1.70 个百分点、0.53 个百分点(见表 1-4-3)。

表 1-4-3　求职人员学历分布情况

学历层次	2014 年第四季度所占比例	2014 年第三季度所占比例	环比	同比
高中及以下	7.17%	7.95%	−0.78%	−0.27%
中专	14.57%	13.54%	1.03%	3.87%
大专	39.60%	41.18%	−1.58%	−2.84%
本科	32.38%	32.94%	−0.56%	−1.28%
硕士	5.21%	3.51%	1.70%	0.53%
博士	1.06%	0.87%	0.19%	−0.02%

3. 求职人员意向单位性质情况

从求职人员的求职意向单位性质来看,私营企业排名第一,所占比例为 37.88%,环比下降 0.27 个百分点,同比上升 1.72 个百分点。国有企业排名第二,所占比例为 20.50%,环比下降 0.03 个百分点,同比下降 2.45 个百分点。外商投资企业排名第三,所占比例为 15.38%,环比下降 1.40 个百分点,同比上升 2.57 个百分点(见表 1-4-4)。

表 1-4-4　求职人员意向单位性质情况

性质	2014 年第四季度所占比例	2014 年第三季度所占比例	环比	同比
行政事业单位	13.35%	12.39%	0.96%	-0.42%
国有企业	20.50%	20.53%	-0.03%	-2.45%
私营企业	37.88%	38.15%	-0.27%	1.72%
港澳台商投资企业	6.90%	6.24%	0.66%	-0.65%
外商投资企业	15.38%	16.78%	-1.40%	2.57%
个体经营	6.00%	5.92%	0.08%	-0.77%

　　4. 求职人员意向职位情况

　　从求职人员意向职位情况来看,本季度意向职位排名前 10 位的仅在排序上略有变化,所占比例为 67.51%,环比下降 1.15 个百分点,同比下降 2.39 个百分点。其中市场营销/公关/销售职位排名第一,所占比例为 12.00%,环比上升 1.32 个百分点,同比下降 0.63 个百分点。建筑/机械类职位紧接其后,排名第二,所占比例持续下降,为 9.29%,环比下降 1.47 个百分点,同比下降 0.60 个百分点。其他意向职位所占比例变化不大,变动不超过 1 个百分点(见表 1-4-5)。

表 1-4-5　求职人员意向职位情况

排名	意向职位	2014 年第四季度所占比例	2014 年第三季度所占比例	环比	同比
1	市场营销/公关/销售	12.00%	10.68%	1.32%	-0.63%
2	建筑/机械	9.29%	10.76%	-1.47%	-0.60%
3	人力资源/行政	8.12%	9.10%	-0.98%	-1.26%
4	财务/审计/税务	7.73%	7.80%	-0.07%	-1.05%
5	计算机/互联网/电子商务	7.17%	6.60%	0.57%	-0.87%
6	生产/营运/质量/安全	5.28%	4.91%	0.37%	0.58%
7	技工	5.24%	5.46%	-0.22%	1.29%
8	通信/电器	4.65%	4.75%	-0.10%	0.06%

排名	意向职位	2014 年第四季度所占比例	2014 年第三季度所占比例	环比	同比
9	百货/连锁/零售服务	4.06%	4.07%	-0.01%	0.20%
10	采购/贸易/物流/仓储	3.97%	4.53%	-0.56%	-0.11%
	占职位总数	67.51%	68.66%	-1.15%	-2.39%

5. 求职人员工作经验情况

从求职人员工作经验情况来看,求职人员中应届毕业生所占比例最高,为 34.16%,环比上升 4.45 个百分点,同比上升 1.33 个百分点。由于用人单位对应届毕业生的需求不足 25%,因此应届毕业生就业竞争相对激烈。具有 1—2 年工作经验的求职人员所占比例为 22.92%,环比上升 0.70 个百分点,同比上升 1.69 个百分点。具有 6—10 年工作经验的求职人员所占比例为 7.20%,环比下降 1.49 个百分点,同比下降 1.47 个百分点(见表 1-4-6)。

表 1-4-6　求职人员工作经验情况

工作经验	2014 年第四季度所占比例	2014 年第三季度所占比例	环比	同比
应届毕业生	34.16%	29.71%	4.45%	1.33%
1 年以下	19.69%	19.24%	0.45%	-0.78%
1—2 年	22.92%	22.22%	0.70%	1.69%
3—5 年	13.30%	16.32%	-3.02%	-1.06%
6 10 年	7.20%	8.69%	-1.49%	-1.47%
10 年以上	2.73%	3.83%	-1.10%	0.29%

6. 求职人员意向工作地区

求职人员意向求职地区排名情况较上季度无明显变化。东部地区仍是最受求职人员青睐的就业地区,所占比例为 40.74%,环比上升 2.15 个百分点,同比下降 9.43 个百分点。西部地区意向求职人员所占比例为 22.84%,环比下降 7.22 个百分点,同比上升 2.80 个百分点。中部地区意向求职人员所占比例为 31.59%,环比上升 5.37 个百分点,同比上升 5.32 个百分点。选择东北地区的求职人员仍最少,所占比例为 4.83%,环比下降 0.30 个百分点,同比上升 1.31 个百分点(见表 1-4-7)。

表 1-4-7　求职人员意向工作地区

地区	2014 年第四季度 所占比例	2014 年第三季度 所占比例	环比	同比
东部地区	40.74%	38.59%	2.15%	-9.43%
西部地区	22.84%	30.06%	-7.22%	2.80%
中部地区	31.59%	26.22%	5.37%	5.32%
东北地区	4.83%	5.13%	-0.30%	1.31%

(二) 机构及其变化

1. 行业规模

根据人力资源和社会保障部最新发布的数据来看,截至 2013 年底,全国共设立各类人力资源服务机构 26471 家①,从业人员 358013 人,行业全年收入 6945 亿元。

截至 2013 年,国有人力资源服务机构的营业总收入是 2169.6 亿元,比 2012 年上涨 3.9%;民营类人力资源服务机构总收入达到 3700.9 亿元,比上一年增长 16.2%;港、澳、台及外资人力资源服务企业总收入 260.3 亿元,比上一年增长了 8.4%。

2. 从业人员

随着我国经济环境的不断变化与发展,大部分用人单位开始转换思路,将人力资源服务作为一种成本控制的方法介入业务运营之中,这也就使得人力资源服务业从业人员在近年来数量不断增加,素质也有所提高。

根据人社部的统计,2010 年人力资源服务业从业人员总数为 22.1 万人,2011 年至 2013 年,年均约 35.7 万人,2013 年的从业人员数量是 2010 年的 1.6 倍。

从学历构成方面来看,2011 年至 2013 年间,人力资源服务业从业人员具有本科及以上学历的年均值为 15 万人,占所有从业人员的 45%。在所有

---

① 王克良:《中国人力资源服务业发展报告(2014)》,中国人事出版社 2014 年版,第 42 页。

的从业人员中,2010 年取得职业资格的从业人员仅为 9 万人,2011 年后则保持在 11 万人左右。

3.地区分布

由于我国幅员辽阔,地区间经济发展情况有所差异,这也导致了人力资源服务业在不同地区的发展状况有所不同。从近些年的经验来看,人力资源服务业务主要集中在东部经济发达地区,中部、西部和东北部总体规模不大。

截至 2013 年,从机构区域分布上,东部地区的人力资源服务机构约占全国机构总数的 49%,中部地区约占 20%,西部约占 23%,东北部约占 8%。

在从业人员区域分布上来看,东部地区从业人员总数为 17.9 万人,占全国一半;中部地区从业人员 6.9 万人,占全国总数的 19.2%;西部地区从业人员 9.1 万人,占全国总数的 25.3%;东北部从业人员 2.0 万人,占全国总数的 5.5%。

从营业总收入区域分布上来看,东部地区总收入为 4485.0 亿元,占全国行业总收入的 64.6%;中部地区营业总收入为 890.2 亿元,占全国行业总收入的 12.8%;西部地区营业总收入为 1065.3 亿元,占全国行业总收入的 15.3%;东北部地区营业总收入为 504.3 亿元,占全国行业总收入的 7.3%。

四、人力资源服务业未来发展趋势

(一) 专业化程度将不断增加

目前,我国人力资源服务业已经进入快速发展阶段,逐渐成为知识密集型和智慧创造型的服务行业。

未来人力资源服务业专业化发展趋势主要表现为:第一,在人力资源服务业的总量规模达到较高程度后,人力资源服务对象将开始分化,人力资源服务业专业化进程将逐步实施。在人力资源服务对象的结构变化同时,对人力资源服务的要求也逐渐调整和变化,小型企业、中型企业、大型企业或跨国公司对人力资源服务业的需求分别是解决非核心业务、提供程序性的解决问题的方案及提供战略程序和发展建议等。第二,人力资源服务业发展的必然趋势是人力资源供应商的专业分工体系不断细致及完善,使其更加侧重客户的现实需求,更多地提供高质量的服务产品,在提高人力资源服务质量的同时,显著地降低客户企业的经营成本。

(二) 品牌化战略是必然选择

随着市场发展,人力资源服务企业规模不断发展,品牌成为企业在市场竞争中重要的核心竞争力和无形资产。越来越多的企业开始关注企业品牌的培育和发展,以优质服务树立良好品牌形象,以提高客户价值提升服务品牌,以促进就业和打造和谐劳资关系为主要目的。

目前,我国有代表性的人才服务企业发展迅速,具有明显的市场知名度和显著提升的品牌影响力。在人力资源外包领域,如上海外服、北京外服、中智、四达等;在网络招聘领域,如中华英才网、智联招聘、前程无忧等;在人力资源软件领域,如用友、金蝶、北森等;在咨询领域,如北大纵横、和君创业、华夏基石等。这些都在国内有一定的知名度和品牌影响力。

在人力资源服务业推进品牌化的进程中,必将根据客户的要求提供更加精细化服务,并与标准化和个性化相结合。其中,为客户提供透明的服务流程和管理工具,通过完整的、透明的服务流程和成熟的管理工具使客户清晰了解所接受的服务内容;个性化服务方面,侧重客户导向,更加突出细致的专业分工,提供"专、精、深"的服务产品,从而提升客户对人力资源服务的满意度。我国人力资源服务业正在全面推进人力资源服务企业品牌化竞争战略,着力打造一批国际化、全国化、区域化、专业化的服务品牌。

(三) 国际化程度日益提升

伴随全球经济环境变化与中国经济的发展,以及中国政府对外资人力资源服务机构准入政策的放松,外资服务机构的比重逐步上升,目前全球领先的人力资源服务提供商已悉数进军中国市场,如美国的 Monster 入股中华英才网,日本的 Recruit 入股 51job,荷兰的 Randstad 收购上海人才有限公司,其他国际行业巨头如 Manpower、Adecco、Hays 等,也都通过并购、合资和设立办公室的方式实现了在中国内地的布局,中国正在成为全球人力资源服务的主要市场。

同时,人力资源服务业的资本化运作将进一步扩展。随着中西部人力资源服务区域市场的成熟,具有一定实力的人力资源服务企业均已经加快在全国的市场布局;在客户需求的驱动下,人力资源服务企业如上海外服已经开始迈出国际化的道路,在亚太地区进行业务探索。以人事外包服务为核心的人力资源服务企业需要扩展全国市场和国际市场,综合性人力资源服务企业需要扩展新兴专业市场,这个过程均会采用资本化,包括收购、兼并、合并等方式,快速形成其在行业或区域内的领先地位,资本化的运作也将进一步提升本土人力资源服务企业的国际化程度。

(四) 服务整合成为必然趋势

在现代服务业的各个领域中,人力资源服务业是个后来者。尽管人才市场、猎头、培训这些行业在国内早已有之,并且均已初具规模,但统以"人力资源服务业"来归类,并划分进入现代服务业领域,却还是最近几年的事情。如果说招聘、培训、猎头、派遣等人力资源服务的细分市场是一颗颗的珍珠,这些珍珠串起来,就成就了人力资源服务业这条项链。

目前人力资源外包市场提供单一服务打天下的时代已经过去,现在进入整合服务阶段。要想赢得市场,必须要有能力为客户提供多样化服务,如薪酬福利管理、猎头服务、招聘外包、人才派遣等。

综上所述,人力资源服务业在中国起步较晚,但发展迅速,若想迅速赶超西方发达国家,专业化、品牌化、国际化和服务整合将是国内人力资源服务企业不得不迅速解决的问题。

(五) 云服务改变行业服务模式和格局

随着互联网新兴技术的发展,人力资源服务将从单一的线下模式走向线上与线下相结合的复合模式,越来越多的"云服务"将在本轮新技术浪潮中应运而生。可以说,人力资源"云服务"实际上就是传统人力资源服务的互联网化,这将大大提高人力资源服务行业的服务效率和能力,主要体现在以下几方面。

依托于云技术,人力资源的线上服务会更丰富、更专业化。例如,背景调查、员工档案、员工健康、弹性福利等,基于"云技术"碎片化、离散的应用才有信息化的价值。

人力资源服务的地域限制将被打破。例如,线下服务受到地域的制约,而通过新模式就打破了限制，为全国各地的客户提供服务。

人力资源服务的质量将大大提高。以前的生产方式为客户提供的服务是有限的，例如报表，只有区区几张，基本符合政策法规的规定和企业管理的基本需求即可。但云服务平台和大数据技术相结合，为客户提供的报表多样化、实时化、可定制化，质量不可同日而语。

客户的使用成本将逐步降低。"云服务"让人力资源外包服务实现了按月、按项目计费，客户可以自由组合、按需使用，同时客户转换人力资源供应商的成本也降低了。

人力资源服务将延伸到客户管理内部。依托于互联网技术，客户内部的很多数据可以自动互联到外包供应商的生产系统中，供应商产出的数据也可以即时返回到客户的管理系统中，供应商和客户的关系也因此更加紧密。例如，上海外服现在不仅有速立方生产及服务交付平台，还有集组织、人事、考勤、薪酬、招聘、培训、绩效等管理功能于一体的 e-HR 云服务平台，这个平台既可以供上海外服的客户用于 HR 内部管理，也可以和外服的薪酬外包系统对接。

"云服务"可能会加剧人力资源服务行业的竞争。传统人力资源外包服务商可以依托地理区隔形成竞争优势，但是在"云服务"产生后，这种竞争优势将逐步消除，价格和服务质量的竞争会愈演愈烈。互联网的马太效应会在竞争后期显现，体现为行业的兼并优化，最终形成标准服务被寡头市场垄断，小型供应商走向差异化竞争之路。

五、人力资源服务技术及创新

（一）基于网络的人力资源服务平台

伴随着互联网技术的飞速发展，在人们如今的生活中，互联网技术及互联网思维随处可见。对于人力资源服务行业来讲，基于互联网的人力资源服务在我国也已经日臻完善。相较于大数据与云技术在人力资源服务业的应用来讲，传统的基于互联网的人力资源服务应该分为以下三种，即普通网络人力资源服务平台、社交网络人力资源服务平台与移动终端人力资源服务平台。

1. 普通网络人力资源服务平台

所谓普通网络,即指传统的互联网技术。对于用户来讲,则是通过浏览网站获取所需要的信息或服务。那么基于普通网络的人力资源服务平台主要分为三类:政府平台,如各地政府人社部门的网站;企业平台,如各人力资源服务机构的官方网站;以及第三方平台,如提供各类人力资源相关信息与知识的网站。

如今,从中央到地方,都已经设置了人力资源与社会保障部门,而这些部门的官方网站本身就是一种人力资源服务平台。除去对各类政策的发布,人社部门网站也会提供诸如招聘、培训、社会保险以及资格认证等信息。

企业平台分为两大类,一类是综合性人力资源服务机构的网站,另一类则是专业性人力资源服务机构的网站。综合性人力资源服务机构的网站除了具有机构信息、服务内容信息外,还具有一定的市场功能。而专业性人力资源服务机构网站则是作为提供某种特定服务的平台而出现,比如已经发展成熟的招聘网站。

第三方平台则主要以提供信息为主,比如对于政策的解读、行业发展趋势的判断、人力资源相关理念的传播等。

2. 社交网络人力资源服务平台

近年来,社交网络的逐步兴起为人力资源管理带来了新变革。很多企业已将社交网络作为人力资源管理的新工具和平台,如通过社交网络发布招聘广告,收集求职者信息进行人员甄选等。

社交网络(SNS),缘起于美国心理学家 Stanley Milgram 的六度分隔理论(Six Degrees of Separation)。该理论认为"每个个体与任何一个陌生人之间所间隔的人不会超过六个",所以通过认识"熟人的熟人"可以形成巨大的社会性网络(Social Networking)。而网络技术的发展使这种理论变为现实,社交网络应运而生。广义的 SNS 包括社交网络服务(Social Network Service)、社交软件(Social Network Software)和社交网站(Social Network Site)三层含义,即能够通过互联网技术帮助人们建立个人关系、实现社会互动、形成社交网络的所用硬件、软件、服务及网站。狭义的 SNS 则指代社交网站,从较早兴起的博客、后来的人人、开心网到时下最流行的微博都属于该范畴,本节的论述也主要建立在其狭义概念上。

　　辐射范围广泛的社交网络无疑成为企业招揽人才的新渠道。人力资源管理学会(SHRM)也曾在 2011 年发布调查结果:有 56% 的人力资源管理从业者表示他们正在使用社交网络进行招聘,与 2008 年的 34% 相比有大幅提升,其中使用 LinkedIn 的约占 95%,使用 Facebook 的约占 58%,使用 Twitter 的约占 42%。尽管国内缺乏同类调查数据,但社交网站上越来越多的注册企业及其广泛传播的招聘启事已说明一定情况。另外,2011 年《Kelly Service 全球雇员指数调研》显示,80% 的中国雇员每天都在使用社交网络,21% 的中国雇员通过社交网络找工作。

　　除此之外,社交网络所包含的大量个人信息为企业进行甄选决策提供了更多参考,但企业是否应采用这些信息尚存争议。人力资源管理协会(SHRM)也对该情况进行了调查,结果显示,尽管 2011 年只有 18% 的企业表示正在使用社交网站进行人员筛选,其相对于 2008 年的 14% 来说仍在增长,但是 67% 的企业都表示不打算使用该工具,其顾虑多涉及法律风险。另外,85% 的企业都没有明确的政策规定社交网络是否可以在人员甄选中使用。国内几乎没有涉及该问题的研究成果,但在实践中受社交网络的信息影响而作出的甄选决策屡见不鲜。

　　社交网络在雇员中的普及和流行也给工作带来了负面影响。一方面,实时互动的社交网络让很多雇员上线成瘾,成为其工作分心的一大原因,如开心网"偷菜"游戏就曾在白领中大为盛行。另一方面,社交网络的开放性也为企业带来了更大的管理难度,如一些员工可能在社交网络上发表不当言论、破坏公司形象、泄露公司机密等,情节严重者甚至被辞退或是闹上公堂。于是,社交网络又成为很多企业监控员工行为的工具,这也引起了对于其正当性的激烈讨论。

　　对于人力资源服务机构来说,利用社交网络整合自身现有资源,开发系统的社交网络战略,将市场拓展、客户关系维护、人力资源管理等不同服务内容进行协同,才能真正有效利用社交网络,在提供更为便捷的服务同时扩大企业的知名度。

　　3.移动终端人力资源服务平台

　　据保守估计,2014 年全球 68 亿人口中,大约 60% 的人拥有手机。而人均的手机使用时间约为 2—3 小时每天。在近两年来,在"移动互联网+"模式的冲击下,各行业都发生了显著的商业模式的改变。不少行业纷纷搭上了"互联网+"的列车,其中人力资源服务业自然也不甘落后。

在人力资源行业的互联网交锋中,一些人力资源服务公司投入了企业社交、移动考勤、申请审批、企业通讯、考勤管理、在线培训等企业管理的应用的竞争;一些则将目光聚焦在了全国属地化社会保险代理、薪酬福利等基础应用上,还有一些则试水"互联网+"招聘的服务。

在移动互联网时代下,人力资源管理可以对以下具体事务方面进行创新:

人员招聘工作。上网终端的改变,使得企业招聘渠道也在发生改变。未来企业宣传、招聘广告、招聘信息的发布不再仅限于 PC 互联网,而更多是利用移动互联网的各种终端。在这些终端中,主要终端还是智能化手机和各种移动广告载体,如各种交通工具上的移动广告载体。因为这种终端有一个最大的优势,就是随时随地可以发布信息,信息传播速度更快。

智能化手机的另一大优势就是移动应用软件的广泛运用及普及。未来通过以手机或平板电脑为载体开发出来的各种各样的招聘软件将会越来越多,企业人力资源管理者需要与时俱进,及时转变招聘渠道,让企业招聘信息能更快地在社会和求职者中快速地传递,企业与求职者之间的交流更快,从而使得岗位与人之间的匹配时间差缩小,保持企业管理的连续性,减少招聘成本提高企业效益。

人员培训工作。未来的人力资源管理员工培训方式改变,不再以传统的面对面、一对一等空间和时间较有限方式进行培训,而更多地可以利用移动互联网的线上教育模式,让员工培训的方式和渠道发生变化,空间和时间得到延伸和拓展,员工不仅不再局限于指定的时间与地点参加培训,而是可以利用移动互联网随时随地进行参加培训。

由于移动互联网的一个最大优势就是移动应用软件的大量开发及使用,企业人力资源管理部门可以根据企业自身实际情况开发符合自身企业战略与企业文化需要的培训移动应用软件,让员工可以通过使用软件获得企业和岗位所要求掌握的技能及知识。

建立移动人力资源共享型数据库。通过移动互联网技术构建移动人力资源共享型数据库是一种新的人力资源管理创新。移动人力资源共享型数据库的表现形式为一种移动应用软件,通过设计和运用移动人力资源系统软件,把企业人力资源管理的各种各样的信息和数据建立一个移动数据库。该软件可以安装在任何移动设备,主要以智能化手机或平板电脑为载体。数据库的数据结构由两部分构成:一是内部数据库,即企业现有人力资源管理的所有信息,包括所有聘用人员的个人基本情况、年度考核情况等;二是外部数据库,即外部有意向到本企业求职者的求职基本情况,也就是后备人才储备库。

(二) 人力资源服务中的"云技术"应用

曾经的工业时代,企业管理被归纳为"人、财、物,产、供、销",人力资源管理当仁不让地排在企业管理的第一位。而如今,人力资源管理早已失去了昔日的荣光,行使着忙碌琐碎但毫无技术含量的服务员式工作。即便是几个勤奋的 HR 们绞尽脑汁创造几个新概念,也还是难以成为企业管理的重心。人力资源管理,需要新的突破。

云时代的到来,又给予了人力资源管理发展的一个难得机遇。所谓的云,是指云计算,是一种基于大数据、互联网和移动互联综合技术的计算方式,通过这种方式,多台终端共享的软硬件资源和信息可以按需求提供给其他计算机和其他设备。云计算的核心是共享技术和信息,集合各种优质资源,处理大量有价值的数据,满足生产、生活和管理的需要。

云计算意味着一切计算任务都可以交给由大规模服务器组成的"云"来处理,用户终端可以是笔记本电脑、台式机、手机等各种设备,甚至简单到只需要提供一个浏览器,就可以在任何设备上做任何事情。对企业而言,云计算既是前沿技术,更是管理方式,以 IBM、SAP、ORACLE 为首的中外网络公司和管理咨询公司,已经开始携手企业,推广云系统,金蝶、用友等传统管理软件提供商,已经开发出基于云计算的管理软件。企业管理领域的云计算,方兴未艾。

1. 云技术与人力资源服务的融合途径

(1)沟通云

80 后、90 后已逐渐成为企业管理者和员工的主力,他们是天生的互联网一代,习惯以此作为沟通工具,建立于互联网体系之上的云管理沟通软件成了 HR 实现企业内部管理沟通最好的途径。"管理沟通云"也称为企业即时通讯工具。这类产品是一种针对企业办公人员的网络沟通服务平台。企业使用者可以通过包括文字、语音、视频等渠道进行即时沟通,也可以通过电子公告、电子考勤等协同办公工具进行办公。

（2）招聘云

云招聘是通过云技术来管理企业招聘需求计划、职位发布与管理、候选人申请、候选人面试、测试、评价、聘用等一些招聘管理活动。云招聘能够实现人力资源部门、业务部门、第三方招聘服务提供商、求职者的实时在线协同,建立人力资源储备,完成应聘人员考核,提高招聘效率和降低招聘成本的目标。

（3）数据云

多数企业的人力资源管理数据散落各处,只有临时需要才会拿出来分析,更不用说辅助决策了。人力资源信息系统可以将各项数据上传到共享的数据库中,自定义数据分析的框架,从而达到数据反应—主动分析—系统可视化—辅助决策—预测等不同层面的 HR 数据分析能力。这样一方面消除了原来相互孤立的人力资源数据源的问题,数据的有效性与完整性可以得到有效的管理,并且可以展开系统性的结构化的人力资源数据分析,体现 HR 效率、效力和影响力三项层级的价值。

（4）协同云

云平台可以完成员工和雇主的协同。云技术下,员工可以访问人力资源管理数据库,获得个人的薪酬和福利信息,通过移动终端进行工作签到/签离,通知公司晚到,自己生成考勤表,方便了员工和雇主的联络,让企业随时掌握职员动态。有了云技术支持的企业人力资源管理系统,企业甚至可以实现在家办公。明天上海如果刮台风,没问题,上网打开浏览器,云会议系统可以让上千人在家里完成办公和内部协作。

（5）薪酬云

利用了互联网的即时同步和灵活性,通过为企业搭建人力资源薪酬技术平台,来提供薪酬福利一站式解决方案及云服务。"薪酬云"不仅可以灵活化薪酬与福利发放方法和方式,还能够与各地社保及个税政策快速融合和响应,帮助企业迅速了解本土企业的薪酬及社保处理机制,将复杂的薪酬管理工作化繁为简,将人力资源管理工作推向高效。

(6)绩效云

云绩效管理系统平台可以集成绩效管理目标设定、绩效考核流程、角色分工、量化计算等功能;云绩效平台还可以提供清晰的绩效管理表单,有效准确地传递考核指标信息,提高考核精准度和内部传递效率。云绩效管理平台设定考核周期和绩效指标完成的跟踪机制,可以定期提醒各级员工,保证绩效管理流程的高效执行,变反馈型考核为干预型考核。人工也可以这么做,但公司有大量员工,HR 或支线部门很有可能不能整齐划一地执行绩效管理政策。但是,云计算可以解决这个问题。

(7)知识云

知识管理在当今变得尤为重要,员工不断获得新知识和新技能是企业持续发展的核心竞争力,云知识系统成为首选利器。每个企业在运营中都积累了大量的知识、技能和解决方案,往往这些重要的资源都掌握在具体员工手中。如果善用云知识系统,知识便可以保留和传承下去。

(8)学习云

从 E-learning 到 M-learning,到公众学习平台以及 MOOC(Massive Open Online Courses),云学习的概念和形式多种多样,核心是在云计算环境中建立云知识、云任务、云资源、云组件、云网站和学习者认知结构等关键模型。云学习的特点包括随时随地、即需即学,以知识为核心,以互动探究为资源特色等。

2.成功实施人力资源云系统的必要条件

(1)改变思维

首先对总经理思维进行"改造"。企业总经理要对董事会负责,而负责的内容,一定是业绩,是利润。同时,总经理接受新技术的精力有限,大多只是停留在使用电脑来处理文档、上传文件、上网查询资料等阶段,还没有系统地使用信息技术来管理资源、优化流程的思想。传统的 ERP 等人力资源信息化软件,将各管理模块分割开来,难以形成系统,而云技术则可以使管理更加智能,完全可以将各模块业务完成情况通过数据分析以绩效的形式体现出来。总经理可以通过新系统直观地了解到各业务的推行情况,并可以迅速地进行干预,而干预的平台就是人力资源管理系统。

其次是对部门经理的思维改造。云的意义除了消除信息孤岛、保证数据源的准确、提供实时的信息与报告、帮助人力资源部门的管理实现自动化以外,最大的价值当属实现了对部门经理的思维再造。部门经理是人力资源管理的难点,一位职员通过自身努力,成绩卓著被提拔成为主管或经理人员以后,最大的变化是从"做事"变为"带领大家一起做事"。这些部门经理突出的特点就是业务能力强、组织能力弱,懂技术、轻管理,他们往往陶醉于部门内的自我管理,对人力资源管理冷漠甚至不屑一顾。而云技术恰恰迎合了这些"技术控""业绩控"的心理,使得他们更加愿意利用新的形式完成人力资源管理指令。

利用云的"黏性"功能,完成对经理的思维改造,就使人力资源管理真正完全融合到业务工作之中,人力资源管理就实现了从"保姆""服务员"的角色中彻底解放出来,更多地参与到业务的战略制定、加强对业务工作支持、实现对业务工作的监督、完成对业务工作的科学考核。

(2)企业流程再造

流程再造的概念由 Michael Hammer 和 Jame Champy 在 20 世纪 90 年代提出,但还没来得及在中国有效推行开来,就因为成功率低而饱受争议。究其原因,Hammer 总结说"我不够聪明,我是工科背景,并没有考虑很多人的因素。我明白人的因素很关键"。

今天,流程再造被云技术赋予新的概念,基于云技术的企业流程再造方兴未艾,它解决了前期流程再造过程中"重技术、轻管理、过分割裂、缺少沟通"的弊端,融入了人力资源管理的概念。

人力资源管理主导流程再造出现两个契机。其一是割裂的业务模块可以在云技术下高度融合,这使得流程再造的人力资源业务伙伴(BPM&HRBP)模式开始盛行,人力资源管理下沉到业务层面,直接参与对业务的支持,这让他们拥有足够的信息。而对于分工、激励和考核,人力资源管理又是最擅长的,这足以驾驭业务部门。同时,业务部门虽然直接产生业务的数据流,但他们却根本无法直接处理这些数据流,更无法有效分析这些数据流和其他部门数据流的关系,他们也需要 HRBP 身后的人力资源管理平台。其二是业务流程在融合的同时,更加清晰,即在重组之后又形成了一轮细分趋势。清晰化的意义在于,各流程环节之间可以独立运行,并行不悖,但这就需要有一个包括业务之间的沟通规则(上一个环节要向下一个环节交付何种标准的产品、进行何种业务对接),沟通规则即是知识,企业的知识管理职能又大多放在人力资源部。

(三) SaaS——软件即服务在人力资源服务中的应用

1. SaaS 概述

SaaS 是 Software-as-a-Service(软件即服务)的简称,随着互联网技术的发展和应用软件的成熟,在 21 世纪开始兴起的一种完全创新的软件应用模式。它与"on-demand software"(按需软件),the application service provider(ASP,应用服务提供商),hosted software(托管软件)所具有相似的含义。它是一种通过 Internet 提供软件的模式,厂商将应用软件统一部署在自己的服务器上,客户可以根据自己实际需求,通过互联网向厂商定购所需的应用软件服务,按定购的服务多少和时间长短向厂商支付费用,并通过互联网获得厂商提供的服务。用户不用再购买软件,而改用向提供商租用基于 Web 的软件,来管理企业经营活动,且无需对软件进行维护,服务提供商会全权管理和维护软件,软件厂商在向客户提供互联网应用的同时,也提供软件的离线操作和本地数据存储,让用户随时随地都可以使用其定购的软件和服务。对于许多小型企业来说,SaaS 是采用先进技术的最好途径,它消除了企业购买、构建和维护基础设施和应用程序的需要。

SaaS 应用软件的价格通常为"全包"费用,囊括了通常的应用软件许可证费、软件维护费以及技术支持费,将其统一为每个用户的月度租用费。对于广大中小型企业来说,SaaS 是采用先进技术实施信息化的最好途径。但 SaaS 绝不仅仅适用于中小型企业,所有规模的企业都可以从 SaaS 中获利。

2. SaaS 技术在人力资源领域的应用

随着互联网技术的发展和应用软件的进一步成熟,软件即服务(SaaS)这种软件应用模式得到学术界和工业界的更多关注。SaaS 由于其投入低、应用灵活、易于实施和管理等特点,正对中小企业的信息化产生深远影响。

与传统的应用软件相比,SaaS 应用的最大特点是,它部署在软件供应商或第三方的数据中心服务器上,客户只需要通过因特网即可访问到该应用,并按需使用,按需付费。从客户角度看,他们只需根据自身的需求定购有用的软件功能,而无需关注软件安装部署和维护升级等问题。由于无需一次性支付购买软硬件,降低了企业信息化的门槛与风险。从软件供应商的角度看,他们可以充分利用规模效应,达到软件的最大利用率。同时,也避免频繁地到客户现场实施和维护,使得软件产品支持的成本大幅度降低。

SaaS 应用通常具备多租户、可配置性、可扩展性三个属性。通过支持多租户,软件服务提供商可以利用规模效应获得更多的利润。可配置性,也称为可定制性,满足了不同租户对应用功能和质量的不同要求。可扩展性使得 SaaS 应用在任务量或工作量增加时,能够用一个优雅的方式来应对,而且达到很好的效果。

目前,SaaS 技术已在管理信息系统中开始应用,但在人力资源服务领域的应用还不多见。最有名的是美国 SuccessFactors 公司,它是全球领先的员工绩效和人才管理解决方案供应商。它为不同行业和规模的公司提供整套价格经济、可按需选用的绩效与人才管理套件,涵盖了从招聘到绩效考核、从薪酬制定到确定继任者等所有工作的方方面面。

SuccessFactors 拥有世界上最大最复杂的 SaaS 平台,为超过 800 万的用户提供服务。其平台在多租户数据库结构、对象模型、分层数据算法、Web2.0 平台无关性技术等技术方面具有其鲜明的特色。但 SuccessFactors 的 HR 平台是针对一般企业的人力资源管理,不是针对人力资源外包管理。在人力资源外包服务领域目前尚未见到 SaaS 的相关工作报道。

第二部分
专题报告篇

第一章　人力资源服务业各省市
重视度与发展度评价

【内容摘要】

本章通过各部分使用词频分析等研究方法,来阐述人力资源服务业在我国各省市的发展情况及各省市政府对人力资源服务业发展的重视度。

在第一部分,首先通过对新浪微博中人力资源服务业的相关用户做词频分析,探究人力资源服务业在微博这个新兴的网络环境中的网民关注度及发展情况。接着则将研究环境换到微信,针对人力资源服务业的微信公众号进行分析。探讨人力资源服务业在微信环境下的发展模式。

在第二部分,通过对 2014 年各省市政府的工作报告文本进行分析,探究各省市政府对人力资源服务业发展的政策支持水平。

在第三部分,通过对各省市(除港澳台地区)的人力资源服务业相关政策法规法条进行整理分析,比较各省市在人力资源服务业政策制定方面的差异性,并且对相关政策法条进行梳理,总结归纳政策制定的基本情况及发展态势。

Chapter 1　Recognition Level and Development Evaluation of Human Resources Service Industry in Different Provinces and Cities

【Abstract】

This chapter elaborates the actual development of the HR service industry in different provinces and municipals in China as well as the different recognition levels paid by various provincial and municipal governments on the development of the HR service industry through such research methods as word frequency analysis.

This chapter starts with an analysis of the word frequency of Sina Weibo users related with the HR service industry with an aim to exploring the levels of recognition Internet users have paid to the HR service industry in microblog (an emerging network environment). Then it switches the research environment from Weibo to WeChat and makes an investigation into the public WeChat accounts concerning the HR service industry to explore the development patterns of the HR service industry in WeChat environment.

In the second section of this chapter, government work reports of various provinces and cities in 2014 are analyzed to examine the levels of policy support each province and city provides to the development of the HR service industry.

In the third section, focuses on outlining and analyzing the laws, regulations and policies concerning the HR service industry in various provinces and cities(excluding Hong Kong, Macao and Taiwan) to examine the differences in policy formulation in various provinces and cities for the HR service industry.This chapter also teases out and outlines the related laws, regulations and policies and briefly addresses some background information and the development trend of relevant policy formulations.

一、各地民众关注度

由于对各地民众进行抽样调查,在抽样方面具有一定的难度。故在此部分,通过对网民关注度的调查在一定程度上反映各地民众的关注度。此外,通过大数据分析方法对微博、微信这两款社交软件通道进行人力资源服务业关注度分析。

（一）微博分析

新浪微博在 2015 年 8 月 19 日发布的 2015 年第二季度财报中显示，2015 年 6 月微博月活跃用户数（MAU）为 2.12 亿，同比增长 36%。在 2014 年同期，微博月活跃用户数（MAU）为 1.565 亿，较前年同期增长 30%。2014 年 6 月的日活跃用户数（DAU）为 6970 万，较上年同期增长 32%。因此，微博还是目前互联网上较为广泛的社交工具之一。大部分网民都会在微博上讨论社会上的热点问题。故本部分在微博环境下进行研究，探究各地网民对人力资源服务业的关注度。

本部分采用大数据分析方法来分析人力资源服务业在网络上的发展情况。通过使用软件 sati 对新浪微博的关键词词频进行分析，以此研究人力资源服务业在微博中的关注度，关键词选定的是"人力资源服务"。

如表 2-1-1，通过新浪微博的用户高级搜索界面，搜索到了标签中有人力资源服务的 162 个微博机构认证用户（占总相关用户数量的 40%），微博个人认证用户 23 个。此外，如果包括微博的非认证用户，人力资源服务业相关用户则有 403 个。以下的数据分析就认证用户的信息进行。

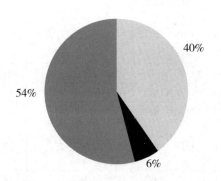

■ 微博机构认证用户　■ 微博个人认证用户　■ 微博非认证用户

图 2-1-1　微博相关用户组成比例

在 162 个微博认证机构用户中，粉丝数量较为突出的是智联招聘、百伯、徐州英才网、FESCOAdecco、加勒比 HR、EC 培训等官方微博。其中，微博粉丝关注数量达到一万的占认证用户的 6.2%。

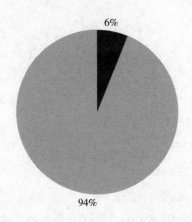

6%

94%

■ 粉丝上万微博用户　　■ 其他微博用户

图 2-1-2　微博认证用户成分图

表 2-1-1　微博机构认证用户

微博认证用户名	关注	粉丝	微博数量	微博认证用户名	关注	粉丝	微博数量
智联招聘	467	63 万	14547	百伯	681	6 万	3671
EC 培训网	610	4814	1782	徐州英才网	1173	2 万	33764
加勒比 HR	4	5411	230	FESCOAdecco	140	7836	10229
北京外航服务公司	26	1 万	851	河洛人才交流中心	1682	8705	9589
理才网	504	7 万	3032	重庆博乐人力资源	871	1 万	1048
中国四达官方微博	114	960	1187	中原 IT 人才网	402	2 万	1681
百伯 HR 联盟	192	1 万	1476	知晓人才	819	971	905
南昌智通人才网	721	1 万	2532	DDAFESCO	59	1 万	2124
江苏易泓企业管理有限公司	571	9370	460	1 加 1 人才资讯	164	2046	1496
工人招聘网	1845	6919	4437	深圳市友臣人力资源服务	11	58	789
维续 WishesChina	66	195	67	杜为尔 Dowell	1783	9352	2673
华德士中国	309	9587	3197	国泰龙腾集团	486	7579	418
我的工作网华西区	1979	6163	2107	互人森投资管理有限公司	150	5782	348
深圳市泰伦理信商务服务有限公司	389	5395	71	广东方胜人力资源服务有限公司	232	4576	2378
优职网	11	4611	1748	第一资源官方微博	776	4058	6186
江阴临港鼎园总公司	1494	3832	2717	博思猎头	715	3713	2308

续表

微博认证用户名	关注	粉丝	微博数量	微博认证用户名	关注	粉丝	微博数量
威琅人力	695	3150	884	中智凯灵	1024	2825	2145
康萨特猎头招聘	27	2882	617	智联招聘郑州分公司	362	2853	1675
好缘聚人力资源服务	96	2830	34	智联招聘石家庄分公司	430	2801	1758
选才招聘网	84	2715	39	温州人力资源网	70	2653	4131
卓礼猎头	1997	2651	1720	智联招聘沈阳分公司	125	2645	1212
上海修慧管理	206	2650	700	前程无忧青岛分公司	1436	2561	719
温州三十八度人力资源有限公司	393	2307	222	伍亿人才招聘网	130	2292	4145
化工英才网	582	2171	1814	拓能人力资源	80	2025	95
创新人力资源开发中心	1829	1982	1152	新人力网	906	1677	3522
FESCOAdecco深圳	184	1550	2850	漳州市锐捷人力资源有限公司	1654	1550	389
天津天保人力资源	116	1547	1516	武汉前程无忧	308	1536	915
融通才智管理咨询	194	1518	119	中国人才热线官方微博	193	1483	1784
中国专业人才网	1464	1423	553	百伯网页搜索	207	1426	118
中国广西人才市场	49	1389	198	新手党	193	1360	307
求贤人才	667	1330	2151	锐博人力	224	1215	1647
前程无忧西安分公司	183	1291	2320	FESCO福建	112	1267	88
百硕人力资源新乡服务中心	416	1147	1212	利物浦咨询	936	1069	948
蓝拓人力官方微博	797	991	4189	玛丽黛佳HR	471	942	358
珠海蓝龙	143	875	1948	中国海峡晋江人才市场	192	814	605
北京外企人力资源服务苏州公司	106	824	1130	金柚网	667	685	947
金猎猎头公司	373	716	1697	施瑞德人才	531	629	1971
启明培训	217	674	1858	昊天人力	66	741	2652
大易科技	187	443	820	道生智	1199	653	281
根之源人力资源服务	89	624	556	忠远职业培训	206	559	468

续表

微博认证用户名	关注	粉丝	微博数量	微博认证用户名	关注	粉丝	微博数量
金和物联	165	592	464	上海鼎蓝企业咨询有限公司	394	595	1600
领天英才企业顾问	116	587	157	安徽东方英才	634	381	2550
四川道远人力	406	491	432	上海人才服务行业协会	55	490	53
东莞市红海企业管理顾问有限公司	1105	356	439	威特猎才	596	320	197
FESCO 江苏公司	76	333	782	宁波人力资源服务行业协会	213	329	145
沈阳华夏外企服务有限公司	1227	324	135	成都市手拉手劳务服务有限公司	1431	320	318
北京朗新软件	109	245	406	广州博贤人力资源有限公司	505	281	225
杭州路基企业管理咨询	93	195	255	江苏蓝创远程智控	95	178	671
陕西甲乙人力	109	239	13	才汇人力资源	164	248	190
非凡远大集团	146	235	367	唐柏咨询	150	244	138
山东亿找人才网	534	235	317	青岛思达公共服务中心	168	233	223
珠海英士企业管理服务有限公司	52	198	565	君航人力资源	314	188	194
FESCO 安徽	70	183	542	郑州市百硕职业培训学校	98	183	943
宁波弘途人力资源	242	172	192	浙江省对外服务公司招聘微博	262	170	131
成都人立方	147	139	626	阜阳易才人力资源	80	155	408
江苏外事服务中心盐城分部	1719	160	31	南海区红海瀚洋人力资源有限公司	202	161	180
波奇网招聘	80	157	97	广州市友谊对外服务有限公司	28	146	110
金金策划	254	146	85	瑞博人力资源	78	143	853
泰安亿找人才网	439	143	235	沈阳仁杰人力资源服务有限公司	128	127	306
FESCO 湖北	67	110	147	华信人力资源服务公司	35	127	77
猎英人力资源	169	112	1012	上海易微	229	121	222

续表

微博认证用户名	关注	粉丝	微博数量	微博认证用户名	关注	粉丝	微博数量
顾诚企业管理咨询	112	119	71	中芮 HR	771	120	89
唯聘	56	57	32	人事佬	54	23	7
长沙市传承人力资源服务有限公司	336	103	88	德人都猎头	119	102	52
中联人力资源市场	181	88	86	诚通人力__猎头专区	83	94	42
威海亿找人才网	201	91	11	力德辉誉 HR	144	90	56
CareerBeing 卡碧恩	53	89	53	上海力兴人力资源服务有限公司	68	80	136
北京外企人力资源服务云南公司	43	82	22	开渠 Capture	76	72	199
东营亿找人才网	129	76	12	济南亿找人才网	181	76	11
东宝软件	31	74	15	东莞市柏宇企业管理咨询有限公司	78	65	8
西安德蓝特人力资源有限公司	37	65	44	胜源泉企业管理咨询	47	71	78
西安闻达人力资源有限公司	181	44	9	惠州市骏宏企业管理咨询有限公司	62	65	127
北京诚通聚才人力资源股份公司	34	64	174	迪锐普猎头	112	54	18
森冠咨询	132	51	354	河北利至人力资源服务有限公司	68	45	94
职空间诚聘英才	77	40	9	斯罗企业培训咨询	31	37	1
众浩 Printhr	109	34	16	三人行管理咨询公司	7	31	21
聚为咨询	55	27	3	国人投资公司	27	25	36
豫瀛人才	42	27	37	上海纳隽企业管理咨询有限公司	55	22	11
安平集团	5	16	17	郑州旭才企业管理咨询有限公司	67	16	20
星鸽人力资源	3	9	3	石家庄鼎力劳务派遣有限公司	3	10	5
卓鹰	94	6	4	TalentQuest 弘萃人事顾问	4	4	5

数据来源:微博用户搜索,搜索时间截至 2015 年 10 月 17 日。

　　图 2-1-3 根据 162 个微博认证用户的基本信息,通过 Sati 软件进行词频分析。词汇能够在 Sati 分析的分布图中显示,这说明这些词汇较其他词汇出现的频率更加显著。在图 2-1-3 中可以看出,出现较为频繁的地区有:北京、深圳、长沙、上海、宁波。从这一点说明,这些认证的新浪微博用户大部分都来自这些地区。从新浪微博用户注册地区的分布可以说明,在比例上,这些地区的人力资源服务业的相关活动较其他地区来得发达。

　　同时,可以注意到北京、上海、深圳、宁波等地作为经济较为发达地区,人口流动性较大且人力资源需求也比较大。这也反向证明了北京、上海、深圳、宁波等地人力资源服务机构数量上占优势的原因。

　　与 2014 年相比,人力资源服务业在微博环境中的总体发展情况不佳。不仅在微博用户数量上有所下降,关注过万的微博用户也在减少。并且仍存在一些问题:人力资源服务业相关微博用户的表现大部分都停留在人力资源服务公司的信息发布上,在微博的功能和内容方面较为单一,互动性较差。所以,人力资源服务业还需要结合自身行业的特点,寻求一种适合于本行业的线上线下的互动方式。

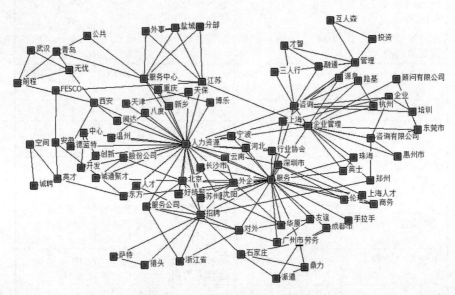

图 2-1-3　微博用户内容分析图

数据来源:新浪微博用户搜索,搜索时间截至 2015 年 8 月 15 日。

（二）微信分析

2015 年 6 月中旬,腾讯公布了 2015 年业绩报告。截至 2015 年第一季度末,微信每月活跃用户已达到 5.49 亿,用户覆盖 200 多个国家、超过 20 种语言。此外,各品牌的微信公众账号总数已经超过 800 万个,移动应用对接数量超过 85000 个,微信支付用户则达到了 4 亿左右。

微信公众号方面,29.1%的用户关注了自媒体,25.4%的用户关注了认证媒体,20.7%的用户没有关注任何公众号,18.9%的用户关注了企业商家,而 5.9%的用户则关注了营销推广类账号。可以说,公众号是微信的主要服务之一,近 80%用户关注微信公众号。企业和媒体的公众账号是用户主要关注的对象,比例高达 73.4%。

此部分在微信环境下进行研究,通过对微信公众号进行分析,探究人力资源服务业在微信环境中的发展情况。使用"人力资源服务"关键词,通过微信查找公众号的功能,搜索到以下公众号信息。

据本次不完全统计,已认证的人力资源服务相关微信公众号数量已经达到 368 个(见表 2-1-2),较 2014 年同期的统计数量,增长 13 倍。其中,表 2-1-2 部分微信认证用户表不同于 2014 年的调查结果,人力资源服务业在微信环境中的发展态势优于新浪微博的发展。笔者认为,这是因为微信作为目前最为普遍的通讯软件,不论在用户数量及活跃度上都优于新浪微博,使得不仅仅是个人用户,甚至一些公司及企业用户都将线上服务搬至微信平台。但就微信软件本身的缺陷而言,不能有微博与网民的极强的互动性。人力资源服务业的微信公众号的运作则只能局限于信息的发布方面,功能相对单一。

表 2-1-2　部分微信认证用户

HR 服务	人力资源服务	上汽通用五菱 HR 服务平台	猎聘人力资源服务小助手
北京人力资源服务行业协会	FESCO 服务	FESCO 官方	密云县人力资源市场
双高志信人力资源	三人行 HR 服务联盟	精灵时创人力资源服务平台	新智天和人力资源服务平台
骑域国际人力资源行政服务平台	德勤嘉晟人力资源外包服务	万云网人力资源云服务	互助锦绣前程人力资源服务有限公司

HRA 北京中外企业人力资源协会	HR 帮人力资源俱乐部	FESCOHRC	人力资源线上服务店
人力资源公开课	二六三人力资源共享服务中心	阳光保险客服中心 HR 微服务	博识乐业人力资源
中保太和人力资源	北京金融街人力资源协会	东方慧博	亚信 HR 共享服务中心
首安人力资源	人力资源	亦庄国际人力资源	人力资源
找座儿	博易人力资源	人力资源 HR 培训	华美人生人力资源有限公司
环球人力资源智库	JSmart 人力资源咨询	人力资源杂志	阳光海天人力资源部
彩生活人力资源中心	尚格人力	人力资源法律库	业务外包管理系统
中国人力资源开发研究会	顺天府学人力资源部	人力资源智享会 HREC	世纪鸿源人力资源部
勃林格殷格翰人力资源	合拍人力资源中心	人力资源市场观察	安拓国际
聚旗人力资源	汇仁局人力资源	中国人力资源经理	优仕汇人力资源
企业人力资源绩效薪酬管理咨询	万古人力服务	博尔捷人力资源	北京市金慧佳人力资源有限公司
慧恩人力资源	创合人力资源	万宝盛华人力资源(中国)有限公司	亲合人力资源
金前程人力资源	职业发展那些事儿	赛睿人力资源	海淀区教委人力资源管理系统
中智人力资源	幸福时代微服务	人力资源微课	安泰人力
大和人力资源	慧博之家	汇聚人力资源集团	劳动法管家
快乐保人力资源	众杰人力资源	首都基础教育优秀人才互动平台	邦芒人力资源
北京瑞枫世纪人力资源	人力资源技术研究	人力资源圈	注册人力资源测评师
诺合人力资源	尚和人力资源	望达人力资源	汇众联合人力资源
用友医疗人力资源	西芙人力资源	中南人力资源集团	博诚睿智人力资源
三峡晚报全程人力资源市场	北岳猎头	蓝酷人力资源外包	中博立达
易捷人力资源	德翊人力资源	专业房地产人力服务商	中汇人力资源
顺泰文	北京红海	北汽银翔人力资源部	首邦人力

续表

外企德科企业号	北京经济技术开发区海外学人中心	智慧人力	琪琪招聘
HRBar 人力资源学院	大贺人力资源	包头人力资源服务	北汽集团人力资源管理部
三茅人力资源网	曼伯尔人力资源	儒思 HR 人力资源大舞台	蓝爵人力资源有限公司
人力资源管理	亦庄人力资源	嘉诚人力资源服务平台	华工科技人力资源部
环球网校人力资源师	独山子区人力资源服务中心	湖南华顺人力资源服务管理有限公司	华铁传媒人力资源部
燕郊高新区人力资源市场	人人贷人力资源部	四达时代人力资源	传神人力资源
平安产险深圳 HR 服务平台	58 同城人力资源部	无锡人力资源服务产业园	尚层装饰人力资源
微 HR-人力资源	拓德锐思人力资源咨询培训	广发银行北京分行人力资源部	北尚人力资源部
浙江人力资源服务协会	桌达集团人力资源	成都人力资源服务行业协会	宁波人力资源服务产业园区
塔城市人力资源服务中心	创维集团人力资源部	珠海学子锦程人力资源服务有限公司	国际人力资源服务平台
烟台人力资源服务专家	晓庆人力资源服务	中国人力资源联盟	保定市北市区人力资源服务中心
人人力资源工作网	水木知行人力资源	拓德锐思 HR 人力资源学习平台	泰伦理信人力资源服务
贵阳筑诚人力资源服务有限公司	中山人力资源服务平台	甘肃人力资源服务股份有限公司	FESCOAdeccoEB
创意人力资源服务	奥克斯集团人力资源部	山东烟台人力资源服务产业园	易观亚太人力资源
中国人力资源开发杂志	合肥睿棋人力资源服务有限公司	雅高人力资源社交网络	立思辰人力资源
互联网人力资源联盟	人力资源分享	山西行行行人力资源服务有限公司	启德留学人力资源
温州聚鼎人力资源服务平台	富力地产北京人力资源部	道尔麦	禾日星辰人力资源服务
惠人贷人力资源部	吴中城区人力资源服务产业园	中国人力资源开发研究会 CPM	佑肯人力资源服务
龙华新区人力资源服务协会	HR369 人力资源网	中国人力资源经理 CHRM	上海外服重庆

河南博信人力资源服务有限公司	金科物业集团人力资源	科瑞尔人力资源服务外包集团	HR 人力资源管理
爱悦聘人力资源服务平台	互助三农信息服务	长沙雅美人力资源服务	北京华联集团人力资源平台
观海卫人才网	BJCH 人力资源部	体育总局人力资源开发中心	广州蓝拓人力资源服务有限公司
世贸股份人力资源	SHRCA 苏州人力资源服务	壹加贰人力资源法律风险管理知识库	郑州亮杰人力资源服务有限公司
泰索斯人力资源	沈阳睿策人力资源服务	淄博励赞人力资源服务有限公司	企业德科测评与评鉴中心
佩琪引领 HR 云平台和一站式 HR 服务	遂宁市宇顺人力资源服务有限公司	50 专场	福州众能人力资源服务有限公司
人力资源管理	浙江人力资源服务博览会	中建钢构有限公司人力资源部	蔚县融盛人力资源服务有限责任公司
河南申详人力资源服务有限公司	优拓人力资源服务有限公司	河南永强人力资源服务有限公司	卫宁软件人力资源部
河北省人力资源服务行业	中建电子人力资源	福建盈方人力资源服务有限公司	平安产险东莞 HR 服务平台
广州人力资源服务	富士施乐人力资源部	合易人力资源管理咨询	HR 服务平台
华创科技人力资源	合众创金人力资源	扬享股份人力资源中心	上海佩琪一站式人力资源服务
万亨人力资源服务中心	青岛新民人力资源服务有限公司	天津科技大学人力资源服务平台	证大财富人力资源
北海出口加工区人力资源服务平台	中南人力资源大学生求职	环球国广人力资源部	中南人力资源普工求职
二三四五人力资源中心	广州隆信人力资源服务有限公司	中建三局东方装饰南京人力资源部	保定市统帮人力资源服务有限公司
沈阳赛嘉人力资源服务有限公司	朔州市同兴人力资源服务有限公司	长春启讯人力资源服务有限公司	环球人力资源社区
中智人力资源咨询	东土科技人力资源中心	绿地一部人力资源	成教协会人力资源教育专委会
中南人力资源文职技工求职	广州天仑人力资源服务有限公司	河南亚欧人力资源服务有限公司	上海劳林人力资源服务有限公司
天真忧人力资源服务	优势人力资源	智邦明睿人力资源	永康市人力资源服务协会
融服人力资源服务	人力资源分享汇	江西鼎盛人力资源服务有限公司	人力资源考试 HR 培训公司

续表

常熟高新人力资源服务	桌派人力资源	新希望六和人力资源部	湖北瓦力人力资源服务有限公司
天明人力资源	励展人力资源部	君睿人力资源服务	HR 人力资源
新疆领航人力资源服务中心	哈尔滨君昂人力资源服务有限公司	天津沃德兄弟人力资源服务有限公司	湘北人力资源服务集团
金品格人力资源服务	北农饲料动保产业人力资源部	江苏宿迁人力资源服务产业园	华胜天成集团人力资源中心
金结点人力资源	河南振晖人力资源有限公司	宏天人力资源服务	珠海奥迪人力资源服务中心
郴州红海人力资源服务有限公司	宏运通人力资源	悦聘人力资源服务平台	邢台汇宇人力资源服务有限公司
信和人力资源服务平台	无真忧人力资源服务与培训	珠海佳诺人力资源服务有限公司	榆林墅鑫人力资源服务
河南汇丰人力资源服务有限公司	KINVO 人力资源中心	福州拜尔人力资源服务有限公司	文森特人力资源服务平台
汇鑫人力资源服务	砚山县兴中人力资源服务中心	吴忠市世恒人力资源服务有限公司	南京千里马人力资源服务有限公司
武汉元亨利贞人力资源服务有限公司	山西卡伦人力资源服务有限公司	河北国富人力资源服务有限公司	河南信合人力资源服务有限公司
浙江省商务人力资源交流服务中心	阿巴嘎旗人力资源信息服务	邯郸市人力资源开发服务中心	北京通达人力集团
联发深圳 HR 微服务	邦成	中保太和	搜才集团
北京劳务网	北京人才招聘会	暴动人力资源信息服务中心	北京人才工作
人力资源赛思服务中心	柏卓猎头	e 招聘	尚伯 HR
远航人力	楚才回家	三杰圣一	矿冶英才网
凤凰县人力资源管理服务中心	金融猎聘	人人乐人力资源中心	江西天下人力资源管理服务有限公司
5Dshebao 服务平台	东软云科技人力资源	融智招聘	顺义人力资源市场
宏华集团人力资源中心	上海苏河湾人力资源外包服务平台	职易宝	京西 HR
华仁人力资源	中天六建人力资源部	义管家	泰可机构

续表

北京立人人才集团	泰豪人力资源	宜昌交运集团 HR 微服务	卓凡人力资源生活便利服务
淄博人力资源与就业服务	延庆人力社保局	北斗星招聘	远大物产集团人力资源管理中心
大汉集团人力资源中心	乐购中国人力资源	HRA	304 人力资源
敏睿招聘	卫人派遣	万行医疗卫生人才网	中企人力
锐仕方达猎头	职来职往 HR	中智薪酬	无忧才智猎头公司
中智咨询	高盛猎头	猎头招聘服务	名企招聘
跳槽网	劳务派遣网	琼州人才网	西夏人才网
闽江人才网	山城人才网	北国人才网	赣江人才网
西海人才网	Timer 时刻计咨询公司	贵黔人才网	拓能人力
蓝海格瑞 HR	百得 HR	山西省人力资源市场	DHR 东浩人力资源

数据来源:微信公众号搜索,搜索时间截至 2015 年 10 月 17 日。

二、各地官方关注度

通过对各省政府工作报告内容、文件与领导人重要讲话进行分析,查找与现代服务业相关的政策内容。从政府文件内容分析中反映各地官方关注度。

(一) 政府文件分析

本部分首先通过对各省市(除港澳台地区)2015 年发布的政府工作报告进行文本分析,探究省级政府对现代服务业关注度,以及对该行业的规划程度。

在分析了全国各省市(除港澳台地区)当年的政府工作报告发现,大部分省市的工作报告中,都在以本省的经济条件为基础,不断调整自身的经济产业结构。在规划第三产业时,都以转变经济发展方式为目的,对现代服务业进行了整体的规划,且强调了发展现代服务业作为提升第三产业比例的具体重要途径。

促进人力资源服务业发展作为一项综合性的工作,涉及面相对较广。在推进人力资源服务业发展的同时,首先要加强人力资源服务业发展的组织领导,建立健全促进人力资源服务业发展的工作机制,协同配合,形成合力。其次要探索建立由政府分管领导牵头的工作协调机制,进一步加强人力资源服务业的统筹规划,及时研究解决人力资源服务业发展中的重大问题。最后要研究制定本地区推进人力资源服务业发展配套政策,将人力资源服务业发展纳入本地区服务业和人才工作综合考核评价体系,确保促进人力资源服务业发展的各项举措落到实处。

但在各省市的政府工作报告中,对人力资源服务业没有进行单独的具体规划,只是将其纳入现代服务业统一规划。此外,与上一年度不同的是,各省市的工作报告中对于人力资源总体规划的力度明显下降。

表 2-1-3 2015 年发布的部分省市政府工作报告内容

省份	政府工作报告内容
北京	1.深入推进结构调整和功能疏解,……战略性新兴产业对规模以上工业增长的贡献率、高端服务业对地区生产总值增长的贡献率均达到六成左右。 2.扩大服务业开放,大力发展服务外包,推动服务贸易健康发展…… 3.制定实施促进生产性服务业发展的意见,……中关村现代服务业试点,发展互联网金融、大数据金融,提升信息服务业、科技服务业发展水平。
天津	1.招商引资成效明显。……紧紧抓住京津冀协同发展战略机遇,积极对接首都优质资源,开展高端服务业项目合作,组织策划主题招商活动。 2.……服务外包、电子商务、中介服务等新兴服务业快速发展。 3.2015 年全区经济社会发展的主要预期目标是……地区服务业增加值的比重保持 90%; ……
上海	……深入推进浦东综合配套改革试点。全力推动自贸试验区改革成果向浦东新区辐射推广,实行服务业和先进制造业扩大开放措施,建立健全事中事后监管制度。
河北	1.质量效益稳步提高。产业结构发生积极变化,服务业对经济增长的贡献率首次超过 50%。全省一般公共预算收入 2446.6 亿元、同比增长 9.2%。城镇化率达到 49.3%。 2.服务业增长势头显著。加强顶层设计,强化政策扶持,电子商务、金融保险、现代物流、文化创意和健康养老、社区服务等服务业发展加快。 3.推动经济结构大调整。有保有压、进退并举,以壮士断腕的决心坚决化解过剩产能,大力发展新兴产业和现代服务业,六大高耗能行业比重持续下降,现代服务业、高新技术产业增速明显提高。 4.坚定不移调整经济结构。切实把转方式调结构作为经济发展的主任务,驰而不息抓下去。做大做强"三个一百"领军企业,积极发现培育新的增长点。像抓工业一样抓服务业,加快现代服务业发展。

省份	政府工作报告内容
河南	1.把发展服务业作为弥补短板和扩大消费的主攻方向,制定实施建设高成长服务业大省的若干意见,出台加快发展旅游、快递、流通、电子商务、健康服务、养老服务业等指导意见,新的消费热点和服务业增长点加快形成。 2.加快高端制造和现代服务业集聚,开工建设一批重大产业项目,基本建成全球重要的智能终端研制造基地。加快产城融合,推动现代化国际商都核心区建设取得突破。加快体制机制创新,提升管理水平,促进物流、投资、贸易、监管便利化。 3.设立基础设施、战略性新兴产业、现代服务业发展投资基金。吸引保险资金、社保基金投资基础设施和民生工程,参与我省发起设立的各类基金。 4.发展壮大服务业。坚持生产性服务业与生活性服务业并重,现代服务业与传统服务业并举,放宽准入,扩大开放,加快高成长服务业大省建设。
浙江	1.大力实施主体功能区战略,研究编制省域总体规划,推动先进制造业向产业集聚区和开发区集中、现代服务业向中心城市集中,加强生态功能区保护,促进全省人口和生产力优化布局。 2.大力发展高端制造业和现代服务业,加快产业转型升级。大力发展信息、环保、健康、旅游、时尚、金融、高端装备制造等七大产业。设立省产业转型升级发展基金,切实抓好七大产业发展规划的落实,各项要素重点向七大产业投资项目倾斜,加快形成以高端制造业和现代服务业为主体的产业结构。
广东	1.服务业增加值增长 8.2%,现代服务业增加值占比达 58.4%。 2.加大统筹发展力度,城乡区域发展协调性不断增强。珠三角地区优化发展取得新进展。珠三角现代服务业增加值占服务业比重、先进制造业增加值和高技术制造业增加值占规模以上工业比重分别达 61.8%、53.1%和 30.3%。 3.大力发展现代服务业。加快省级现代服务业集聚区建设,…… 4.加强引进外资与对外投资合作。深化涉外投资管理体制改革。依托重大平台和重点产业园区,加强对世界 500 强、高端制造业和现代服务业的精准招商,推动引资引技引智有机结合。
湖南	大力发展现代服务业。着力培育新兴业态,推动电子商务、文化创意、互联网金融等产业融合发展……
贵州	狠抓运行调度和企业服务,稳定经济增长。……服务业增加值增长 10.4%。
重庆	1.……金融和服务贸易等现代服务业增长快于一般服务业,产业结构更趋优化。 2.……引导都市功能核心区聚焦金融服务、国际商务、高端商贸、文化创意、都市旅游等现代服务业,深化国家服务业综合改革试点,加快建设现代服务业集聚区,着力打造长江上游金融中心和商贸中心。做大做强都市功能拓展区,加快布局高新技术产业和生产性服务业,着力打造全市科教中心、创新中心、物流中心、综合枢纽和对外开放门户。 3.大力发展现代服务业。围绕长江上游商贸物流中心和金融中心建设目标,坚持生产性与生活性服务业、传统和现代服务业并重,完善市场体系、增强集聚功能,推动服务业跨界发展、创新发展。

(二) 行业专项政策

根据目前的政策文件统计,在这一年度的人力资源服务业的规划中,以下政策文件是完全针对人力资源服务业发展规划的重要文件。

1.《人力资源社会保障部、国家发展和改革委员会、财政部关于加快发展人力资源服务业的意见》

2014 年 12 月 25 日,人力资源和社会保障部、国家发展改革委、财政部联合发布了《人力资源社会保障部、国家发展和改革委员会、财政部关于加快发展人力资源服务业的意见》,《意见》中高度肯定了人力资源服务业的重要性,对行业的发展作出了重要的部署。其中的重点任务包括:

(1)发展各类人力资源服务机构。坚持政府引导、市场运作、科学规划、合理布局,构建多层次、多元化的人力资源服务机构集群,增加人力资源服务供给。支持通过兼并、收购、重组、联盟、融资等方式,重点培育一批有核心产品、成长性好、竞争力强的人力资源服务企业集团,发挥大型人力资源服务机构的综合性服务功能。鼓励发展有市场、有特色、有潜力的中小型专业人力资源服务机构,积极发展小型微型人力资源服务企业。到 2020 年,培育形成 20 家左右在全国具有示范引领作用的龙头企业和行业领军企业。

(2)增强人力资源服务创新能力。实施人力资源服务能力提升计划,推进人力资源服务领域的管理创新、服务创新和产品创新。鼓励人力资源服务企业设立研发机构,加强人力资源服务理论、商业模式、关键技术等方面的研发和应用,丰富服务渠道和服务模式。加强人力资源服务业信息化建设,鼓励运用云计算和大数据等技术,推动人力资源服务业务应用和移动互联网的进一步结合。培育服务需求,鼓励用人单位通过人力资源服务企业引进高端急需紧缺人才和购买专业化的人力资源服务。引导人力资源服务企业打破"大而全"的格局,细化专业分工,向价值链高端延伸,重点鼓励人力资源外包、高级人才寻访、人才测评、人力资源管理咨询等新兴业态快速发展。

(3)培育人力资源服务品牌。鼓励企业注册和使用自主人力资源服务商标,开展自主品牌建设,形成一批知名企业和著名品牌。支持人力资源服务企业参选本地区服务业重点企业名录。建立人力资源服务机构分类和评估指标体系,组织开展人力资源服务水平等级认证工作。举办人力资源服务供需对接、服务产品推介等活动,搭建人力资源服务品牌推广平台。

(4)推进人力资源服务业集聚发展。加强人力资源服务产业园的统筹规划和政策引导,依托重大项目和龙头企业,培育创新发展、符合市场需求的人力资源服务产业园,形成人力资源公共服务枢纽型基地和产业创新发展平台。加强园区建设,完善和落实产业园扶持政策,加大招商力度,充分发挥园区培育、孵化、展示、交易功能,促进人力资源服务业集聚发展和产业链延伸,加强园区管理,制定完善园区管理办法。重点在全国范围内,建设一批有规模有影响,布局合理、功能完善的人力资源服务产业园。

(5)加强人力资源服务业人才队伍建设。加大人力资源服务业高层次人才的培养引进力度,将其纳入相关人才计划和人才引进项目,享受相关优惠政策。实施人力资源服务业领军人才培养计划,加强人力资源服务机构经营管理人员研修培训,依托著名高校、跨国公司,建立人力资源服务培训基地和实训基地,多层次、多渠道培养和引进人力资源服务业急需的高层次人才。开展人力资源服务业专业技术人员继续教育,纳入专业技术人才知识更新工程。完善人力资源服务业从业人员和相关服务领域的职业水平评价制度,加大职业培训力度,提高从业人员专业化、职业化水平,打造一支素质优良、结构合理的人力资源服务业人才队伍。

(6)加强人力资源服务业管理。依法实施人力资源服务行政许可,加强事中事后监管,将设立人力资源服务机构许可由工商登记前置审批改为后置审批,优化流程,提高效率。探索建立企业年度报告公示和经营异常名录等制度。深入推进人力资源服务机构诚信体系建设,健全诚信管理制度。加快人力资源服务标准化建设,建立健全包括基础术语、机构评价、服务规范、人员资质、服务技术在内的人力资源服务标准体系。鼓励各地和行业协会开展人力资源服务新业态标准的研究工作。建立人力资源市场信息共享和综合执法制度,充分利用信息跟踪、市场巡查、受理投诉举报等监管手段,加大监管力度。

(7)推进公共服务与经营性服务分离改革。深化人力资源市场体制改革,实现人力资源市场领域的管办分离、政企分开、事企分开、公共服务与经营性服务分离。推进政府所属公共就业和人才服务机构设立的人力资源服务企业脱钩,鼓励以委托经营、公司性改造、吸引社会资本等多种方式,推行产权制度改革,完善法人治理结构,真正成为自主经营实体,加快社会化、市场化改革步伐。对具有经营优势的,要注意保持服务品牌,鼓励其做大做强,发挥示范带动作用。

(8)夯实人力资源服务业发展基础。完善行业统计调查制度,逐步建立科学、统一、全面的人力资源服务业统计制度,建立覆盖各级的人力资源服务机构数据库,加强数据的分析与应用。定期发布人力资源服务业行业发展报告,引导行业发展。培育发展人力资源服务行业协会组织,充分发挥行业协会在行业代表、行业自律、行业协调等方面的功能。加强人力资源服务业的理论研究和宣传,扩大人力资源服务业的知名度、美誉度和社会影响力。

《意见》在政策方面的措施,主要包括:

(1)加大财政支持力度。研究通过中央财政服务业发展专项资金、国家服务业发展引导资金对人力资源服务业发展重点领域和薄弱环节给予支持。有条件的地方也应通过现有资金渠道加大人力资源服务业发展的支持力度,并探索采取政府股权投入、建立产业基金等市场化方式,切实提高资金使用效率。

(2)落实税收优惠政策。加快推进营业税改征增值税改革,消除人力资源服务中间环节的重复征税问题。人力资源服务企业的总、分机构不在同　县(市),但在同一省(区、市)范围内的,经省财政税务部门批准,可由机构汇总申报缴纳增值税。符合离岸服务外包业务免税条件的人力资源服务企业,提供离岸服务外包业务免征增值税。在国务院批准的21个中国服务外包示范城市内的人力资源服务企业,符合现行税收政策规定的技术先进型服务企业条件的,经认定后,可按规定享受税收优惠政策。

(3)拓宽投融资渠道。鼓励符合条件的人力资源服务企业进入资本市场融资,支持符合条件的人力资源服务企业上市或发行集合依托以及公司债、企业债、集合债、中小企业私募债等公司信用类债券融资。进一步放宽人力资源服务业的市场准入,鼓励各类社会资本以独资、合资、收购、参股、联营等多种形式,进入人力资源服务领域,提高人力资源服务领域的社会资本参与程度。

（4）完善政府购买人力资源公共服务政策。各地要从实际出发，逐步将适合社会力量承担的人力资源服务交给社会力量。要稳步推进政府向社会力量购买人力资源服务，研究将人力资源服务纳入政府购买服务的指导目录，明确政府购买人力资源服务种类、性质和内容，并在总结经验的基础上及时进行动态调整。通过竞争择优的方式选择承接政府购买人力资源服务的社会力量。确保具备条件的社会力量平等参与竞争。要建立健全政府向社会力量购买人力资源服务各项制度，切实提高财政资金使用效率，加强监督检查和科学评估。

（5）扩大对外开放与交流。加强国际交流合作，稳步推进人力资源市场对外开放，积极构建公平稳定、透明高效、监管有力、与国际接轨的人力资源服务业外商投资管理体制。深入推进与香港、澳门、台湾地区的人力资源服务合作。鼓励有条件的本土人力资源服务机构"走出去"，与国际知名人力资源服务机构开展合作，在境外设立分支机构，大力开拓国际市场，积极参与国际人才竞争与合作。

（6）健全法律法规体系。加快制定人力资源市场条例及配套规章，完善体现权利公平、机会公平、规则公平的人力资源市场法律法规体系。依法全面履行政府职能，着力打破人力资源市场中存在的地区封锁、市场分割等各种壁垒，纠正设置行政壁垒、分割市场、妨碍公平竞争的做法。鼓励各地按照建立统一规范灵活的人力资源市场要求，制定完善相关法规。建设专业化、职业化的高素质人力资源市场执法队伍，提升市场执法和监管水平。加大人力资源市场法律法规宣传力度，营造良好舆论氛围。

2.《国务院关于进一步做好新形势下就业创业工作的意见》

2015 年 5 月 1 日，国务院发布了《国务院关于进一步做好新形势下就业创业工作的意见》，《意见》以解决就业为目的，强调发展人力资源服务业。

（1）推进农村劳动力转移就业。结合新型城镇化建设和户籍制度改革，建立健全城乡劳动者平等就业制度，进一步清理针对农民工就业的歧视性规定。完善职业培训、就业服务、劳动维权"三位一体"的工作机制，加强农民工输出输入地劳务对接，特别是对劳动力资源较为丰富的老少边穷地区,充分发挥各类公共就业服务机构和人力资源服务机构作用,积极开展有组织的劳务输出,加强对转移就业农民工的跟踪服务,有针对性地帮助其解决实际困难,推进农村富余劳动力有序外出就业和就地就近转移就业。做好被征地农民就业工作,在制定征地补偿安置方案时,要明确促进被征地农民就业的具体措施。

(2)加强人力资源市场建设。加快建立统一规范灵活的人力资源市场,消除城乡、行业、身份、性别、残疾等影响平等就业的制度障碍和就业歧视,形成有利于公平就业的制度环境。健全统一的市场监管体系,推进人力资源市场诚信体系建设和标准化建设。加强对企业招聘行为、职业中介活动的规范,及时纠正招聘过程中的歧视、限制及欺诈等行为。建立国有企事业单位公开招聘制度,推动实现招聘信息公开、过程公开和结果公开。加快发展人力资源服务业,规范发展人事代理、人才推荐、人员培训、劳务派遣等人力资源服务,提升服务供给能力和水平。完善党政机关、企事业单位、社会各方面人才顺畅流动的制度体系。

3.《北京市人民政府关于加快发展人力资源服务业的意见》[①]

2014年10月15日,北京市人力社保局发布《北京市人民政府关于加快发展人力资源服务业的意见》,在产业引导、政策扶持和环境营造三个方面推出十余项措施,包括人力资源服务业发展将纳入北京市国民经济和社会发展规划;将建设中国北京人力资源服务产业园区,通过减免租金、贷款贴息等优惠政策,吸引各类人力资源服务机构进驻等。《意见》提出,京津冀三地建立二方协调机制,三地的人力资源协会、主管部门等将会签署相关合作协议。打通京津冀三地的人力资源市场,开拓京津冀及环渤海地区人力资源协同发展新空间。同时,下一步还将研究京津冀三地人力资源服务机构从业人员资格证书的互认。

此外,京津冀三地还将组织跨地区的招聘交流等活动。据了解,除了联手举办招聘会之外,届时三地线上招聘平台也有望实现互通,为求职者提供更充分的信息空间。

---

① 《京津冀将打通人力资源市场 北京将建HR服务产业园》,http://invest.haiwainet. cn/n/2014/1016/c232660-21221762.html。

三、各地政府重视度

　　使用"人力资源服务业"这个关键词,在各省(除港澳台地区)的政府门户网站中的政府信息公开目录进行法律规章的搜索,此外再通过网络搜索引擎的高级搜索功能,也以"人力资源服务业"为关键词,以各省市政府网站为目的地址,得出以下人力资源服务业相关政策法规的数据(由于部分省级门户网站在搜索后没有信息,此处用＊号代替)。

表 2-1-4　各省市人力资源服务业相关政策法规

	北京	天津	上海	重庆	河北	河南	云南	辽宁	黑龙江	湖南	安徽	山东	新疆	江苏	浙江	海南
政府信息公开目录搜索	5	4	7	1	15	3	＊	6	0	5	＊	2	＊	12	＊	2
搜索引擎	5	9	4	11	2	7	8	12	＊	4	14	2	2	17	6	＊

	江西	湖北	广西	甘肃	山西	内蒙古	陕西	吉林	福建	贵州	广东	青海	西藏	四川	宁夏
政府信息公开目录搜索	3	7	＊	1	＊	6	＊	8	8	＊	24	7	＊	7	2
搜索引擎	14	3	1	13	5	3	2	10	7	5	13	7	2	7	2

资料来源:各省市门户网站,资料搜索时间段:2014. 10. 19 —2015. 9. 16。

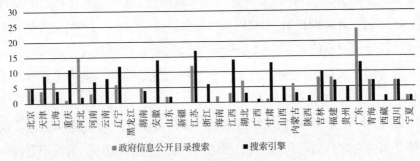

图 2-1-4　各省市人力资源服务业相关政策法规分布

　　根据以上数据可知,广东、江苏、安徽、河北等地关于人力资源服务业的政策规章较其他地区存在明显的数量优势。黑龙江、西藏、新疆等地则明显落后于一般水平。不同于上一年度,各地发布的关于人力资源服务业的政策法规都有明显的提升。就总体趋势来看,人力资源服务业与当地的经济发展水平仍存在明显的联系。由于经济较为发达地区人力资源需求总量较大,人力资源服务业作为雇佣双方之间的中介机构,起到了至关重要的作用。此外,随着新兴产业的发展以及产业升级换代,人力资源需求变化很快,跨城乡、跨地区、跨行业的流动不断加剧,以双向选择为特征的人力资源配置方式和劳动者的自主择业意识明显加强,人力资源流动进入一个新的更加活跃期。因此,在这些地区对于人力资源服务业的规范政策相应较多。

然而,在经济较不发达地区,由于第三产业并不活跃,政府应该出台一些鼓励人力资源服务业发展的扶持性政策。

在对我国各省市关于人力资源服务业的政府政策进行分析后,总结归纳出了这一年度我国各省市促进及管理人力资源服务业发展的主要做法,大致上包括以下几点。

(一) 出台针对人力资源服务业发展的政策

1. 加强人力资源服务业市场监督政策

(1)北京

①5A 级人力资源服务机构①

2015 年 3 月 5 日,北京市人力社保局召开贯彻实施北京人力资源服务地方标准座谈会,会上介绍了开展标准化工作的情况,宣布了通过北京人力资源服务机构等级评定的 44 家机构名单。

召开座谈会的目的,是为了贯彻落实《北京市人民政府关于加快发展人力资源服务业的意见》,进一步贯彻北京人力资源服务地方标准,大力宣传获得等级评定的服务机构,树立行业标杆,发挥示范引领作用,推动北京人力资源服务业健康有序地发展,为首都经济社会发展作出应有的贡献。

2015 年 3 月 6 日,北京人力资源服务机构等级评定委员会召开第三次会议,按照《人力资源服务机构等级划分与评定》标准审议了相关人力资源

---

① 　北京人力资源服务机构等级评定委员会办公室:《北京首次评出 5A 级人力资源服务机构》,http://zhengwu.beijing.gov.cn/gzdt/bmdt/t1382970.htm。

服务机构等级评定或过渡申请,共有 44 家机构获得北京人力资源服务地方标准相应等级。中国国际技术智力合作公司、北京双高人才发展中心、北京市人才服务中心、北京外企人力资源服务有限公司被评为 5A 级人力资源服务机构。这是北京开展人力资源服务机构等级评定工作以来,首次评出的 5A 级机构。按照《北京市人民政府关于加快发展人力资源服务业的意见》的要求,对于按照北京人力资源服务地方标准获得等级评定的机构,将给予相关鼓励发展优惠政策。

②加强市场监管

2014 年 12 月,朝阳区采取措施加强人力资源市场监管。一是建立业务数据动态监测机制,定期采集大型人力资源服务机构业务开展信息,掌握人力资源市场供需变化情况。二是建立面向机构的 qq 服务群,适时发布行业动态、最新政策等内容,指导有需求的机构做好行政许可申请、变更申请的准备事宜。三是与智联招聘、北京外企服务集团等单位协作,利用其网站和微信平台宣讲就业政策,实现岗位信息资源共享。四是组织公交集团职工交流服务中心、阳光桥等符合条件的经营性人力资源服务机构参与春风行动等公共就业服务活动。五是为辖区 300 余家人力资源服务机构建立诚信档案,引导各机构开展诚信服务。六是开展清理整顿人力资源市场秩序专项行动,检查 74 家职业中介机构,对 8 家涉嫌存在违法行为的机构立案调查,对其中 1 家存在扣押劳动者证件的违法行为的用人单位给予 1500 元行政处罚。[①]

2015 年 4 月,西城区组织开展了人力资源市场秩序专项行动,针对辖区内人力资源服务机构、劳务派遣单位、从事职业中介活动的组织和个人以及各类招工用人单位进行全面清理整顿。区工商局等部门联合参与了此次行动。[②]

2015 年 3—4 月,东城区召开 17 个街道劳动科科长例会,传达市人力社保局、市工商局《关于开展清理整顿人力资源市场专项行动的通知》精

---

① 《朝阳区采取措施加强人力资源市场监管》,http://www.beijing.gov.cn/zfzx/qxrd/cyq/t1284314.htm。

② 《西城区多部门联合行动整治人力资源市场秩序》,http://www.beijing.gov.cn/zfzx/qxrd/xcq/t1293595.htm。

神,动员部署清理整顿人力资源市场专项行动工作。活动自即日起至 4 月 16 日截止,将重点对辖区人力资源服务机构、劳务派遣单位、从事职业中介活动的组织和个人及各类招工用人单位进行清理整顿。会议要求:一是统一思想,加强领导。明确工作重点,落实工作任务,并建立健全联席会议制度。二是联合执法,突出重点。组成联合执法检查组,统一行动,分工协作,锁定重点检查区域。三是加强宣传,扩大影响。利用各种宣传手段,形成必要的宣传攻势,营造有利于工作开展的舆论氛围。四是分析汇总,及时上报。积极反馈专项检查的情况信息,实行突发事件"零报告制度",加强人力资源服务机构监管,确保专项执法检查活动取得实效。①

(2)吉林②

2015 年 3 月 24 日,吉林省人力资源和社会保障厅在官方网站全文转发了人社部发布的《关于进一步加强人力资源市场监管有关工作的通知》。《通知》指出,在稳步推进人才市场、劳动力市场逐步整合和统一规范的人力资源市场建设的进程中,为做好人力资源服务机构的管理工作,特别是加强经营性人力资源服务机构(包括职业中介机构、人才中介服务机构等)的监督和管理,引导经营性人力资源服务机构健康发展,培育统一规范、竞争有序的市场化服务体系,作出如下通知:

①明确监管职责。各级人力资源社会保障部门要围绕促进就业和优化人才配置,大力加强对人力资源市场行为的监管。要根据建立统一规范人力资源市场的要求,对职业中介机构、人才中介服务机构管理的相关法规、政策进行整合,对经营性人力资源服务机构进行规范管理和有效监督,并加强指导。

②统一换发许可证。对原劳动保障行政部门、人事行政部门发放的职业中介许可证、人才中介服务许可证进行统一换发,新的许可证名称为"人力资源服务许可证",由人力资源社会保障部统一印制并免费发放。各省级人力资源社会保障行政部门要结合年检工作,在 2010 年 5 月 31 日前为

---

① 《我区 3 月 20 日召开整顿人力资源市场秩序行动部署会》,http://www.bjdch.gov. cn/n3952/n3954/n3957/c1072220/content.html。

② 《关于进一步加强人力资源市场监管有关工作的通知》,http://hrss.jl.gov.cn/ rlzysc/rlzyscgl/201503/t20150324_1960666.html。

所有通过年检的人力资源服务机构换发新的许可证,对通过年检的人力资源服务机构进行认真登记,并汇总上报人力资源社会保障部。

③做好新设立服务机构的审批工作。新设立人力资源服务机构,在新的法规未出台前,仍按照《就业服务与就业管理规定》《人才市场管理规定》中的条件要求审批,其中设立中外合资人力资源服务机构的,由所在地省级人力资源社会保障部门审批,报人力资源社会保障部备案。各地也可结合实际,制定过渡性审批办法。

④加强人力资源市场监督检查。各级人力资源社会保障部门要加大市场监管力度,维护市场正常秩序,防止发生突发事件。要通过加强信息跟踪、市场巡查、受理投诉举报、定期开展清理整顿人力资源市场秩序专项行动等措施,检查收费项目和收费标准,打击非法劳务中介行为,严肃查处乱设项目收费行为。规范用人单位招聘活动,为广大劳动者和用人单位创造公平、有序的市场环境。

⑤指导和鼓励经营性人力资源服务机构积极参与社会公益服务。要配合就业工作需要,引导经营性人力资源服务机构按照当地有关规定,与公共就业服务相结合,采取搭建农民工劳务对接平台、为登记失业人员提供免费就业服务等多种形式,积极为劳动者提供社会公益服务。要根据就业促进法要求,积极研究和制定实施经营性人力资源服务机构开展公益性就业服务享受政府补贴办法。

⑥推动经营性人力资源服务机构诚信服务。各地可结合对人力资源服务机构换发许可证工作,开展经营性人力资源服务机构等级评定活动,树立守法经营、诚信服务典型,引导经营性人力资源服务机构强化社会责任。积极推动人力资源服务标准化,提升服务质量,提供良好服务。要促进行业协会健康发展,注重发挥行业协会服务、自律和协调作用,通过行业协会推动人力资源服务行业公平竞争。

⑦做好调查摸底工作。各地要根据建立统一规范人力资源市场的要求,按照部里的统一安排,认真开展经营性人力资源服务机构调查摸底工作。通过调查摸底,全面、准确掌握本地区各类服务机构状况,以及从业人员基本情况、业务开展情况、诚信守法情况和市场发展趋势。要建立工作台账,编制服务机构目录,并对外发布公示,接受社会监督。

⑧做好人力资源市场信息发布工作。各地要推动经营性人力资源服务机构管理信息系统建设,提高日常监管工作信息化水平。要研究探索适合本地区实际的市场动态监测机制,建立市场供求信息变化快速调查制度,及时、准确掌握市场动态。要加强对市场供求信息的归类和分析,形成权威性数据并定期发布,引导劳动者合理有序流动,为促进就业提供决策参考和依据。

(3)内蒙古①

2015年4月1—16日,内蒙古自治区人力资源和社会保障厅、工商局在全区范围内开展清理整顿人力资源市场秩序专项行动,依法严惩"黑工厂""黑中介"等违法行为。此次专项行动对人力资源市场的人力资源服务机构、劳务派遣单位、从事职业中介活动的组织和个人、各类招工用人单位进行清理整顿。在专项行动期间,对已取得人力资源服务许可证的人力资源服务机构,人力资源和社会保障部门将加强日常监管,建立健全人力资源服务机构守法诚信档案;对经授权管理流动人员人事档案的人力资源服务机构加强监管,规范其人事档案管理服务工作;对在人力资源服务活动中提供虚假就业信息、扣押劳动者居民身份证和其他证件、非法向劳动者收取财物、以职业介绍为名谋取不正当利益、超出核准业务范围擅自从事培训业务和保管流动人员人事档案等违法活动的将依法查处,情节严重的,吊销人力资源服务许可证,并通报工商行政管理部门。对未经许可和登记,擅自从事人力资源服务和劳务派遣活动的组织或个人,由人力资源社会保障部门、工商行政管理部门依法查处和取缔。同时,自治区在专项行动期间,以工商企业密集区、流动人口集散地、职业中介机构聚集地和自发形成的人力资源交易场所为重点,在行动中通过取缔非法人力资源服务机构,整顿违规经营的人力资源服务机构,规范人力资源服务机构的职业介绍和用人单位的招工行为。

(4)重庆

①重庆市成立重点工业企业人力资源服务联盟②

重庆市人力社保局与重庆市经济信息委组织召开重庆市重点工业企业

---

① 《内蒙古:擅自从事人力资源服务和劳务派遣将被取缔》,内蒙古新闻网,http://www.nmg.gov.cn/fabu/xwdt/nmg/201506/t20150617_460761.html。

② 《重庆市成立重点工业企业人力资源服务联盟》,http://www.cqhrss.gov.cn/u/cqhrss/news_59839.shtml。

人力资源服务联盟成立大会,标志着全国首个省级层面人力资源服务联盟正式启动运行。联盟宗旨是,加强就业与经济的联动,为重点产业发展提供更加精细化的公共就业服务。通过建立人力资源供需形势研判制度、招聘服务制度,提高人力资源供需匹配度,满足企业多元化的人力资源需求,发挥人力资源服务机构在人力资源配置中的决定性作用,促进人力资源服务重庆市产业发展,实现多方共赢。

人力资源服务联盟由重庆市人力社保局下属的就业局与市经济信息委经济运行局担纲筹建,是重庆市就业促进会下设的非正式组织,由重庆市"6+1"工业支柱产业的 100 家重点工业企业作为成员,人力资源服务机构(劳务派遣机构)、培训机构、职业院校作为列席员加入。联盟运行机制包括人力资源供需形势研判、员工招聘及培训服务、优先落实招聘政策以及动态评价调整等 8 项,对重庆市工业企业招工、用工将起到积极助推作用。

②重庆市人力资源服务机构将建诚信档案①

2015 年,重庆市的人力资源服务机构将建立诚信档案并在网上公布,人力资源服务机构是否有欺诈应聘者、拖欠缴纳应聘成功者社保等行为,市民上网一查便知。并且人力资源协会将逐步完善全市人力资源服务机构诚信档案建设,每年协助人社局联系公安、工商、税务、社保等部门对档案进行更新。

2. 人力资源服务业的市场规划政策

(1)北京②

2014 年 10 月 27 日,北京市政府发布《关于加快发展人力资源服务业的意见》。《意见》指出,北京市人力资源服务业发展还存在着行业规模偏小、市场体系不完善、服务供给不足、服务产品同质化倾向较重、国际竞争力较弱、扶持政策不足等问题,难以有效满足经济社会快速发展对人力资源服务不断增长的需求。《意见》为人力资源服务业的发展提出以下几点意见。

①推进规模化发展。支持人力资源服务企业办理集团登记,支持连锁企业总部集中办理分支机构登记注册。鼓励支持人力资源服务企业通过市

---

① 《重庆市人力资源服务机构将建诚信档案》,重庆市政府网,http://jda.cq.gov.cn/xwzx/wzxw/bdxx/jrcq/42736.htm。

② 参考《北京市人民政府关于加快发展人力资源服务业的意见》。

场机制兼并、收购、重组或组建企业联盟,积极发展混合所有制经济,推动国有人力资源服务企业完善现代企业制度,支持非公有制人力资源服务企业健康发展,提高非公有制经济在人力资源服务业中的比重,打造一批实力雄厚、影响力大、核心竞争力强的人力资源服务企业集团。引导人力资源服务产业与高端制造业、战略性新兴产业、文化创意和设计服务等新型高端服务业的产业对接和产业融合,重点打造人力资源服务与产业人才需求联动的服务产业链,拓宽服务领域,为重点行业发展和重点功能区建设提供更好的人力资源服务保障。

②推进集约化发展。依托已形成的产业发展优势,提高产业集聚发展效益。争取国家相关部门支持,推进建设中国北京人力资源服务产业园区,形成全市人力资源市场公共服务枢纽型基地和人力资源服务产业创新发展平台。鼓励有条件的区县加快建设人力资源服务产业集聚区,增强产业关联性,促进产业融合,形成布局合理、投资主体多元、有利于企业良性竞争的产业发展格局。鼓励中关村国家自主创新示范区、北京经济技术开发区和其他各类产业园区,通过功能叠加,建立人力资源服务产业园区或人力资源服务支撑体系。通过实施减免租金、贷款贴息、政府优先购买服务等优惠政策,吸引各类人力资源服务机构入驻园区。在人力资源服务产业园区进行人力资源服务业发展综合改革试点,在财政、金融、土地、税费、人力社保及服务模式等方面探索创新,先行先试,完善体制机制和政策措施,促进人力资源服务业创新发展。

③支持重点领域发展。鼓励人力资源管理咨询、人力资源外包、素质测评、人力资源培训、高级人才寻访、人力资源信息网络服务等重点领域发展。对经认定为技术先进型服务企业的从事人力资源外包服务的服务机构,按照国家服务外包示范城市有关政策,按15%减征企业所得税,其职工教育经费按不超过企业工资总额8%的比例据实在企业所得税税前扣除,对符合条件的企业从事离岸外包业务取得的收入按规定享受增值税免税政策。针对人力资源服务业特点完善增值税政策,增加应纳税所得额的抵扣项目。推进国有企业合理增加市场化选聘比例,以更宽视野选拔人才。鼓励国有企事业单位通过市场机制,选择人力资源服务机构提供专业化服务,降低人力资源管理开发成本。

④扶持小型微型企业发展。贯彻落实《国务院关于进一步支持小型微型企业健康发展的意见》(国发〔2012〕14 号)要求,鼓励人力资源服务小型微型企业专业化发展。在落实国家和本市已出台的各项税收优惠政策的同时,进一步加大对人力资源服务小型微利企业的税收优惠,对应纳税所得额低于 10 万元(含)且符合税法规定条件的小型微利企业,其营业所得按50%计入应纳税所得额,按 20%的税率征收企业所得税。高校毕业生创办人力资源服务企业的,纳入国家和本市高校毕业生创业政策扶持范围。

⑤推进科技创新。鼓励有条件的高等院校、研发机构、人力资源服务知名企业、各类产业园区,设立博士后科研流动站、博士后科研工作站或博士后(青年英才)创新实践基地,建立人力资源市场领域理论研究和产品研发机构,推动人力资源服务理论、商业模式、新技术等方面的研究和应用。加强技术集成和服务模式创新,鼓励开展云计算和软件运营服务,促进人力资源服务产业技术升级。人力资源服务企业为开发新技术、新产品发生的可纳入企业所得税税前加计扣除的研究开发费用,未形成无形资产计入当期损益的,在按照规定据实扣除的基础上,按研究开发费用的 50%加计扣除;形成无形资产的,按无形资产成本的 150%摊销。

⑥打造优质服务品牌。鼓励人力资源服务机构创新服务产品、服务理念和经营模式,塑造优质服务品牌,构筑企业竞争优势,拓展人力资源服务业发展空间。鼓励企业注册和使用自主商标,培育一批国内著名、国际知名的人力资源服务北京品牌,对获得"中国驰名商标""北京市著名商标"荣誉称号或通过人力资源服务机构等级评定的企业,研究制定相关奖励政策。加强对人力资源服务企业自主品牌建设的支持,在同等条件下优先向品牌企业购买公共服务;加大金融支持力度,鼓励金融机构面向品牌企业开展商标等无形资产质押贷款;加大品牌宣传推介力度,积极组织品牌企业参加交流推广活动。

⑦加快推进国际化步伐。提高人力资源市场对外开放水平,实施更加开放的市场准入制度。鼓励支持在本市注册的人力资源服务机构走向世界,在国(境)外设立分支机构。支持开展国际人才交流与合作,鼓励承接国际服务外包业务,发展服务贸易,发展外向型服务,促进人力资源服务发展方式转变。搭建政府主导的国际人才交流公共服务平台,拓宽海外高层

次人才引进渠道,重点引进符合本市经济社会发展特点和实施创新驱动发展战略所急需的国际化高端人才。通过人力资源服务机构选聘的高端人才入选"海外高层次人才引进计划""北京海外人才聚集工程"等国家和本市高层次人才引进项目的,给予选聘单位和人力资源服务机构奖励。

⑧加大投融资力度。将人力资源服务业纳入本市现代服务业产业发展政策和资金的支持范围。加大对人力资源服务企业及其建设项目的信贷投入,积极鼓励和引导金融机构创新金融产品和服务方式,拓宽信贷抵押担保范围,探索信用担保等方式,拓展市场化融资渠道,鼓励支持人力资源服务企业上市融资。搭建政府引导、市场运作、企业和社会组织参与的人力资源服务产业发展金融支持平台,增强人力资源服务机构自身的造血功能。

⑨加快专业人才培养。制订人力资源服务业领军人才培养计划,加强现有人力资源服务机构高层次人才培养,吸引海内外高层次人才,打造一支职业素质优良、结构合理、涵盖人力资源服务业各领域的国际化、复合型、领军型人才队伍。不断提高人力资源服务从业人员的专业水平、服务能力及综合素质,加强从业人员资格培训和高级管理人员研修培训,组织人力资源服务机构高级管理人员赴国(境)外培训或聘请外国专家来京开展培训。开展人力资源服务业优秀调研成果和理论研究成果评比活动。

(2)福建①

2014年4月,福建省泉州市发布《泉州市2014年深化"第三产业发展年"活动实施方案》。《方案》中提出扶持发展人力资源服务业,引进和培育更多高端产业人才。

《泉州高新技术产业开发区发展规划纲要(2013—2015)》明确大力发展人力资源服务业。探索建立政府主导、企业主体、社会参与的人力资源服务业开发模式,建设"海西人才广场",引进国内外一流人才中介服务机构,为园区企业和各类组织机构提供人才招聘、人才培训、高端猎头等服务,帮助园区引进、培养市场营销、经营管理等方面的紧缺人才。

---

① 《泉州市人民政府办公室关于印发泉州市2014年深化"第三产业发展年"活动实施方案的通知》,http://www.fujian.gov.cn/zwgk/zxwj/sqswj/qz/201404/t20140423_711190.htm。

（3）河北

①《关于加快我省人力资源服务业发展的意见》

2014 年 10 月,河北省发布《关于加快我省人力资源服务业发展的意见》。《意见》中介绍了河北省人力资源服务业发展现状和加快发展的总体思路、目标任务及扶持政策等,决心要把握环渤海和京津冀协同发展的战略机遇,围绕打好四大攻坚战和实现河北绿色崛起,以产业引导、政策扶持和环境营造为重点,激发市场主体活力,提升开发配置水平,推进人力资源服务业与其他产业协调发展,到 2017 年初步建立专业化、信息化、产业化的人力资源市场服务体系,实现公共服务充分保障、市场经营性服务逐步扩大、高端服务业务快速发展,人力资源开发配置和就业服务的能力明显提升;到 2020 年全省人力资源服务机构发展到 2000 家,行业从业人员 2 万人以上,行业年营业额 300亿元以上,形成较为完善的人力资源服务体系,充分满足经济社会发展需要。

其中主要的工作思路包括:

第一,着力推进行业产业化发展。围绕打造产业链条,完善人力资源服务内容,形成包括流动配置、素质提升、开发利用、评价测评、薪酬管理、权益保障等六大环节的人力资源服务产业链。以推进公共服务专业化、规范化、标准化和信息化建设为重点,构建覆盖城乡的公共服务网络;鼓励各类机构开展公益性人力资源服务,提高公共服务综合效益。着力完善行业标准体系,大力推进信息化建设,不断提高行业服务水平。

第二,实施促进发展的重大项目。坚持项目带动,引领行业发展。围绕国家产业发展战略和我省经济社会发展规划,实施产业集聚工程,利用 5 年时间在各设区市建立规范的人力资源服务平台,2020 年建成中国华北家庭服务业人力资源市场等 1 至 2 家国家级人力资源服务产业园区和多家与区域经济发展相适应、各具特色的省级人力资源服务聚集区。实施骨干企业培育工程,通过兼并、收购、重组、联盟、融资等方式,培育一批有核心产品、成长性好、竞争力强的人力资源服务骨干企业,支持组建在全省具有示范引领作用、技术含量高的人力资源服务企业集团。实施品牌创建工程,开展人力资源服务机构服务水平等级认证,鼓励人力资源服务企业参选本地及我省领军企业工程,引导人力资源服务机构加大品牌宣传推介力度,着力打造一批区域性、专业化、辐射力强、有影响力的服务品牌。实施项目创新工程,以市场需求为导向,推进人力资源服务领域的服务创新、产品创新,促进人力资源服务业与其他产业的深度融合。

第三,出台相应的扶持政策。在资金支持方面,全面落实各类扶持优惠政策,整合公共就业机构和人才交流服务机构建设专项资金,按照相关专项资金使用规定支持人力资源市场建设和服务业发展项目。在税收优惠方面,对在河北省开展连锁经营统一核算的人力资源服务企业,符合有关规定的可申请实行总分支机构按预征率纳税;从事人事代理的人力资源服务企业以从委托方收取的全部价款减去代收转付给劳动者工资福利及缴纳的社会保险、住房公积金后的余额为营业额,符合条件的企业从事离岸外包业务取得的收入按规定享受免税政策。在金融支持方面,鼓励和引导金融机构加大对人力资源服务机构和重点服务项目的信贷投入,并在国家允许的贷款利率浮动幅度内给予一定的利率优惠。鼓励民营资本以独资、合资、收购、参股、联营等形式进入人力资源服务领域,鼓励境外人力资源服务企业在我省设立合资合作企业,合资企业的外资持股比例可放宽到70%。在放宽市场开放方面,允许设立3个以上分支机构的人力资源服务机构,可在其名称中使用"总"字样;对母公司注册资本达到1000万元人民币、子公司数量达到3个、母子公司注册资本总额达到2000万元人民币的,可设立冠以"河北"字样的人力资源服务业企业集团。在人才支持方面,鼓励人力资源服务机构培养和引进国内外高层次人才,纳入"三三三人才工程",推荐申报我省"百人计划""巨人计划"及国家"千人计划""万人计划""创新人才推进计划"等项目,参与职称评审的人力资源服务从业人员享受国有企事业单位同类人员政策。

第四,优化发展社会环境。完善工作机制,建立人力资源服务业发展目标责任考核机制,研究制定人力资源服务业统计指标体系和统计调查办法,建立科学、统一、全面的人力资源服务业统计制度。健全法规体系,修订完善我省人力资源服务机构管理政策,制定市场准入、监督检查、年度审验、网络招聘等规章制度,废止各类地区封锁、行业垄断、市场分割等有关规定和规范性文件。加强管理监督,转变管理方式,创新管理手段,建立政府监管、机构公开、社会监督的管理体系;完善服务机构日常运营制度,加强行业诚信体系建设,加大执法监察工作,全面整治人力资源市场秩序,严厉打击非法中介,严肃处理各类违法违规行为。推进京津冀人力资源市场一体化建设,建立京津冀人力资源服务业合作机制,构建统一的区域公共服务平台。夯实人力资源服务业发展的社会基础,充分发挥人力资源服务行业协会"服务、自律、协调"的作用,引导人力资源服务行业公平竞争、诚信服务、自我约束、健康发展。加大人力资源服务业意义、目标任务、政策措施的宣传力度,奖励作出突出贡献的人力资源服务机构和个人,在全社会营造重视、关心、支持人力资源服务业发展的社会氛围。

②第二届中国(河北)人力资源服务博览会暨创新创业成果展①

2015 年 8 月 18—19 日,河北省举办"2015 第二届中国(河北)人力资源服务博览会暨创新创业成果展"。国家人社部中国人事科学研究院院长余兴安、全国省级人力资源(人才)服务行业协会联席会会长张宇泉出席会议,河北省人社厅党组副书记、副厅长赵新喜参加会议并致辞。

"2015 第二届中国(河北)人力资源服务博览会暨创新创业成果展"是由河北省人力资源和社会保障厅、省总工会联合召开的规模大、规格高、影响力强、综合性、公益性的人力资源服务交流盛会。博览会服务京津冀协同发展,营造"大众创业、万众创新"氛围,为人力资源服务机构打造一个解读政策、研判动态、学术分享、塑造品牌、整合资源、合作共赢、交流经验、表彰先进、引领方向的平台,是我省人力资源服务领域最具价值的年度盛会。

博览会围绕企业人才招聘、薪酬管理、梯队建设,新常态下创新人力资源服务商业模式、人力资源管理技术促进企业转型升级、京津冀协同发展人力资源服务先行,"互联网+"创新教育,"互联网+"金融、创新创业成果展,京津冀创业项目路演会等主题内容展开。国家及京津冀地区两级人力资源行业主管部门、人力资源服务机构负责人、业内权威专家学者莅临大会指导并发表主题演讲。

(4)河南

2014 年 10 月 29 日,河南省人力资源社会保障厅发布《河南省人社厅大力推进人力资源服务业发展》,内容包括:

---

① 《第二届中国(河北)人力资源服务博览会暨创新创业成果展顺利召开》,河北人社网,http://www.hbrsw.gov.cn/a/news/tupian/2015/0819/1798.html。

①政策扶持。积极研究制定促进人力资源服务业发展的扶持政策,在制度、机制等方面消除行业壁垒和发展障碍,不断优化人力资源服务业发展环境;鼓励发展有市场、有特色的中小人力资源服务企业,形成多层次、多元化的人力资源服务企业集群;鼓励人力资源服务机构做大做强,实现规模化、品牌化发展,支持业务相近、资源相通的人力资源服务机构按照优势互补、资源结合的原则,通过兼并、收购、重组、联盟等方式,建立一批实力强、影响大、核心竞争力强的人力资源服务企业集团。

②园区引领。国家人社部批准我省筹建中国中原人力资源服务产业园区以来,省政府将产业园区建设列为重点建设项目,目前项目已完成规划、设计、环评、林评、能评等环节,正在进行监理造价和装机招标等工作,省人社厅将全力推进产业园区高起点、高质量建设,制定产业集聚优惠政策,加快招商引资步伐,吸引国内外人力资源服务企业入驻,发挥园区集聚产业、拓展服务、孵化企业、培育市场的功能,努力打造立足中原、辐射中部、面向全国的人才集聚和人力资源服务平台。

③净化市场。进一步严格行业准入制度,确保符合条件的诚信服务机构进入人力资源市场;加强人力资源服务机构管理,大力推进诚信体系建设,规范人力资源服务行为;加大市场监管力度,开展清理整顿人力资源市场秩序活动,打击非法服务组织,保障人力资源市场平稳、有序运行,为合法守规服务机构营造公平竞争的良好市场环境。

（5）吉林

2015 年 6 月 11 日,吉林省政府发布了《吉林省人民政府关于加快发展生产性服务业促进产业结构调整升级的实施意见》。《意见》中表明,应立足产业基础和比较优势,明确发展重点,促进产业集聚,着力在研发设计、第三方物流、融资租赁、信息技术服务、节能环保服务、检验检测服务、电子商务、服务外包、售后服务、人力资源服务和品牌建设方面力求突破。

（6）内蒙古

①《内蒙古自治区人力资源和社会保障事业发展"十二五"规划纲要》

2015 年 7 月 3 日,内蒙古自治区政府发布了《内蒙古自治区人力资源和社会保障事业发展"十二五"规划纲要》。《纲要》表明:应健全机制,强化公共就业服务。加强就业服务能力建设,建立健全精细化、长效化服务机制;建立覆盖全区的就业失业登记和空岗报告制度,推进全区就业信息监测平台建设,定期公布人力资源市场供求信息;大力发展人力资源服务业,培育和发展各类人力资源服务机构和服务品牌,加强对人力资源市场的监管。

②《自治区人力资源和社会保障厅 2015 年工作计划》

2015 年 3 月 5 日,内蒙古自治区人力资源和社会保障厅发布《自治区人力资源和社会保障厅 2015 年工作计划》。《计划》中指出,在深入推进创业就业工程中,应制定公益性岗位开发管理使用办法,做好托底安置工作。加快整合公共就业和人才服务机构,促进人力资源服务业发展。进一步推进就业服务实名制管理,完善"劳务网""高校毕业生就业服务网""就业服务云平台"服务功能,开展好专项服务活动,切实提高公共就业服务质量。

(7)青海

2015 年 7 月 23 日,青海省人力资源和社会保障厅发布了《青海省加快发展人力资源服务业的实施意见》。《意见》围绕经济社会发展大局对人力资源开发配置的需要,坚持以产业引导、政策扶持和环境营造为重点,以深化体制机制改革、实施创新驱动发展战略为动力,激发市场活力,增加服务供给,提升服务质量,推动人力资源服务产业不断壮大,人力资源市场基本公共服务充分保障,服务社会就业与人力资源开发配置能力明显增强,提高人力资源服务业在全省服务业中的比重和增长速度,实现人力资源服务业的可持续发展。

①《意见》的发展目标

一是综合实力大幅提升。人力资源服务机构总数达到 130 家,培育骨干企业 5 家。从业人员总量达到 1400 人,年均增长 10% 以上,取得从业资格的人数比例超过 70%。

二是配置效能显著增强。人力资源服务企业在人力资源配置中的贡献率超过 60%,成为人才开发配置和社会充分就业的主渠道。

三是市场体系规范有序。建立完善的人力资源服务业政策体系和诚信服务体系,建立政府监管、机构公开、协会自律、社会监督相结合的人力资源市场监管体系,统一规范灵活的人力资源市场体系基本形成。

②《意见》的重点任务

第一,发展多元化人力资源服务机构。坚持政府引导、市场运作、科学规划、合理布局，构建多层次、多元化的人力资源服务机构集群，增加人力资源服务供给。西宁市、海东市要坚持人力资源服务业市场化发展模式，鼓励支持人力资源服务企业通过市场机制兼并、收购、重组、联盟、融资等方式，重点培育一批有核心产品、成长性好、竞争力强的人力资源服务企业集团，发挥大型人力资源服务机构的综合性服务功能。鼓励发展有市场、有特色、有潜力的中小型专业人力资源服务机构，发挥人力资源服务的集群效应。各市州要强化人力资源公共服务职能，发挥政府公共服务示范引领作用，带动发展小型微型人力资源服务企业，逐步走上市场化发展的轨道。培育和扶持劳务经济人发展，落实相关政策措施，发挥其带动和转移就业、提供人力资源服务的积极作用。积极引进国内外信誉度好、专业化程度高、高端服务能力强的知名人力资源服务机构，带动本土人力资源服务业发展。

第二，增强人力资源服务创新能力。实施人力资源服务能力提升计划，推进人力资源服务领域的管理创新、服务创新和产品创新。鼓励有条件的高等院校、研发机构、人力资源服务企业、产业园区，设立博士后科研流动站、博士后科研工作站，建立人力资源服务理论和产品研发机构，加强人力资源服务理论、商业模式、关键技术等方面的研发和应用，丰富服务渠道和服务模式。主动融入"互联网+"战略，加强人力资源服务业信息化建设，鼓励运用云计算和大数据等技术，推动人力资源服务业务应用和移动互联网的进一步结合。培育服务需求，鼓励用人单位通过人力资源服务企业引进高端急需紧缺人才和购买专业化的人力资源服务。引导人力资源服务企业打破"大而全""小而全"的格局，细化专业分工，向价值链高端延伸，重点鼓励人力资源外包、高级人才寻访、人才测评、人力资源管理咨询等新兴业态快速发展。

第三，培育人力资源服务品牌。鼓励人力资源服务机构创新服务产品、服务理念和经营模式，塑造优质服务品牌，构筑企业竞争优势，拓展人力资源服务业发展空间。鼓励企业注册和使用自主人力资源服务商标，开展自主品牌建设，形成一批知名企业和著名品牌。加强对人力资源服务企业自主品牌建设的支持，在同等条件下优先向品牌企业购买公共服务；加大金融支持力度，鼓励金融机构向品牌企业开展商标等无形资产质押贷款。支持人力资源服务企业参选本地区服务业重点企业名录。建立人力资源服务机构分类和评估指标体系,组织开展人力资源服务水平等级认证工作。举办人力资源服务供需对接、服务产品推介等活动,搭建人力资源服务品牌推广平台。

第四,推进人力资源服务业集聚发展。加强人力资源服务产业园的统筹规划和政策引导,依托重大项目和龙头企业,培育创新发展、符合市场需求的人力资源服务产业园,形成人力资源公共服务枢纽型基地和产业创新发展平台。鼓励有条件的市(州)、县(区)依托产业园区、创业园、创业孵化基地等平台,加强人力资源服务产业园区建设。落实产业园扶持政策,通过实施减免租金、贷款贴息、政府优先购买服务等政策扶持,吸引各类人力资源服务企业入驻,充分发挥园区培育、孵化、展示、交易功能,促进人力资源服务业集聚发展和产业链延伸。

第五,加强人力资源服务业人才队伍建设。加大人力资源服务业高层次人才的培养引进力度,将其纳入相关人才计划和人才引进项目,享受相关优惠政策。实施人力资源服务业领军人才培养计划,加强人力资源服务机构经营管理人员研修培训,依托著名高校、科研院所,建立人力资源服务培训和实训基地,多层次、多渠道培养引进人力资源服务业急需的高层次人才。开展人力资源服务业专业技术人员继续教育,纳入专业技术人才知识更新工程。完善人力资源服务业从业人员和相关服务领域的职业水平评价制度,加大职业培训力度,提高从业人员专业化、职业化水平,打造一支素质优良、结构合理的人力资源服务业人才队伍。

第六,加强人力资源服务业监管。依法实施人力资源服务行政许可,加强事中事后监管,将设立人力资源服务机构许可由工商登记前置审批改为后置审批,优化流程,提高效率。探索建立企业年度报告公示和经营异常名录等制度。深入推进人力资源服务机构诚信体系建设,健全诚信管理制度。加快人力资源服务标准化建设,建立健全包括基础术语、机构评价、服务规范、人员资质、服务技术在内的人力资源服务标准体系。鼓励各地和行业协会开展人力资源服务新兴业态标准的研究工作。建立人力资源市场信息共享和综合执法制度,充分利用信息跟踪、市场巡查、受理投诉举报等监管手段,加大监管力度。

③具体的政策措施

第一,推进公共服务体系建设。深化人力资源市场体制改革,重点整合县(区)人才市场和劳动力市场,将人才交流中心、职业介绍中心统一整合为人力资源服务中心,加强公共服务管理,规范公共服务流程,统一公共服务标准,构建覆盖城乡、统一规范、上下贯通、便捷高效的人力资源市场公共服务体系。加快人力资源市场公共服务与经营性服务分离的进程,推进政府所属公共就业和人才服务机构设立的人力资源服务企业脱钩,鼓励以委托经营、公司性改造、吸引社会资本等多种方式,推行产权制度改革,完善法人治理结构,真正成为自主经营实体,加快社会化、市场化改制步伐。

第二,提升基本公共服务水平。坚持以人为本的服务理念,规范服务项目,拓展服务功能,扩大服务范围,创新服务方式,提升人力资源市场公共服务的科学化、精准化服务。加强人力资源市场信息系统、网络平台、场所设施建设,构建以省级人力资源服务枢纽为龙头、连通各地、辐射全省的人力资源信息网络,实现人力资源服务业务处理信息化、人员档案电子化、服务方式智能化管理模式,形成规模适度、布局合理、服务便捷的网络服务。加大政府购买人力资源服务工作力度,支持经营性服务机构参与公共就业服务活动、实施公共就业和人才服务项目。

第三,加大财政投入力度。建立人力资源市场公共服务保障机制,省、市(州)、县公共服务机构和乡镇服务平台的运转经费由同级财政预算给予必要的保障。积极争取中央财政服务业发展专项资金、国家服务业发展引导资金、省级服务业发展引导资金对人力资源服务业发展的支持,扶持中小微人力资源服务企业发展。探索采取政府股权投入、建立产业基金等市场化方式,切实提高资金使用效率。

第四,落实各项优惠政策。加快推进营业税改征增值税改革,消除人力资源服务中间环节的重复征税问题。人力资源服务企业的总、分机构不在同一县(市),但在我省或同一(市、州)范围内的,经省财政、税务部门批准,可由总机构汇总申报缴纳增值税。人力资源服务企业新增就业岗位吸纳持《就业创业证》人员,与其签订1年以上期限劳动合同并依法缴纳社会保险费的,经认定后,可按规定享受相关税收优惠政策。人力资源服务企业从事职业中介、职业指导的可按经其推荐就业服务后实际就业人数,向发放其人力资源服务许可证的人力资源社会保障部门申请就业创业服务补贴。人力资源服务企业新增就业岗位吸纳高校毕业生就业并签订1年以上劳动合同的,可申请享受4年基本养老、基本医疗、失业保险和工伤保险补贴及一次性奖励;安排高校毕业生就业见习的,可申请享受见习生活补贴。支持有条件的市(州)设立人力资源服务产业园,逐步升级为省级人力资源创业园。

第五,拓宽投资融资渠道。鼓励符合条件的人力资源服务企业进入资本市场融资,支持符合条件的人力资源服务企业上市或发行集合信托以及公司债、企业债、集合债、中小企业私募债等公司信用类债券融资。进一步放宽人力资源服务业的市场准入,鼓励各类社会资本以独资、合资、收购、参股、联营等多种形式,进入人力资源服务领域,提高人力资源服务领域的社会资本参与程度。自主创办的人力资源服务机构,可申请创业担保贷款并享受财政贴息政策;成功经营 1 年以上的可申请一次性创业奖励。

第六,完善政府购买人力资源公共服务政策。稳步推进政府向社会力量购买人力资源服务,并根据市场需求动态调整政府购买人力资源服务的种类和内容。通过竞争择优的方式选择承接政府购买人力资源服务的社会力量,确保具备条件的社会力量平等参与竞争。要建立健全政府向社会力量购买人力资源服务各项制度,切实提高财政资金使用效率,加强监督检查和科学评估。

第七,加强组织领导。各市州要建立由政府分管领导牵头,人社、发改、财政等部门密切配合、齐抓共促的工作协调机制,加强人力资源服务业发展的统筹规划、综合协调,及时研究解决重大问题,制定出台配套政策。同时,要充分利用报刊、电视、网络等新闻媒体,加大人力资源服务机构政策、典型事迹的宣传力度,营造培育、发展、扶持、宣传人力资源服务企业的良好氛围,促进人力资源服务业健康快速发展。

第八,狠抓督促落实。各市州要结合本地实际,研究制定贯彻落实《实施意见》的具体措施,进一步细化分解各部门、各县(区)的目标任务,层层落实责任,明确责任分工,加强绩效跟踪,定期督促检查,狠抓工作落实。要建立人力资源服务业发展目标责任考核机制,将人力资源服务业发展纳入本地区服务业和人才工作综合考核评价体系,确保促进人力资源服务业发展的政策措施和目标任务的全面完成。

(8)四川

2015 年 4 月 29 日,四川省政府发布了《关于加快发展生产性服务业促进产业结构调整升级的实施意见》。《意见》中表明,应积极对接国家生产性服务业发展重点,结合五大新兴先导型服务业发展部署,适应产业转型升级发展需要,重点发展电子商务、现代物流、现代金融、研发设计、科技成果转移转化、信息技术服务、服务外包、检验检测认证、节能环保服务、人力资源服务、商务咨询、售后服务等 12 个领域。

(9) 天津

①《2015 年度天津市服务业专项资金项目申报指南》

为加快推进服务业发展,天津市于 2015 年 3 月制定并印发了《2015 年度天津市服务业专项资金项目申报指南》,明确了专项资金重点支持方向、支持内容、支持标准和项目审核程序等方面内容,进一步提高了资金使用的科学性和规范性。

2015 年全市共申报 71 个服务业项目,经过第三方中介机构初审、专家评审和社会公示等程序,最终确定符合专项资金支持条件的项目 24 个,涉及科技信息服务、商务服务、人力资源服务、检验检测、电子商务、金融创新等现代服务业领域,支持资金达 4230 万元,已全部拨付到位,吸引社会资本投资总额 3.8 亿元,进一步推动了天津市人力资源服务业发展。

②《天津市贯彻落实〈京津冀协同发展规划纲要〉实施方案》

第一,促进产业融合发展。把产业融合发展作为先进制造业提质增效的有效途径,推进制造业向智能化、服务化转型。加快推进新一代信息技术与先进制造业深度融合发展。搭建高质量工业云和工业大数据平台,促进云计算、大数据、物联网和各类智能终端与产业有机融合。推进智能制造,发展基于互联网的个性化定制、云制造等新型制造模式,建设重点领域智能工厂和数字化车间,促进制造企业向柔性、智能、数字生产转变。到 2020年,关键领域智能化水平显著提升,重点企业信息技术综合集成应用达到60%,打造国家智能制造创新示范区。加快推进生产性服务业与先进制造业深度融合发展。推动制造业服务化转型,引导企业从产品供应商向整体解决方案提供商转变,促进制造业价值链向研发设计、营销服务两端延伸。强化生产性服务业对先进制造业的支撑,推动现代金融业、物流业、科技服务业突破发展,培育形成信息技术服务、节能环保服务、检验检测认证、人力资源服务和品牌服务等新增长点,形成与先进制造相匹配的生产性服务业体系。到 2020 年,生产性服务业增加值占全市生产总值比重达到 40%,基本建成产业集聚、业态丰富、功能完善、辐射力强的全国生产性服务业集聚区。

第二,强化人才支撑体系。构建与先进制造研发基地相适应的规模宏大的人才队伍,让紧缺人才、高层次人才、领军人才引得来、留得住、用得好,使天津成为各类人才的汇聚之地。创新人才引进机制。聚焦先进制造业重点领域,鼓励领军人才和创新团队携科技成果来津实施产业化。加快实施"千企万人"支持计划,引进培育 1 万名创新型高层次人才。完善居住证管理制度,实行创新创业团队整体积分落户的倾斜政策。大力吸引高端海外人才,为符合条件的外国籍高层次人才提供入境及居留便利。加大人才培养力度。发展应用技术型大学,推进应用型学科建设。实施百万技能人才培训福利计划,培养产业发展急需的技能人才。创新职业教育模式,建设国家现代职业教育改革创新示范区,扩大高技能人才规模。完善人才激励机制。赋予市属高校和科研院所等事业单位科技成果使用和处置自主权,加大科研人员股权激励力度。完善以能力、业绩为导向的人才评价体系。创新人才服务机制。实施"一本绿卡管引才",实行人才服务一点采集、多点共享、全程管理、一站办理。建立市场化服务体系,引进知名人力资源服务机构,加快人力资源服务业发展。构建区域人力资源信息共享与服务对接平台,推动资质互认。推进生活服务便利化。增强公共产品和公共服务供给能力,满足各类人才多样化需求。

(二) 人力资源服务产业园建设

目前,人力资源和社会保障部已批复分别在上海、苏州、重庆、河南、浙江、福建建设六家国家级产业园。除国家级产业园外,各地也结合当地实际,创建了省市一级的产业园,在国家、省市的积极布局下,人力资源服务产业园风生水起,正深刻改变着行业发展模式。虽然省市一级的产业园规模不及国家级的产业园,但能够较好地适用于当地的经济环境,更加有效地整合当地人力资源服务业的市场资源。以下为这一年度正在筹建的省市一级的人力资源服务业产业园。

1. 深圳①

2014 年 11 月,深圳市人力资源和社会保障局与龙岗区达成初步战略

---

① 《深圳龙岗将打造国家级人才服务产业园》,http://www.qb.gd.gov.cn/rckj/201411/t20141105_518346.htm。

合作协议,将联合筹建"国家级人力资源服务产业园区"——中国南方人力资源服务智慧广场(产业园),促进全市人力资源服务产业规模化、专业化、信息化和国际化发展。龙岗区人力资源局还与华为科技城天安云谷就产业园区筹建选址签署合作意向。

龙岗区拟选址坂田天安云谷(一期)产业研发大厦,创建国家级人力资源服务产业园区,利用坂田位于深圳地理中心的区位优势,吸纳全球范围的人才和智力资源,辐射深莞惠及河源、汕尾。

根据测算,产业园区约需办公面积1.5万平方米,用于规划建设一站式公共服务平台、人力资源产业集聚平台。

根据时间表,龙岗将在12月初步拟定促进人力资源服务产业化的相关配套政策和措施;2015年3月,基本完成人力资源服务产业园基础建设和办公配套环境改造;4月,将举行人力资源服务产业园开园仪式,首批人力资源服务机构开始进驻园区;下半年,在条件成熟情况下,申报国家级人力资源服务产业园。

同时,入园企业须满足以下基本条件:经人力资源和社会保障部门审批许可,在龙岗区注册登记并依法纳税(注册资本不少于100万元);主营人才猎头、测评、咨询、培训等业务,并须具备经权威机构认定,综合排名位列全国前100强;全国性、区域性人力资源服务机构总部或分公司;经园区管理方认定的其他成长型人力资源服务机构等条件之一。

为了让龙岗"国家级人力资源服务产业园区"早日建成,深圳市人力资源和社会保障局将会抓紧出台相关扶持政策,并建立联席会议制度,定期沟通,强力推进园区建设。

2. 广州①

2014年7月,广州市通过了《广州市人才资源服务产业园规划建设方案》,计划以"南方人才大厦"为核心建筑,以服务人才为基础,以重点集聚和服务金融业人才为目的,作为广州国际金融城的配套项目,全力打造"人才产业园"。根据《方案》,人才产业园建成五年后,全市人力资源

---

① 《广东首个市级人才服务园区落户绿岛湖辐射周边制造业》,http://www.gd.gov.cn/govpub/zwdt/dfzw/201503/t20150327_211073.htm。

服务业产值规模实现年均增长 10%以上,至 2020 年达到 800 亿元的规模产值。

3. 天津①

天津市和平区召开专题会议,听取人力资源产业园建设情况的汇报,并就做好下一步的工作提出要求。会议指出,人力资源产业园的建设对于和平区经济社会的可持续发展意义重大,充分体现了传统商业楼宇向商务楼宇的转变,人力资源向人力资本的转变和政府主导向市场化推进的转变。在下一步工作中,各有关部门和单位要进一步深化设计方案,做好公共服务空间的规划布局,努力将人力资源产业园打造成全区的人才高地。要加强协调配合,不断加大招商力度,重点引进一批国内外知名的人力资源服务机构,全面提升园区的运营水平和影响力。会议指出,各相关部门和单位要不断完善服务功能设置,搭建好公共服务平台,为入园企业提供优质、高效的服务。要进一步创新运作模式,坚持市场导向,统筹做好园区工程建设与招商引资工作,使优秀的人力资源企业形成高度聚集,为和平区人力资源服务产业的发展注入新活力。

此外,值得注意的是,在 2014 年 10 月 15 日北京市人力社保局发布的《北京市人民政府关于加快发展人力资源服务业的意见》和京津冀战略的宏观背景下,北京地区也提出了建设国家级的产业园,即中国北京人力资源服务产业园区,形成北京市人力资源市场公共服务枢纽型基地和人力资源服务产业创新发展平台。北京市将通过减免租金、贷款贴息等优惠政策,吸引各类人力资源服务机构进驻园区,并在园区进行综合改革试点,在财政、金融、土地、税费、人力社保及服务模式等方面探索创新,先行先试。②

四、各地社会关注度

通过对国内主流媒体及各省市主要报刊的报道进行分析,以此来反映

---

① 涂睿智:《天津市和平区领导调研人力资源产业园建设工作》,http://news.enorth.com.cn/system/2015/03/13/030082541.shtml。

② 《北京将建人力资源服务产业园连接人力资源市场》,http://bjzs.wincn.com/html/2014/yjjj_1016/2043.html。

各地社会关注度情况。

（一）国内主流报纸报道情况

本部分通过搜索引擎,在光明日报、人民网、环球时报、中国青年报、新京报的官方网站搜索"人力资源服务业"相关新闻,得出下列数据。与上一年度相比,人力资源服务业在主流媒体的相关报道数量明显增长,主要是由于国家的政策导向,使得各地开始逐渐重视人力资源服务业的发展,相关的会议及活动就增加了。

表 2-1-5 国内报纸报道情况

	光明日报	人民网	环球时报	中国青年报	新京报
2015 年相关报道篇目	169	213	32	6	1
2014 年相关报道篇目	104	99	10	*	7

注:2015 年数据来源:各报纸官网,搜索时间截至 2015 年 10 月 19 日;2014 年数据参考《2014 年人力资源服务业白皮书》。

此外,在其他媒体报道中,较为重要的会议有:

1.2014 中国(浙江)人力资源服务博览会①

由浙江省人力资源和社会保障厅主办、浙江省人力资源服务行业协会、杭州市人力资源和社会保障局、杭州市江干区人民政府承办的 2014 中国(浙江)人力资源服务博览会于 10 月 24 日在杭州洲际酒店举行。整个博览会洽谈踊跃,论坛精彩,人群熙攘,气氛热烈,总体非常成功。本届博览会由五大板块组成:

(1)82 家人力资源企业的服务产品现场展示。由于前期准备充分,本届博览会除本省有实力的企业积极报名参展外,北京、上海、广东、重庆等全国各地不少知名机构也纷纷报名要求参展,如国开在线、北京麦课、诺姆四达、任仕达、DDI、VIPABC、香港人本。在展会现场,各参展单位大都推出自己有竞争力的产品并采用各种手段吸引观展商,可谓争奇斗艳,场面颇为热烈。

---

① 《2014 中国(浙江)人力资源服务博览会》,http://hr.southcn.com/h/2015-02/05/content_117849354.htm。

（2）举行了 34 场产品介绍会,接待人数近 2000 人。许多参展商都专门针对自己的服务产品举行了相关介绍会,就各自的产品性能、作用、受众等向前来观展的 CEO、HR 进行详细介绍。

（3）举办了 12 场高峰论坛,吸引逾 3000 人到场听讲。2014 年,由于论坛层次高、观点新,特别是围绕移动互联、大数据推动人力资源服务业态、模式创新,更是受到 HR 们的追捧。

（4）举行了部分知名人力资源公司入驻杭州的签约仪式。其中,世界 500 强企业任仕达集团和杭州市签署入驻意向;广州红海人力资源集团和江干区的浙江杭州智谷人力资源产业园进行入驻签约;博尔捷人力资源集团与下城区的浙江(杭州)人力资源服务产业园进行入驻签约。

（5）进行了《浙江人力资源服务企业信用等级评价(星级评定)标准》和《浙江省人力资源服务业规范》现场发布。

五大板块相互配合,相互交叉,相互呼应,现场人流不息,场面热闹非凡,前来参展和观展的都交口称赞,大呼过瘾,对这次博览会给予了很高评价。

此外,由于这次博览会前期宣传发动工作比较到位,因此前来观展、交流、采购或听论坛的 HR 和企业高管也较上一年多得多。据保守统计,至少超过 8000 人,如按每位观展者平均访问四个展位计,当天入场交流突破 30000 人次。另据不完全统计,各类交流达成初步意向的有 1300 余项。

2. 人力资源服务产业园建设发展研讨会①

2015 年 2 月 5 日,由中国人事科学研究院主办、中国上海人力资源服务产业园区联席会议办公室协办、博尔捷人力资源集团承办的"人力资源服务产业园建设发展研讨会"在上海人力资源服务产业园区举行。来自全国十几个省、市的人力资源和社会保障部门、人力资源服务产业园、知名企业、行业协会以及专家学者代表参加了会议。

会上,博尔捷人才研究院院长夏鸣介绍,人力资源服务业的主要业态,包括人力资源招聘、职业指导、人力资源和社会保障事务代理、人力资源培

① 罗旭:《蓬勃兴起的人力资源服务业:为创新驱动添加"活性剂"》,http://epaper.gmw.cn/gmrb/html/2015-02/10/nw.D110000gmrb_20150210_1-16.htm? div=-1。

训、人才测评、劳务派遣、高级人才寻访、人力资源服务外包、人力资源管理咨询和人力资源信息软件服务等,其发展水平体现着一个国家或地区的人力资源开发利用水平,也直接关系到人才的全面发展。作为现代服务业的重要组成部分,伴随着市场配置人力资源的规模不断扩大,我国人力资源服务业从无到有、蓬勃兴起,2013 年全年营业收入已达 6945 亿元。已有江苏、浙江、山东、辽宁、天津、北京、河北七个省市出台了促进行业发展的意见,人力资源服务业的政策体系框架已经在逐步构建。

2010 年 11 月,第一个国家级人力资源服务产业园区——中国上海人力资源服务产业园区正式揭牌运行。建设产业园的目的就是要搭建一个行业集聚发展的平台,使人力资源服务业的发展,站在一个更高的起点上,创造一个更加良好的发展环境,更有利于推动区域经济和民生事业发展。

(二)各省市主流报纸媒体报道情况

本部分通过对各省市(除港澳台地区)主流报纸对"人力资源服务业"的相关报道数量进行统计分析(见表 2-1-6)。

天津、江苏、重庆、山东、安徽、四川等地对于"人力资源服务业"的相关报道数量远高于其他省份。针对报纸的报道内容进行分析,发现这些优势省份在 2014 年 10 月 17 日—2015 年 10 月 19 日期间,所开展的有关于"人力资源服务业"的活动较为频繁。这是因为这一年度,国家针对人力资源服务业实施专项政策,原本拥有较为丰富的人力资源市场基础的省份,在原有的基础上加以整合,开展大量的相关会议活动,但一些市场基础相对薄弱的省份,仍只能停留在市场监督等常规性活动。因此,如何整合人力资源服务业相对薄弱的省份的市场资源,将会是今后工作的难点。

表 2-1-6　各省市(除港澳台地区)主流报纸报道情况

	北京日报	天津日报	上海新民晚报	重庆日报	河北日报	河南日报	云南日报	辽宁日报	黑龙江日报	湖南日报	安徽日报	山东齐鲁晚报	新疆日报	江苏扬子晚报	浙江日报	海南日报
相关报道篇目	19	47	8	19	3	14	2	13	2	17	29	15	*	16	4	1

续表

	江西日报	湖北日报	广西日报	甘肃日报	山西日报	呼和浩特新闻网	陕西日报	吉林日报	福建日报	贵州日报	广东日报	青海日报	中国西藏新闻网	四川日报	宁夏日报	
相关报道篇目	10	7	1	1	13	1	1	2	7	7	8	6	3	13	4	

资料来源:各省市主流报纸门户网站,资料搜索时间段:2014.10.17—2015.10.18。

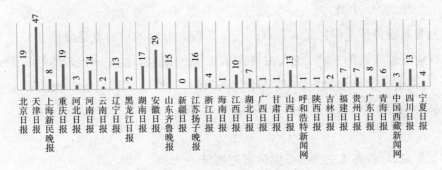

图 2-1-5　各省市(除港澳台地区)主流报纸报道数量直方图

第二章　各地人力资源服务业发展状况评价

【内容摘要】

在中国,人力资源服务业是新兴行业,行业在国内发展的时间还比较短,各地区之间发展差异较大,经济落后地区人力资源服务业发展水平较低,难以为经济发展提供足够的人力资源服务,这将制约不发达地区的人才资源配置,造成经济低效率。而且如果放任人力资源服务业各地发展差距的进一步拉大,则将有更多的人力资源服务企业流向发达地区,使得不发达地区人力资源服务匮乏的状况变得更严重,这将进一步拉大地区间经济发展差异,不利于发挥人力资源服务业对国民经济和产业升级的推动作用。因此,政府需要通过运用宏观政策和产业政策遏制这一现象的愈演愈烈,而制定正确政策的前提是首先要找到各地人力资源服务业差距产生的原因,然后才能对症下药。

本章主要针对人力资源服务业的宏观影响因素、地区间人力资源服务业发展差距和各地人力资源服务企业竞争力差异这三个方面的问题,收集了相关数据资料,运用面板模型、聚类分析和主成分分析等方法对上述问题进行了分析,分析结果认为人力资源服务业健康快速发展的基础是经济的发展和转型,一个地区只有经济发达到一定程度,才能有人力资源服务业发展的经济土壤,因此,要想发展人力资源服务业,归根结底是要经济进一步发展,促进产业进一步升级。此外,增强企业活力也是行业健康发展的重要手段,分析显示人力资源服务业较发达的地区人力资源服务企业规模较大,民营化程度更高。

Chapter 2 Evaluation of the Development Status of the HR Service Industry in Various Regions

【Abstract】

In China, the human resources service industry is an emerging industry that has developed for only a short period of time. Considerable gap in development of the HR service industry has been identified among different regions in China. With a relatively low level of development of the HR service industry, economically undeveloped areas can hardly acquire adequate human resources services from the human resources service industry to drive the economic development, thereby restricting human resources allocation in those areas and resulting in economic inefficiencies. Moreover, if it was left untreated, the regional HR development gap will continue to be widened with even more HR service providers moving to developed areas, thus making the HR service inefficiency even worse in the underdeveloped areas. This will further widen the economic development gap between regions and is not conductive to give full play to the roles of the HR service industry in promoting the national economic development and industrial upgrading. In this sense, governments shall curb this phenomenon by employing macroeconomic and industrial policies. Whereas, the premise behind promulgating correct policies is to find out the reasons for the regional gap in the development of the HR service industry and then come up with specific ways to solve the problem accordingly.

This chapter mainly focuses on three aspects, i.e., macroscopic influence factors of the HR service industry, regional development gaps in China's HR service industry and regional differences in the competitiveness of enterprises in the HR service industry. Based on the collected data, this chapter examines in detail the above-mentioned issues through many methods such as panel model, cluster analysis and principal component analysis. Analysis results have shown that economic development and transformation serves as the basis for the rapid and healthy development of the HR service industry. The development of the HR service industry can only be possible when a certain level of regional economic development is achieved. Therefore, in the final analysis, without further economic development and further industrial upgrading, there can be no genuine development in the HR service industry. Additionally, enhancing the vitality of enterprises is an important means to achieve healthy development of the industry. Analysis also demonstrates that human resources service providers are larger with higher degree of privatization in regions with a more developed human resource service industry.

一、各地人力资源服务业发展状况评价的背景和意义

（一）研究背景

随着经济全球化和知识经济的深入发展，世界范围内掀起了一场以资源优化配置、降低消耗、提高效率为主题的变革。在这场变革中，资源和人才、知识和技术成为知识经济时代的商家必争之地。对人力资源的不断开发是成功企业进一步走向成熟的基础，也是企业保持持久竞争优势的条件，而要培养和吸收一批优秀的人才，必须要营造一个良好的人才成长环境。人力资源服务业正是塑造这种环境所必不可少的催化剂。在这种背景下，专业的人力资源服务机构应运而生，人力资源市场蓬勃发展。国外人力资源服务业已经实现了知识化、专业化、品牌化、规模化、信息网络化和以客户为导向的发展模式。

第一，智力资源在企业发展中逐渐成为核心资源，进而演变成为企业的核心竞争力。国际巨头借助其娴熟的知识管理能力，能够迅速地获得解决方案，满足客户的需求。专业的人力资源服务机构花费大量的时间和精力在数据库建设、案例研究、工具开发等方面。

第二，国际人力资源服务巨头比较注重品牌建设，他们把品牌建设视为一个企业生存的重要基础。品牌源于产品和服务，但更基于理念的推广和宣传。因此，国内企业要在激烈的市场竞争中树立品牌战略意识，在提高产

品和服务质量的同时,促进产品理念的推广和品牌形象的宣传。

第三,单一的产品服务已经不能满足激烈市场竞争的需要。从人才派遣到人力资源管理咨询,从 HR-BPO 到 E-HR,外资企业的人力资源服务已经不再只提供单一的产品,其产品服务覆盖了雇员的整个生命周期,而且满足了人力资源管理各个价值层面的需求。

第四,人力资源服务信息化,有效地提高了服务的效率、降低了交易成本,同时为终端用户提供更为精确和便捷的服务。通过网络提高客户的自我服务能力,强化客户关系。

为了促进中国本土人力资源服务业的发展,帮助政府部门、行业协会广大专业人士和从业人员更好地了解人力资源服务业在中国发展的具体情况,本章在深入研究该行业内各企业情况的基础上,本着公平公正和实用性的原则,对全国各个省的人力资源服务业发展情况进行评价和分析,将全国范围内人力资源服务业发展的情况尽可能准确地展示出来。

(二)研究意义

在全国经济产业发展的总体格局下,人力资源服务业占据重要地位,它是现代服务业的重要组成部分,对公司、企业乃至国民经济的健康快速发展有重要意义。因此,了解人力资源服务业的发展状况,尤其是不同地区人力资源服务业发展状况的差异,能帮助大家更好地了解人力资源服务业在我国的发展水平,以及不同地区间的差异,这对国家制定合理的产业政策,统筹地区发展大有帮助。

1. 了解不同地区人力资源服务业的发展态势

人力资源服务业是现代服务业的重要组成部分,其发达程度在很大程度上会影响整个国家的经济发展和产业结构升级。对于如此重要的一个产业,我们必须对其发展程度和态势有深入的了解和精准的把握,否则将难以制定有效的政策来促进这个行业的发展。

我国幅员辽阔,东西、南北差异较大,这种差异不仅体现在文化和生活习惯上,更体现在经济发展水平和所处经济发展阶段上。总体而言,东部较中部和西部更为发达,中国经济最为发达的几个地区都分布在东部沿海地区。这些地区的发展程度接近欧美发达国家水平,产业结构更为现代化,第三产业产值占比较大;而中部和西部总体经济发展水平较低,产业结构仍比较落后,部分地区的支柱产业为采掘业和农业,与发达水平差距较大。中国经济发展的地区差异较大,因此要想统筹区域发展必须先了解地区间的差异以及产生这种差异的原因,只有这样才能制定合理可行的经济和产业政策。对于人力资源服务业来说也是如此,只有先了解其发展状况和地区差异,才能有的放矢,制定合理的产业政策,促进这个行业更好更快地发展。

2. 为有效制定人力资源服务业产业政策提供依据

人力资源服务业的发展面临着一个不容忽视的问题,即政府的扶持和调控具有很大难度。行业持久而稳定的发展离不开政府的有效调控和指引,人力资源服务业同样如此,政府需要从宏观上把握、了解、控制与协调行业的运作与发展,提高政府管理的科学性和有效性。为此,本章立足中国人力资源服务业发展的实际情况,结合该领域的各项理论研究力图对各地区人力资源服务业发展状况进行合理的评价,为政府制定有效的产业扶持政策提供依据。

一个行业在我国的健康成长需要不同地区间的均衡发展,否则这个行业难以持续繁荣。人力资源服务业作为一个新兴行业,在我国的发展是很不平均的,东部发达地区的人力资源服务业资源远多于中西部,这样的状况是不利于人力资源服务业健康成长的。因此,政府需要制定相应政策,统筹各地区人力资源服务业的发展,从而促使这个行业一步步走向繁荣。

3. 促进人力资源服务业的长远发展

近几年,随着人才观念的加强和对人才重视程度的提升,我国人力资源服务业逐步发展起来,但与外国人力资源服务业相比,也存在着各种不容忽视的问题。人力资源服务业的发展态势、发展需求以及存在的问题,都是值得关注的。

人力资源服务业作为促进人力资源优化配置的服务行业,是第三产业的一个重要分支。目前全球的人力资源服务业取得了飞速发展,成为一个令人瞩目的"朝阳产业"。目前,中国的人力资源服务业经过了多年的发展,已经初具规模,并塑造了良好的产业发展形象,稳步增长、良性发展是其显著特征。

一个行业发展成熟的标志在于行业规范的建立。人力资源服务业作为新兴的朝阳产业,能为各行各业的发展带来巨大的支持和帮助,但由于起步较晚,发展不规范,整个行业的服务水平难以满足日益增长的市场需求。同时,由于缺乏专业人才、智力资源和经验的积累,导致该行业与国际水平差距仍然很大,也出现各种问题和弊端,因此制定行业规范是政府解决人力资源服务业各种问题的首要任务。

为促进人力资源服务业健康而持久的发展,政府部门需要树立起长远的目标,着眼未来,摸清行业的发展现状,制定相应政策,指导和调控这个行业的未来发展。

二、各地区人力资源服务发展能力差异的原因分析

(一) 人力资源服务发展能力地区差异的理论分析与文献综述

目前,针对人力资源服务业发展能力的区域差异分析,国内研究不多,且多以理论研究为主,从人力资源服务业的行业特征入手,研究区域差异的影响因素;而实证分析也多从人力资源服务企业入手,从企业的角度看行业的发展。从宏观视角研究人力资源服务业的文章比较有限,而从宏观的视角看问题可以对这个问题在宏观和全局上有所了解和把握,因此有必要先从宏观的角度研究人力资源服务业发展能力的区域差异影响因素。

国内对服务业的区域差异影响因素研究较多,方法和理论也较为成熟,本书借鉴了相关经验开展研究。人力资源服务业是服务业的组成部分,其发展状况与服务业的发展是有一定相关关系的,而服务业的发展则与整个经济的发展水平和产业结构高度相关。配第-克拉克定律表明,人均国民收入水平的提高,劳动力会从第一产业向第二产业等非农部门转移,随着经济的进一步发展,又会向第三产业转移。因此,第一产业的就业人口会不断减少,而第二、第三产业的就业人口不断增加。库兹涅茨更是认为,随着经济的发展,第一产业增加值占国民经济比重会不断下降,第二产业增加值所占比重不变或略有上升,第三产业增加值所占比重会不断增加。作为第三产业的组成部分,人力资源服务业会随着第三产业的发展而发展,经济较为发达的地区,劳动力和资源会向第三产业转移,第三产业的产值和产值比重会不断提高,人力资源服务业自然会从这个过程中受益。此外,国外的研究

者还从其他角度对服务业的发展进行了研究,P.Romer(1990)①,Grossman、Helpman(1991)②,Aghion、Howitt(1992)③建立了"新知识"的生产函数,研究了知识增长率的动态学。他们的模型显示服务业的发展水平与地区的对外开放程度呈正相关,对外开放可以促进服务业的发展水平。现实经济的证据是认可这一结论的,通过对外开放,我们可以学习更为先进的管理和技术,而这对现代服务业的发展能起到至关重要的作用。对外开放也是一个交流的机会,不同的观念和思维碰撞会产生新的理念,我国改革开放三十多年来的发展历程也基本印证了这一结论。从概念上划分,人力资源服务业是生产性服务业④的组成部分,有的学者研究了影响生产性服务业发展的主要因素。Valter Di Giacinto & Giacinto Micucci(2007)分析了意大利生产性服务业增长的决定因素,研究发现人力资本对生产性服务业的长期发展发挥了正向的影响,此外区域市场规模也是重要的影响因素。这是针对发达国家的研究,有研究者认为发达国家和发展中国家面临的经济形势完全不同,生产性服务业的影响因素也可能完全不同。Metka Stare(1999)研究了目前处于经济转型期的斯洛文尼亚的生产性服务业发展的决定因素,认为受过良好教育并且熟练的劳动力、信息技术的更好运用和相关设施的完善以及竞争性的生产性服务业市场都是影响该国生产性服务业发展的重要因素。

　　国内的研究者对这一问题也进行了深入的讨论,主要有两类文献。第一类文献中,研究者站在服务业的视角研究影响因素,李江帆(1994)⑤是最早进行相关研究的。他从需求角度对服务业的发展进行研究,认为影响服务需求的主要因素是人均国内生产总值、城市化水平、人口密度、服务产品

---

　　①　Romer Paul M.,"Endogenous technological change",*Journal of Political Economy*,1990,98(10):71-102.

　　②　Grossman Gene M.,Helpman Elhanan,*Innovation and growth in the global economy*,Cambridge,MA:MIT Press,1991.

　　③　Aghion Philippe,Howitt Peter,"A model of growththrough creative destruction",*Econometrica*,1992,60:323-351.

　　④　生产性服务业是指以市场化的中间投入服务为主导的行业。

　　⑤　李江帆:《第三产业的产业性质、评价依据和衡量指标》,《华南师范大学学报》1994年第3期。

的输出状况,上述因素通过对服务需求的影响进而对服务业发展状况产生影响。而江小涓、李辉(2004)①使用 267 个地级及以上城市数据,分析了人均收入、城市规模、人口密度和城市化水平与服务业增加值比重、就业比重的相关关系,他们研究认为 GDP 对服务业发展水平的作用不明显,人口规模和人口密度对服务业增加值比重的影响最大,而城市化水平是影响城市服务业增加值比重的重要因素。此外,李勇坚(2004)②利用面板数据分析了中国服务业内部各个行业的影响因素,结果表明,没有一个解释能力特别强的因素普遍适用于解释服务业各个行业的发展。郭文杰(2006)③认为,城市化是推动服务业发展的重要动力,服务业发展是一国经济发展水平提高的必然结果。曾国平、刘佳、曹跃群(2008)④基于省际面板数据的协整检验,探究了中国服务业发展与城市化关系的区域差异,指出东、中、西部地区服务业发展与城市化之间的因果关系存在显著差异。朱军、何静、马虎兆(2008)⑤通过实证分析了影响天津市服务业发展的影响因素,提出经济发展水平、对外开放水平、基础设施建设水平、体制改革水平和技术创新水平是影响服务业发展的重要因素。

在第二类文献中,研究者的视角则转向生产性服务业。江小涓、李辉(2004)使用 267 个地级及以上城市数据分析了人均 GDP、城市化水平、人口密度、人口规模与服务业增加值比重、服务业就业人员比重的相关关系。研究发现,人均 GDP 对服务业增加值的影响显著为负,但是对服务业就业基本没有影响;人口规模对服务业增加值比重的影响最大;而人口密度对服务业就业比重的影响最大;城市化水平对服务业就业比重的影响为负数。顾乃华(2004)以增加值增长率为被解释变量,考察了起点规模、地理位置

---

① 江小涓、李辉:《服务业与中国经济:相关性和加快增长的潜力》,《经济研究》2004 年第 1 期。

② 李勇坚:《中国服务业内部各个行业发展的影响因素分析》,《财贸经济》2004 年第 7 期。

③ 郭文杰:《服务业增长、城市化与经济发展——改革开放后中国数据的经验研究》,《当代经济科学》2006 年第 9 期。

④ 曾国平、刘佳、曹跃群:《中国服务业发展与城市化关系的区域差异——基于省际面板数据的协整检验》,《山西财经大学学报》2008 年第 1 期。

⑤ 朱军、何静、马虎兆:《城市服务业发展影响因素的实证分析——以天津市为例》,《科学学与科学技术管理》2008 年第 12 期。

和政策倾斜三个因素对服务业发展速度的影响。李辉(2004)利用各省2002年的截面数据和1998—2002年的时间序列数据分析了我国地区服务业发展的影响因素。研究认为,经济增长和城市化进程同步提高将对服务业增加值比重和就业比重具有正向影响,而城市化率、人均GDP和人均制造业增加值三个变量单独的提高对服务业比重的影响都是负数;非国有率对服务业就业比重有显著的负向影响;居民消费对服务业就业比重具有显著的正向影响;人均政府支出对服务业就业比重具有显著的负向影响。顾乃华、李江帆(2006)分析了我国服务业劳动生产率区域不均衡现象,借助随机前沿生产函数模型,使用面板数据,对技术效率区域差异假说和其影响因素进行了经验检验。研究表明,我国东部、中部和西部的服务业技术效率存在显著的差异,这是我国服务业生产率区域不均衡的重要原因;劳动力素质和市场化进程的差异引起了我国服务业技术效率的区域差异。李江帆(2004)认为,生产的社会化、信息化、市场化和国际化促进了生产性服务业的增长。他根据我国1997年投入产出表计算了第一、第二、第三产业的中间需求率,结果分别为53.1%、61%和51.2%,这意味着我国三次产业生产的农产品、工业品和服务产品用作生产资料的比重分别为53.1%、61%和51.2%。也就是说,我国服务业中生产性服务业的比重占据了一半。韩德超、张建华(2008)利用面板数据考察了专业化分工、产权结构、效率、工业结构、工业化进程和制造业集聚对我国东部、中部和西部生产者服务业发展的影响。庄树坤、刘辉煌(2008)对生产性服务业与金融深化之间的关系进行了研究,结果发现:货币化比率、金融相关率和通货膨胀率等都是影响生产性服务业发展的因素。庄树坤、刘辉煌、张冲(2009)利用1978—2007年的数据,从产值的角度对生产性服务业发展的影响因素进行了实证研究,分析表明:金融相关率和政策因素对生产性服务业的促进作用较强,经济发展水平和分工水平的正向影响较弱,而城市化进程对生产性服务业发展表现出负效应。刘晶、刘丽霞(2011)利用山东省17个地级市2000—2009年的数据,分析了制造业水平、城市化水平、信息化水平、市场化水平、专业技术人员投入等因素对生产性服务业发展水平的影响,结果发现,除了制造业水平表现出显著的负向影响以外,其他因素都对生产性服务业产生了正向影响。

在对国内学者的研究结论进行回顾之后发现,研究者的研究方向和方法不尽相同,得到的结论也不相同,例如,关于制造业、人均 GDP、城市化水平等的影响,不同的研究得出了不同甚至相反的结论。加之目前尚没有直接研究人力资源服务业的影响因素的文章,因此本部分将在前人研究的基础上对人力资源服务业的区域差异进行实证分析,探究其影响因素。

本书设定的影响人力资源服务业发展的因素既对人力资源服务业发展起着至关重要的作用,又呈现明显的区域差异。首先,地区的经济发展水平对人力资源服务业发展状况是有显著影响的,总体经济实力的提升有利于人力资源服务业的进一步发展;其次,地区人均收入状况反映了一个地区的消费能力,当一个地区的人有较充裕的资金时,这个地区的人平均会花费更多的金钱购买人力资源服务企业的服务,反之人们会把钱更多地用于日常生活开支,地区人均收入是从需求角度反映了人力资源服务业的发展水平;再次,城镇化水平也会影响人力资源服务业的发展水平,城镇化意味着更多的劳动力从土地上解放出来进入劳动力市场,这就构成了对人力资源服务的需求;最后,对外开放程度也是影响人力资源服务业发展的重要因素,尤其是在中国这样的发展中国家,本土企业需要学习国外先进的管理经验和技术,因此对外开放对提高地区人力资源服务业发展水平起着举足轻重的作用。

(二) 数据获取与模型建立

1. 数据的选取

本书拟选取全国 31 个省级行政单位 2005—2012 年的数据,建立面板模型进行研究,研究所使用的数据来源于各地方的统计年鉴①。

2. 模型的建立

本书选取的数据是典型的面板数据,因此需要建立相应的面板模型来进行研究。与传统的横截面数据或时间序列数据分析方法相比,面板模型

---

① 需要说明的是,国家统计局现有的行业分类中是没有人力资源服务业的,人力资源服务业的统计散见于不同行业类别中。例如软件业中包含了人力资源服务业的软件外包和软件服务;商务服务业中包含了人力资源服务业的企业管理、咨询与调查及职业中介服务等;教育中包含了人力资源服务业的培训服务等。因此本书所采用的关于人力资源服务业的数据是从相关各行业数据中筛选提取出来的,是一种近似的代替,如果未来国家统计局能发布专门的人力资源服务行业数据,采取本方法所得到的结论将更精确、更有说服力。

分析是前两者的结合,能够有效地减少解释变量出现多重共线性的可能性,更好地解决忽略变量与解释变量的相关性,从而使得参数估计结果更为可信。在面板模型分析中,与有效使用数据密切相关的问题是固定效应模型(Fixed Effects Model)还是随机效应模型(Random Effects Model)的判断问题。当推断限于横截面单位时,应考虑固定效应模型;当推断是关于总体的时候,则应考虑随机效应模型。本书主要研究模型中解释变量对被解释变量的影响方向和影响程度,即考虑横截面变量影响情况,所以本文的回归方程采取固定效应模型。

本书采用 2005—2012 年中国省际面板数据,实证研究我国人力资源服务业影响因素的区位差异。在面板数据模型的理论基础上建立的如下回归方程:

$$HRGDP_{it} = \alpha_0 + \beta_1 PGDP_{it} + \beta_2 INCOME_{it} + \beta_3 INVESTMENT_{it} + \beta_4 FDI_{it} + \beta_5 CONSUM_{it} + \beta_6 SAVE_{it} + \beta_7 CITY_{it} + \beta_8 INDUSTRY_{it} + \mu_{it}$$

在上面的方程中,i 代表横截面,即 31 个省级行政单位,t 表示时间,从 2005 年到 2012 年,μ_{it} 代表横截面在时期 t 的随机扰动项,α_0 代表常数项;模型中各个变量的含义和计算方法见表 2-2-1。

表 2-2-1　变量含义一览

	变量名称	含　　义
被解释变量	HRGDP	人力资源服务业产值与当地 GDP 的比值,用以表示当地人力资源服务业的发展程度
解释变量	PGDP	人均国内生产总值,表示地区经济发展水平
	INCOME	居民人均可支配收入,表示居民的生活水平
	INVESTMENT	固定资产投资情况,表明当地的投资水平
	FDI	利用外资情况①,表示该地的对外开放程度
	CONSUM	居民消费性支出,表示当地的消费规模
	SAVE	城镇居民储蓄余额,表示当地的消费潜力
	CITY	城镇化水平,城镇人口占总人口的比重
	INDUSTRY	第二产业增加值与 GDP 的比值,表示当地第二产业的发展水平

① 指外商直接投资金额。

3. 模型的估计结果及说明

在模型检验的过程中，我们对样本总体、东部省份、中部省份和西部省份分别进行了检验，模型回归的结果见表2-2-2。

表 2-2-2　模型回归结果

变　　量	总　　体	东　　部	中　　部	西　　部
PGDP	0.001***	0.002**	0.001*	0.006*
INCOME	0.8641***	0.1246***	0.1549***	0.038***
INVESTMENT	−0.132**	−0.3651***	0.3012	−0.0203
FDI	0.2073***	−1.33	0.0314*	0.0107*
CONSUM	−0.1975	0.196*	0.0865	0.1903
SAVE	1.017*	0.2318**	0.0774***	0.04203***
CITY	0.0219	0.0386**	0.0823	0.008
INDUSTRY	−0.002***	−0.002*	0.001*	0.001

注：*** 表示 1% 的显著性水平，** 表示 5% 的显著性水平，* 表示 10% 的显著性水平。

表 2-2-2 的结果显示，从总体上看，人均国内生产总值、居民人均可支配收入、固定资产投资情况、利用外资情况、城镇居民储蓄余额、第二产业的发展水平对人力资源服务业发展的地区差异有显著影响，而居民消费性支出、城镇化水平则没有显著影响；在东部地区，人均国内生产总值、居民人均可支配收入、固定资产投资情况、居民消费性支出、城镇居民储蓄余额、第二产业的发展水平对人力资源服务业发展的地区差异有显著影响；在中部地区，人均国内生产总值、居民人均可支配收入、利用外资情况、城镇居民储蓄余额、第二产业的发展水平对人力资源服务业发展的地区差异有显著影响；在西部地区，人均国内生产总值、居民人均可支配收入、利用外资情况、城镇居民储蓄余额对人力资源服务业发展的地区差异有显著影响。

人均国内生产总值在四个组的数据检验中系数符号均为正且显著，说明人力资源服务业发展水平与当地经济水平密切相关。经济发达的地区，资源和投资转向第三产业，这其中会有相当部分投入人力资源服务业。人力资源服务业会随着整体经济的发展而进步。

居民人均可支配收入在四个组的数据检验中系数符号均为正且显著，

说明居民富裕程度对人力资源服务业的发展有推动作用。居民可支配收入较多,则人们会有更多的资金投入消费领域,这将促进第三产业的发展,人力资源服务业会从这个过程中获得资金和发展机会。

固定资产投资情况在样本总体和东部地区组的数据检验中系数为负且显著,在中部地区组和西部地区组的检验中不显著。固定资产投资对人力资源服务业的发展有一定的制约作用,原因是人力资源服务业是智力密集型行业,过多的固定资产投资对这个行业的发展意义不大,而且在社会总投资一定的情况下,将过多资金投入固定资产投资会造成对人力资源服务业投资的挤出,因此该系数符号会显示为负。在中部地区和西部地区,人力资源服务业尚处于发展初期,规模很小,加之在这些地区的固定资产投资多是政府主导而非市场行为,因此在这两组中,该参数系数不显著。

利用外资情况在样本总体、西部地区组和中部地区组的数据检验中系数为正且显著,在东部地区组不显著。利用外资情况反映了一个地区的开放程度,中国作为一个后进经济体,对外开放、利用外资可以使我国学习先进的技术和管理方式,有助于自身的产业发展和经济进步。对人力资源服务业来说也是这样,引入外资有助于本土人力资源服务企业学习西方先进的人力资源服务理念和模式,以及人力资源服务企业的管理方式,这对人力资源服务业的发展是大有裨益的,数据检验显然也支持这样的结论。而利用外资在东部地区对人力资源服务业发展影响不显著的原因则是东部地区是中国对外开放最早的地区,外资引入在很多年前就开始进行了,其市场化程度和对外开放程度都很高,人力资源服务业的发展水平在国内也属于领先水平,外资引入对人力资源服务业的促进效应在早期基本都已显现出来,而根据边际效应递减的规律,后来引入的外资对人力资源服务业的促进作用将弱于早期引入的外资,随着时间的推移,这一促进作用越来越弱,因此数据检验的结果就不显著了。中国的中东部地区引入外资时间较短,外资引入对人力资源服务业的促进效应比较明显,数据检验结果显著。

居民消费性支出仅在东部地区组的数据检验中系数显著为正,在其他三组均显示为不显著。居民消费性支出对人力资源服务业的影响机理与居民人均可支配收入相似,居民的消费会促进第三产业的发展,人力资源服务业将会从第三产业的发展中受益。但中国居民将相当部分的收入进行储蓄和投资,投入消费的支出比重较小,而这部分消费又主要流向基本生活用品开支,消费性支出对人力资源服务业的促进作用相当有限。在东部地区,居民消费性支出占居民可支配收入的比重会更高一点,居民会将收入中更多的部分用于消费,这部分消费资金就更有可能流向人力资源服务业,因此在东部地区居民消费性支出对人力资源服务业发展起到显著促进作用。

城镇居民储蓄余额在四个组的数据检验中系数符号均为正且显著。在国民收入核算中,与储蓄相对应的是投资,居民储蓄水平较高意味着社会有更多的投资来源,而任何一个行业的发展都离不开投资,因此城镇居民储蓄余额对人力资源服务业的发展有显著的促进作用。

城镇化水平仅在东部地区组的数据检验中系数显著为正,在其他三组均显示为不显著。城镇化程度高,意味着人口的集中,人口集中带来的最大的好处就是服务业的迅速发展,人口的聚集也促进了产业的升级和发展,在这个过程中人力资源服务业将会有很多机会。同时,考虑到中国的国情,城镇化意味着更多的农民离开土地进入城镇,这些农民要想在城镇中生存下去就必须有工作,这些人群对工作的需求是人力资源服务业需求方面的重要组成部分。然而数据不太支持这一结论,原因是在中西部地区,城镇化水平太低,人口转移还没有大规模的发生,还有相当比重的人口从事第一产业的生产;而在东部地区,城镇化水平较高,生活在城镇尤其是大城市中的人口较多,而且东部的部分省份是其他地区农民工进城的目的地。上述这些因素造成了东部地区城镇化水平对人力资源服务业发展有显著促进作用。

第二产业发展情况在样本总体、东部地区组的数据检验中系数为负且显著,在中部地区组的数据检验中系数为正且显著,在东部地区组不显著。产业升级发展的一般规律是从低级到高级,从第一产业经由第二产业到第三产业。与发达国家第三产业占主导的经济结构不同,目前在我国第二产业产值在三大产业中排名第一,过多资源和要素诸如银行信贷流向第二产业,会对第三产业的发展形成挤出效应,因此,在全国范围内特别是在东部地区,第二产业的发展对人力资源服务业的进步有制约作用。中部地区目前的产业结构正在大规模从第一产业转向第二、第三产业,第二产业和第三产业的发展在某种程度上是同步的,因此在中部地区第二产业的发展对人力资源服务业的进步有促进作用。而在广大西部地区,大规模的产业升级尚未开始,第二产业的发展与第三产业发展间的关系尚不明确。

(三) 结论和政策建议

人力资源服务业是国民经济的重要组成部分,对国民经济的发展有着重要作用。目前国内人力资源服务业处于快速发展阶段,不同地区间产业发展水平差异较大,从全国范围内看国家应该针对不同地区的人力资源服务业制定相应的产业政策,促进其在全国范围内均衡、健康发展。

东部地区是中国经济最发达的地区,在未来相当长的一段时间内也会是中国经济的发动机,东部地区也是中国大陆现代人力资源服务业最早出现的地区,其产业发展水平领先全国。东部地区的人力资源服务业发展会对其他地区形成拉动作用,东部地区成长起来的人力资源服务企业发展到一定阶段之后会主动开拓中西部的市场,形成对中西部地区的资源输入和产业拉动作用。国家应该制定相应的政策,促进东部地区人力资源服务业的进一步发展,东部地区的人力资源服务业水平虽然领先全国,但落后于世界先进水平,其企业研究能力、管理水平和服务专业化水平与发达国家的人力资源服务企业相比仍显落后,业内也未产生出有很大知名度和影响力的行业龙头企业,总体而言行业竞争优势不明显。借着全国和地区经济快速发展的东风,目前东部地区的人力资源服务行业已初具规模,行业内企业数量众多,下一步国家应将产业政策的重点放到提高行业内企业质量以及培养企业核心竞争力上。为此,国家应进一步鼓励开放,让更多世界级人力资源服务巨头来中国发展,这一方面可以为本土企业提供学习效仿的机会,另一方面也给本土企业带来更大的发展压力,促使其提升服务质量和竞争力。在如何利用外资上,国家也可以采取更多的手段,例如对以合资形式进入中国市场的外资人力资源企业给予一定政策或经济上的优惠,加大中国企业向外国人力资源服务企业学习的力度,尽可能深入地挖掘外资中蕴含的管理、技术资源。

中西部地区相对于东部地区而言经济发展水平不足,产业结构落后,这也是这些地区人力资源服务业发展水平落后的根本原因。要想从根本上促进这些地区人力资源服务业的发展,先要努力发展经济,促进产业升级,让更多的人口、资源和要素流向现代制造业和现代服务业。在这样一个升级发展的过程中,人力资源服务业能获得很大的发展机会和空间。与此同时,中西部地区应发挥"后发优势",积极向东部地区学习,学习其行业发展的经验和监管措施,同时从东部地区向中西部地区引进人力资源服务企业,为中西部人力资源服务行业的发展作出贡献,这比引入外资、向外企学习简单很多,成本上也低很多。

从全国范围内来看,促进人力资源服务业发展的根本途径仍是发展经济、促进经济转型升级。与此同时,结合本节实证结论,国家也应该设法改变经济发展的驱动力,让消费成为经济发展的主要驱动力。就第三产业发展经验而言,政府主导的大规模投资很难促进这个行业的长期快速发展,而消费可以长时间地支撑这一行业快速发展,因此国家应该创造条件让更多的资金流动起来,转变为消费,这将促进包括人力资源服务业在内的整个现代服务业的长期健康发展。

三、各地人力资源服务业发展状况评价

(一) 人力资源服务业发展状况评价的理论背景

1. 人力资源服务业的界定

在我国人力资源服务业是一个朝阳产业,它进入我国时间不长,很多细分的行业还没有发展起来,行业结构相对单一,因此本书首先参考发达国家对人力资源服务业的定义,对相对发达的人力资源服务业的构成和界定进行了解和研究。

在美国,人力资源服务业主要包括:(1)行政管理和普通管理咨询服务和人力资源及高级管理人员搜寻咨询服务,具体包括薪酬福利、劳动关系、人事管理、员工评价、员工薪酬等方面的咨询服务以及人力资源和人事政策、薪酬系统规划、薪酬管理、高级管理人员搜寻和雇佣等方面建议和帮助的服务。(2)就业服务由就业安置中介、短期支持服务和专业派遣组织等构成,其中短期支持服务,指的是除农村劳动力提供以外,在一定期限内为客户企业提供人员。(3)专业和管理开发培训,包括管理和专业发展的短

期课程和研讨会等①。

在英国,人力资源服务业主要包括:(1)人力资源管理咨询。(2)劳动力录用和人事服务,具体包括国内中介、就业中介、就业顾问、高级管理人员、高级管理人员录用顾问等。(3)管理培训服务。

在英美两国关于人力资源服务业的界定中,尽管一些名词和具体构成有些许出入,但两者的界定中都涵盖了人力资源管理咨询服务、就业服务和培训服务,因此这三方面的服务应该是人力资源服务业所提供的主要服务。

我国的情况与外国有所不同,我国人力资源服务业的定义有广义和狭义之分。狭义的人力资源服务业主要是指人力资源中介,主要包括猎头公司和人才市场,即强调人力资源服务业的就业服务功能。广义的人力资源服务业主要包括专业的人力资源服务公司和能提供人力资源咨询的管理顾问公司,这些公司为客户提供战略和操作两个层面上的服务。我国过去主要强调人力资源服务业的就业服务功能,但随着中国经济社会的进一步发展,人力资源管理咨询和培训服务也逐渐成为人力资源服务业的重要组成部分,这些细分行业正在越来越多地在国民经济发展中发挥着作用并创造着社会价值。

2.竞争力评价理论和方法

评价不同地区人力资源服务业发展状况实质上就是对不同地区人力资源服务业的竞争力进行评价。对竞争力评价的方法多种多样,比较常见的有综合指数法、聚类分析法、因子分析法等。按其属性可划分为定性评价方法、分类评价方法、排序评价方法和操作型评价方法。

(1)定性评价方法

定性评价方法有因素分析法及内涵解析法。因素分析法一般采取"由表及里"的因素分析方式,从最表面、最容易感知的属性入手,逐步深入更为内在的属性和因素展开分析。内涵解析法将定性分析和定量分析相结合,重点研究影响区域竞争力的内在因素,对于一些难以直接量化的因素,可以采取专家意见或者问卷调查的方式进行分析判断。

---

① U.S. Dept. of Commerce Economics and Statistics Administration, U.S Census Bureau, "2002 Economics Cesus", www.doc.gov.

（2）分类评价方法

分类评价方法有模糊综合评价法、聚类分析法、物元分析法等几种。模糊综合评价法既有严格的定量刻画，也有对难以定量分析的模糊现象进行的定性描述，定性描述和定量分析相结合比较适合区域竞争力评价的评价方法。聚类分析法是研究分类的一种方法，是当代分类学与多元分析的结合，可以对不同区域的竞争力状况进行分类，判断区域竞争力的相对强弱。物元分析法把物趣分析理论运用于系统的研究，建立系统物元、相容系统和不相容系统等概念，并提出了化不相容系统为相容系统的有关方法，通过系统物元变换，可以处理不相容系统中的问题。

（3）排序评价方法

排序评价方法有综合指数评价法、主成分分析法、因子分析法、集对分析法、层次分析法、功效系数法等几种。

综合指数评价法是一种综合指标体系评价法。该方法通过选取一定的定性指标以及定量指标，经过无量纲化处理，达到了统一量化比较的目的，从而得出具体的综合评价指数。

主成分分析法就是找到几个彼此不相关的综合指标，并且尽可能多地反映原来指标所提供的信息量。

因子分析法是假设大量观测变量背后潜藏着少数几个维度，冠为"公因子"，每个观测变量总变异中的绝大部分能够被这几个公因子所解释，不能被公因子解释的部分称为该变量的"特殊因子"。因此，一般情况下，所有观测变量都可以表示为公因子和特殊因子的一个线性组合，称为因子分析的线性模型。

集对分析法是一种新的系统分析方法，核心思想是把确定、不确定视作一个系统，在这个系统中，确定性与不确定性互相转化，互相影响，互相制约，并在一定条件下互相转化，用一个能充分体现其思想的确定、不确定式子来统一地描述各种不确定性，从而把对不确定性的辩证认识转换成一个具体的数学工具。

层次分析法是用于解决多层次、多准则决策问题的一种实用方法，它提供了一种客观的数学方法来处理个人或者群组决策中难以避免的主观以及个人偏好影响的问题。

功效系数法是根据多目标规划原理,对每一个指标分别确定满意值和不允许值,然后以不允许值为下限,通过功效函数计算每个指标的功效系数,最后加权计算综合指数的一种评价方法。

(4)操作型评价——标杆测定法

标杆测定方法不但能够评价和判断竞争力的高低,找出竞争力高低的主要原因,而且其研究结果还能指示提高竞争力的路径。标杆测定法评价竞争力的步骤为:第一,确定标杆测定的主题、对象和内容;第二,组成工作小组并确定工作计划;第三,收集资料,开展调查;第四,分析比较,找出差距,确定最佳方法,明确改进方向,制定实施方案;第五,组织实施,并将实施结果与最佳做法进行比较,在比较的基础上进行修改完善,努力达到最佳实践水平,超过标杆对象。

本书将通过构建评价指标体系对各地人力资源服务业发展状况进行比较和评价,在构建评价指标体系的过程中,我们将综合运用上述提到的各种竞争力评价方法,以获得最客观、合理的结果。

(二) 人力资源服务业发展状况评价指标体系

1.人力资源服务业发展状况评价指标体系相关文献梳理

目前文献中尚没有直接关于人力资源服务业发展状况评价指标体系的研究,本书主要回顾了服务业发展状况评价指标体系构建的研究,以期为我们的研究提供一些启示。

国内最早的服务业发展评价指标体系是由李江帆(1994)提出的。他认为一个地区第三产业的发展状况应由服务的社会需求决定,而人均GDP、城市化水平、人口密度和服务输出状况是影响服务需求的主要因素。他用三个方面的指标来衡量服务业的发展状况,包括(1)第三产业就业比重、产值比重;(2)人均服务产品占有量;(3)服务密度。这一体系并未考虑服务业的投入情况,因此是不完善的。2007年山东省在考核各个地区服务业发展水平的内部文件中提出:衡量服务业发展水平的指标体系包括核心指标和配套指标,共有 20 个评价指标,根据主观评价赋予不同的权重。核心指标是衡量规模与发展的指标,包括服务业增加值、服务业增加值增长速度、服务业增加值占地区生产总值比重、人均服务业增加值四项;配套指标是用来衡量质量与效益、结构与协调、组织与领导三个方面的指标。潘海岚（2011）从行业规模、质量效益和发展潜力三方面构建了包含 17 个二级指标的服务业发展水平评价体系。单晓娅等（2005）以贵阳市为例，从区位条件、资源和基础设施条件、经济条件、市场条件、要素条件、社会服务条件六个维度入手构建了评价贵阳市各个辖区服务业发展水平的指标体系，并对各辖区服务业发展状况做了测算和排名。李艳华等（2009）构建了现代服务业创新能力评价指标体系，他们从创新投入、创新环境、创新直接产出、创新经济绩效四个方面构建了包含 8 个二级指标和 11 个三级指标的指标评级体系，并基于这套体系对北京市现代服务业的创新能力进行了评价。邓泽霖等（2012）从发展水平、增长潜力、基础条件和专业化程度四个维度入手构建了包含 18 个二级指标的现代服务业综合评级体系，并对全国省级行政单位的服务业状况进行了评价和排序。陈凯（2014）对中国服务业增长质量的评价问题进行了研究，他从服务业增长结构、增长稳定性、成果分配和资源利用四个维度入手构建了一套三级指标体系，利用 1978 年以来的数据对我国服务业增长质量进行了评价分析。魏建等（2010）则研究了生产性服务业评价的问题，他们从生产性服务业发展水平、生产性服务业聚集区绩效水平和生产性服务业社会供求及效率三方面入手构建了三级指标体系。冯华等（2010）则认为应该从服务业发展规模、服务业产业结构、服务业增速和服务业经济效益四个方面着手构建评价指标体系，他们利用这一体系对 2008 年全国各省份的服务业发展状况进行了评价和排序。

纵观已有文献可以看到，服务业的评价是一项系统工程，单一指标的评价已不能满足研究和分析的需要，已有的研究方向和侧重点各不相同，构建指标体系的视角和维度也不尽相同，但都是构建了一整套完整的评价体系，评级体系大多包含了两到三个层级的指标。这对本书的启示是在构建指标体系时应该做到覆盖面广，至少包括速度、规模、结构、环境、潜力等方面的指标；指标体系应该分层构建；结合人力资源服务业的特点，指标体系中应该有能反映人力资源服务业特点的指标。

2. 人力资源服务业发展状况评价指标体系的构建原则

根据人力资源服务业的界定和范围，综合考虑各种竞争力评价方法的内涵，本书在构建人力资源服务业发展状况指标体系时将遵循以下原则。

（1）功能定位明确，反映不同地区人力资源服务业发展的实际状况。任何指标体系的构建，都是为适应特定的功能需求而进行。人力资源服务业发展状况评价指标体系的构建，其核心目标就是要客观反映不同地区人力资源服务业发展的现状，以便为政府部门制定相关产业政策、区域经济发展政策和战略，为私人部门进行相关投资和进入相关产业提供客观、公正、可靠的依据。因此，在构建这一指标体系时，本书将围绕人力资源服务业的发展规律选取指标，一方面会综合考虑影响人力资源服务业发展的各方面因素，另一方面也会控制指标的量，选取与人力资源服务业发展最为密切的指标。

（2）体现鲜明的人力资源服务业未来发展方向，人力资源服务业未来不仅要发挥人力资源中介的功能，还要更多地发挥人力资源管理咨询和培训教育的功能。指标体系的构建不仅要反映人力资源服务业发展的现状，还要突出中国的产业战略和产业政策，以及中央统筹区域经济发展的战略导向。人力资源服务业在中国处于起步阶段，但根植于快速发展的中国经济，它必将快速成长壮大，成为一个重要的行业，因此必须将目光放长远，紧盯人力资源服务业的国际先进水平和未来发展趋势，为这个行业的健康发展指明方向、铺就道路。通过观察发达国家的人力资源服务业发展状况，可以看到，人力资源服务业在发达国家经济发展中发挥着巨大的作用，它是沟通劳动力市场和生产部门的渠道，现代人力资源服务业的发展方向就是使这一渠道更为通畅和高效，进而促进经济的繁荣，因此，人力资源服务的功能也从最初的人才中介逐步拓展到人力资源管理咨询和培训教育。这一变化一方面符合了人力资源服务业的内涵，同时也指明了人力资源服务业未来的发展趋势，因此本节在构建人力资源服务业发展状况评价指标体系时会将这一发展趋势考虑进去，以体现其未来发展方向。

（3）坚持科学性与系统性的设计理念。指标体系的权威性、引导性，取决于指标选取和指标体系设计是否科学合理。人力资源服务业发展状况评价指标体系的构建，必须从人力资源服务的本质功能出发，在充分的产业发展理论和竞争力评价理论的基础上，选取能反映人力资源服务业发展状况的指标，并结合人力资源服务业发展的趋势进行指标体系的构建，使得人力资源服务业发展状况评价指标体系既要体现人力资源服务业发展的规律与特征，又要反映人力资源服务业发展的未来方向和趋势。在人力资源服务业发展状况评价指标体系的构建中,既注重单个指标的内涵准确,也注重指标体系的系统性和全面性。鉴于我国人力资源服务的具体业务目前仍比较单一,而其未来发展则呈现多元化趋势,作为评价体系的人力资源服务业发展状况评价指标体系必须具有既描述其现有功能和业务又对未来发展作出指示的功能。这就决定了人力资源服务业发展状况评价指标体系并非若干单一指标的简单结构,而应保持完整的系统性,指标间必须相辅相成,从不同层次、不同角度对不同地区人力资源服务业发展的实际状况作出综合反映。

(4)综合考虑可比性与可操作性。人力资源服务业发展状况评价指标体系的一个重要目的是提供不同地区人力资源服务业的发展状况,这就要求设计中必须考虑评价结果在不同地区之间的横向可比性和动态可比性。横向可比性使得指标使用者可以对比不同地区的人力资源服务业发展状况,据此指标使用者对某个具体省份的人力资源服务业发展状况能有更全面的认识;而动态可比性则能使指标使用者对比一个地区不同年份人力资源服务业的发展状况,据此指标使用者可以评价一个地区人力资源服务业发展趋势。与此同时,指标体系设计时还要充分顾及数据可得性与可操作性。对于某些特别重要而又无法直接采集数据的指标,应根据尽可能多的信息进行估计或采取替代的指标,而且所选择的指标其内容应易于理解,不能有歧义,以确保所构建的人力资源服务业发展状况评价指标体系能够准确而方便地计算并应用。

(5)兼顾结构稳定性与灵活性。人力资源服务业发展状况评价指标体系所包含的指标不宜频繁变化,以使评估结果的解释具有一定的持续性与动态可比性。然而又不能将指标体系依据的指标及其权重僵化对待,应保持一定的灵活性。因为随着经济的发展,人力资源服务业的发展可能出现新的变化,国家也可能对人力资源服务业的发展提出新的目标和要求,而这些变化、目标和要求要根据具体的情况进行适当的调整。为了准确、客观反映全国各地人力资源服务业发展状况,构建人力资源服务业发展状况评价指标体系的指标,应与人力资源服务业的发展变化和国家的产业政策和目标相适应,能够在不同的阶段进行适当的调整。

(6)指标体系透明、构成简单。人力资源服务业发展状况评价指标体系构建的指标选择原则、权重确定原则,均在科学性与可操作性的指导下进行。同时,采用比较简单直观的计算方法,避免过于复杂、难以理解的方法。此外,指数编制的方法是公开的,以便政府及相关研究部门的工作人员对人力资源服务业发展状况问题进行协同研究,为人力资源服务业的健康快速发展奠定坚实的群众基础。

3.人力资源服务业发展状况评价指标体系的构建

(1)指标介绍

根据人力资源服务业所包含的业务范围,结合人力资源服务业发展状况评价指标体系构建的原则,并参照竞争力评价理论的相关内容,同时借鉴本书前一节各地区人力资源服务发展能力差异的原因分析中得到的相关结论,本节从两个方面为人力资源服务业发展状况评价指标体系选取指标,分别是人力资源服务业发展现状和人力资源服务业发展潜力。每个方面都包含若干具体的指标,具体见表2-2-3。

表2-2-3 人力资源服务业发展状况评级指标说明

		指　标	说　明
发展现状	发展规模	人力资源服务业增加值比重	人力资源服务业增加值/GDP
		人均人力资源服务业增加值	人力资源服务业增加值/总人口
		人力资源服务业从业人数	无
		人力资源服务业生产率	人力资源服务业增加值/人力资源服务业从业人员数量
	发展速度	人力资源服务业增加值增速	当年人力资源服务业增加值/上年人力资源服务业产值-1
		人力资源服务业从业人员数量增速	当年人力资源服务业从业人员数量/上年人力资源服务业从业人员数量-1
发展潜力		人均国内生产总值	GDP/总人口
		城镇化率	城镇人口数量/总人口
		第二产业增加值比重	第二产业增加值/GDP
		居民人均消费性支出	无
		利用外资情况	当年实际利用外资总额
		城镇居民储蓄余额	无

　　人力资源服务业发展现状主要反映的是一个地区现有人力资源服务业发展的状况,具体包括两部分:发展规模和发展速度。人力资源服务业发展规模主要包括人力资源服务业的产值、从业人员情况和生产效率,这是对一个地区人力资源服务业静态发展状况最直接的说明。表 2-2-3 中列示了本书所选取的具体指标,其中人力资源服务业增加值占 GDP 比重是最为直观的一个指标,它清楚地反映了人力资源服务业在整个国民经济中所占的比重;人均人力资源服务业增加值反映了该地区人均占有的人力资源服务产品;人力资源服务业从业人数从从业人员的角度反映了人力资源服务业的规模;人力资源服务业生产率反映了一个地区人力资源服务行业的生产效率,是对该地区人力资源服务业服务质量的描述。人力资源服务业发展速度主要反映了一个地区人力资源服务业的增长情况,有的地区可能在总量指标上占优势,但增长缓慢,最终还是会被后进高增长的地区所超越,因此人力资源服务业发展速度也是我们需要考虑的重要方面,它是对一个地区人力资源服务业动态发展状况最直接的说明。表 2-2-3 中列示了我们所选取的具体指标,两个指标都是增速指标,分别反映了人力资源服务业增加值和人力资源服务业就业人员数量的增长速度。

　　人力资源服务业发展潜力指标主要反映了一个地区人力资源服务业未来的可能发展状况,这些指标虽与人力资源服务业不直接相关,但却很好地说明了一个地区未来的发展潜力。人均 GDP 反映了一个地区的整体经济发展水平,相关经济理论指出随着一个地区的经济发展,其产业结构也在发生着变化,从业人口和资源逐渐从第一、第二产业向第三产业转移。考虑到中国整体的经济发展水平,中国应该处于人口和资源大规模向第二产业转移,部分地区向第三产业转移的阶段,人力资源服务业是第三产业的分支,因此当一个地区人均 GDP 水平较高时,预示着其第三产业将会迎来巨大的发展空间,人力资源服务业也将从中受益,反之人力资源服务业的发展仍会受到人口和资源的限制;城镇化率是一个反映地区居民结构的指标,城镇化率高,说明人口更加集中在少数地区,更加集中的人口会促进包括人力资源服务业在内的现代服务业的发展,此外,城镇化率高意味着更多的农民离开土地进入城镇,这部分农民的流动会带来对人力资源服务的需求;第二产业增加值占 GDP 的比重描述了一个地区产业结构的现状,当一个地区第二产业较为发达时,意味着这个地区会更早开始产业的升级,资源和要素将从第二产业流向第三产业,人力资源服务业将从这个过程中受益,反之则说明这一地区产业结构落后,服务业快速发展的阶段远未到来;居民人均消费性支出反映了一个地区的消费状况,消费多的地区第三产业更为发达,居民的消费将会刺激包括人力资源服务业在内的现代服务业的发展;利用外资情况反映了一个地区对外开放程度,人力资源服务业在国内属于朝阳产业,但在发达国家属于比较成熟的产业,向发达国家学习人力资源服务业发展的经验可以帮助国内的人力资源服务企业快速成长并提供专业化的服务,引入外资就是很重要的学习途径;城镇居民储蓄余额反映了一个地区的投资潜力,任何行业的发展都离不开投资,人力资源服务业也会从一个地区巨大的投资潜力中受益。

(2)数据的说明与处理

受限于数据的可获得性,本书进行人力资源服务业发展状况评价的数据均为 2012 年的数据,数据来源为《国家统计年鉴》和各地方的统计年鉴。

在上述指标体系中,每种指标的量纲是不同的,有总量指标,也有比例指标,还有增速指标,不同量纲的指标之间无法进行运算,因此要先对数据进行标准化处理,处理方式如下:

$$X_i = (x_i - \mu)/\sigma$$

其中,X_i 表示处理后的指标值,x_i 表示指标的原值,μ 表示该指标值的期望,σ 表示该指标的标准差。本书所用的统计软件会自动完成这一标准化的处理。

(3)评价分析

上述指标体系包含了众多具体指标,根据每个单项指标对全国各地进行排名都能得到一个排序,而综合评价需要综合考虑所有这些指标对各省的人力资源服务业发展状况进行评价和排序,本节采取两种方式对上述指标进行综合评判。首先,使用聚类分析,对各地人力资源服务业发展状况进行分类;其次,采用降维的思想把多个指标转换成较少的几个互不相关的综合指标,从而使得研究变得简单。本节将采用主成分分析,选取特征值大于1 的主成分,再根据主成分各自的权重通过加总得到一个综合的主成分,我们以综合的主成分表示各地区人力资源服务业发展状况,最后根据综合主成分的得分为不同地区的人力资源服务业发展状况排序。

（三）各地人力资源服务业发展状况的评价

1. 各地人力资源服务业发展状况的聚类分析

聚类分析指将物理或抽象对象的集合分组成为由类似的对象组成的多个类的分析过程。它是一种重要的人类行为。聚类分析的目标就是在相似的基础上对收集的数据进行分类。聚类是将数据分类到不同的类或者簇这样的一个过程，所以同一个簇中的对象有很大的相似性，而不同簇间的对象有很大的相异性。换句话说，聚类分析是通过数据建模简化数据的一种方法。本书采取聚类分析可以在综合考虑全部数据的情况下降低数据的复杂程度，找寻不同对象间的相似性和相异性，对对象进行探索分类。

本书利用 spss 软件进行聚类分析，数据年份为 2013 年，具体的操作过程不再赘述，聚类结果如图 2-2-1。此外本书也使用 2012 年的数据进行了类似的操作，结果如图 2-2-2 所示。

根据 2013 年的聚类分析结果，本书将 31 个省级行政单位人力资源服务业发展状况分为四部分，分类结果见表 2-2-4。

表 2-2-4　使用 2013 年数据聚类结果

第一类	第二类	第三类	第四类
北京、上海	辽宁、浙江、天津、江苏、广东	西藏、安徽、内蒙古、湖北、重庆、山东、福建、河北、湖南、江西、广西、四川、河南、陕西、山西、吉林、黑龙江、青海、云南、新疆、宁夏、贵州、甘肃	海南

此外，本书还对 2012 年的结果进行了分类，见表 2-2-5。

表 2-2-5　使用 2012 年数据聚类结果

第一类	第二类	第三类
北京、上海	辽宁、浙江、天津、江苏、广东	西藏、安徽、内蒙古、湖北、重庆、山东、福建、河北、湖南、江西、广西、四川、河南、陕西、山西、吉林、黑龙江、青海、云南、新疆、宁夏、贵州、甘肃、海南

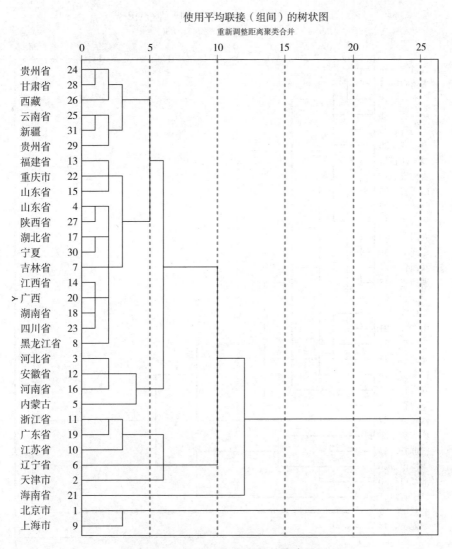

图 2-2-1 使用 2013 年数据的聚类结果

通过对比表 2-2-4 和表 2-2-5 可以看到,除海南省外,2012 年和 2013 年数据聚类结果基本相同。上海和北京分别是中国的南北经济中心,其经济发展程度和产业先进程度是全国其他任何地方都难以比拟的,这两地也在人力资源服务业排名中当仁不让地占据第一集团的位置。对比两年的聚类结果也可以看出,这两个地方仍是中国人力资源服务业最发达的地区,其他地方尚无法撼动其优势地位。

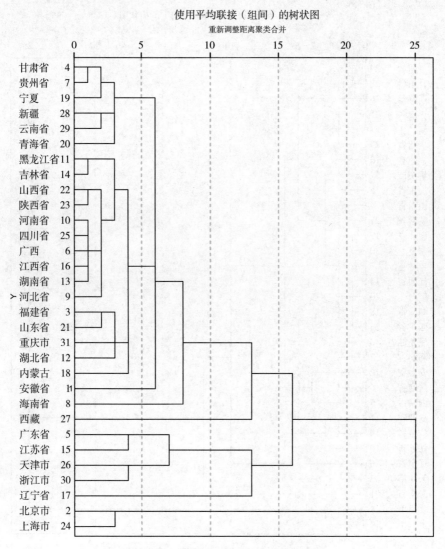

图 2-2-2　使用 2012 年数据的聚类结果

　　辽宁、浙江、天津、江苏、广东都位于中国东部沿海地区,经济基础雄厚,对外交往便利,在全国人力资源排名中共同组成第二集团。辽宁是东三省经济发展的领头羊,工业基础雄厚,曾是中国最重要的制造业基地,现阶段的经济发展已不再依赖重工业,而是在工业发展的基础之上加快建立现代服务业体系,经济的转型需要更多人才的引进,人力资源服务业的发展正是需要这样的经济产业基础和机遇;浙江和江苏都地处长三角地区,紧邻上海这一国际大都市,上海对周边经济的辐射带动作用就体现在这两个地区的发展之中,江浙地带自古富庶,从事经贸产业和服务业是当地的传统,现在又能借上海快速发展的东风,这两地的人力资源服务业发展水平自然名列前茅;与江浙类似的是天津,天津背靠北京面朝渤海,是中国重要的港口城市,北京对天津经济发展的辐射带动作用是巨大的,北京向天津的产业转移也促进了当地经济的发展,这对其人力资源服务业的发展也是巨大的利好;广东是中国最早开放的地区,其所处的"珠三角"地区是与"长三角"地区并驾齐驱的中国经济发展最快的区域,广东也是市场化程度很高的地区,上述这些因素决定了这个地区的人力资源服务业在全国处于领先水平。

剩余的省份构成了人力资源服务业的第三集团,这些地区在经济发展水平和经济发展质量上都显著落后于第一、第二集团。经济和社会文化环境决定了这些地区的人力资源服务业发展水平的暂时落后,这种与先进地区的差距需要政府和行业的共同努力来缩小。

对比连续两年的聚类分析结果可以看到,目前国内区域人力资源服务业发展状况是相对稳定的。人力资源服务业发展状况与当地经济发展阶段有着密不可分的关系,北京和上海是中国经济最发达的地区,也是人力资源服务业最发达的地区,其他地区要挑战它们的地位还很困难;辽宁、浙江、天津、江苏、广东则稳居第二集团,这与它们在中国经济中的地位也基本对应。从这个角度看,要实现后进地区人力资源服务业跨越式发展,除了针对性地出台产业政策外,重要的还是发展当地经济,当经济发展到一定水平以后,自然就有了对人力资源服务业的需求,人力资源服务业的发展速度就能大大提升了。

2. 各地人力资源服务业发展状况的主成分分析

在本节中,本书将进行主成分分析,针对上述指标体系根据搜集的数据进行主成分分析,综合评判各地的人力资源服务业发展状况。

本书利用 2013 年的数据进行主成分分析,具体操作过程不再赘述。在提取主成分时,本书按照特征根大于 1 的原则选取了 4 个主成分,其累计方差贡献率达到了 82.08%,即这 4 个主成分涵盖了原来 12 个指标所蕴含的82.08%的信息,涵盖了绝大部分信息,可以用以评价全国各地人力资源服务业发展状况。各主成分特征根、方差贡献率和因子载荷矩阵分别见表

2-2-6 和表 2-2-7。

表 2-2-6　特征根和方差贡献率

主成分	特征值	贡献率	累计贡献率	主成分权重
F1	5.723602	47.70%	47.70%	55.59%
F2	1.854822	15.46%	63.16%	18.02%
F3	1.585303	13.21%	76.37%	15.39%
F4	1.119253	9.33%	85.70%	10.87%

表 2-2-7　因子载荷矩阵

指　　　标	F1	F2	F3	F4
居民人均消费性支出	0.951072	−0.0085189	−0.02906	−0.10451
城乡居民存款储蓄余额	0.703449	0.42587467	0.038405	0.160798
利用外资情况	0.677271	0.52819988	0.219078	0.235526
人力资源服务业增加值比重	0.872967	−0.3585446	−0.21849	0.002799
人力资源服务业增加值增速	0.101046	−0.2253491	0.57921	0.636838
人力资源服务业从业人员数量增速	0.098349	−0.526791	0.71936	0.097403
第二产业增加值比重	−0.30906	0.79507064	−0.04217	0.158206
城镇化率	0.919627	−0.0450756	−0.05062	−0.00432
人力资源服务业生产率	0.198518	−0.1038838	−0.61169	0.725171
人均人力资源服务业增加值	0.884562	−0.3366682	−0.24535	−0.09544
人均国内生产总值	0.905293	0.05141361	−0.02943	−0.14695
人力资源服务业从业人数	0.707764	0.42022628	0.44127	−0.17412

　　根据主成分分析法,各主成分的系数等于各主成分因子载荷量除以相应特征值的开平方,由此可以得出 4 个主成分的表达式。用 F 表示综合主成分,各主成分乘以相应的权重加总即得到主成分分析综合模型。利用主成分综合模型,我们可以计算不同地区主成分得分,并依据得分情况进行排序,得分及排序情况见表 2-2-8 和图 2-2-3。

表 2-2-8　各省 F 得分情况及排序

地　区	F 得分	排名	分类
江苏省	1.392937	1	A
广东省	1.323134	2	A
上海市	1.033288	3	A
天津市	0.832653	4	A
浙江省	0.778125	5	A
北京市	0.651683	6	A
辽宁省	0.61071	7	A
山东省	0.426441	8	B
重庆市	0.245819	9	B
福建省	0.202271	10	B
四川省	0.047073	11	B
湖北省	0.045712	12	B
河南省	-0.04191	13	C
陕西省	-0.06793	14	C
湖南省	-0.11407	15	C
江西省	-0.17978	16	C
内蒙古	-0.26087	17	C
吉林省	-0.26244	18	C
海南省	-0.26785	19	C
黑龙江	-0.30048	20	C
河北省	-0.3011	21	C
山西省	-0.31101	22	C
广　西	-0.31482	23	C
安徽省	-0.38994	24	C
宁　夏	-0.50628	25	D
贵州省	-0.60114	26	D
甘肃省	-0.63787	27	D
青海省	-0.67329	28	D
云南省	-0.69454	29	D
新　疆	-0.70566	30	D
西　藏	-0.95887	31	D

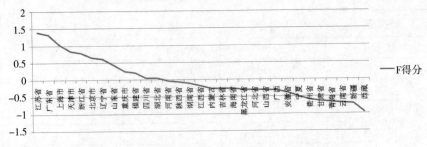

图 2-2-3　各省 F 得分

图 2-2-3 直观地显示了各省的 F 得分情况,上海、北京、辽宁、浙江、天津、江苏、广东这 7 个省份的 F 得分均在 0.5 以上,其中沿海地区得分较为接近,北京、天津得分较为接近,这可能与不同省份的地理位置有一定关系。同时,图 2-2-3 显示河北、安徽、广西、山西、黑龙江的得分较为接近,这些省份的人力资源服务业发展水平较为接近。此外,西藏的得分明显落后于其他省份,显示该地区的人力资源服务业发展水平远远落后于其他地区。

本书按照主成分得分的大小对各省份进行分类,其中得分 0.5 及以上的为 A 类,0—0.5 为 B 类,-0.5—0 为 C 类,-0.5 分以下为 D 类,表 2-2-8 第四列显示了这一分类的结果。与聚类分析的结果类似,上海、北京、辽宁、浙江、天津、江苏、广东这七个省份主成分得分排名靠前,均属于 A 类地区,这两种分析结果的相互印证说明了本书结论的可靠性。为便于进一步分析,本书按不同省份在国内所处地理区位分别统计不同区位的省份分类情况,得到表 2-2-9。

表 2-2-9　不同地区省份分类情况

地区	A	B	C	D
东部	7	2	2	0
中部	0	1	7	0
西部	0	2	3	7

表 2-2-9 所蕴含的信息符合一般人的直觉,显示东部地区的绝大部分省份都属于 A 类省份,西部地区的大部分省份都属于 D 类省份,而中部地区以 B、C 类为主。该表显示东部地区省份的人力资源服务业发展状况优

于其他地区,这种状况的良好不仅体现在人力资源服务业发展的现状上,同样体现在人力资源服务业发展的潜力上。中部地区的省份大多处于不好不坏的状态,而西部省份的人力资源服务业发展状况就比较薄弱了,这种东中西的强弱格局与该地在中国经济中的地位是相契合的。

主成分分析的结果显示了一个地区人力资源服务业发展的状况与该地区的经济地位和产业发达程度密切相关,经济发达、对外开放、产业层级较高的地区人力资源服务业就更为发达,反之人力资源服务业发展就落后于其他地区。

3. 各地人力资源服务业发展新趋势

表 2-2-10 显示了以 2013 年数据进行主成分分析得到的各省 F 得分、排序以及与 2012 年的对比情况。

表 2-2-10　主成分得分排序情况对比

地　区	F 得分	2013 年排名	分类	2012 年排名	排名变化
江苏省	1.392937	1	A	3	2
广东省	1.323134	2	A	1	−1
上海市	1.033288	3	A	4	1
天津市	0.832653	4	A	8	4
浙江省	0.778125	5	A	5	0
北京市	0.651683	6	A	6	0
辽宁省	0.61071	7	A	2	−5
山东省	0.426441	8	B	7	1
重庆市	0.245819	9	B	15	6
福建省	0.202271	10	B	9	−1
四川省	0.047073	11	B	14	3
湖北省	0.045712	12	B	13	1
河南省	−0.04191	13	C	12	−1
陕西省	−0.06793	14	C	20	6
湖南省	−0.11407	15	C	18	3
江西省	−0.17978	16	C	19	3
内蒙古	−0.26087	17	C	16	−1
吉林省	−0.26244	18	C	17	−1

地 区	F 得分	2013 年排名	分类	2012 年排名	排名变化
海南省	-0.26785	19	C	27	8
黑龙江省	-0.30048	20	C	21	1
河北省	-0.3011	21	C	10	-11
山西省	-0.31101	22	C	23	1
广 西	-0.31482	23	C	22	-1
安徽省	-0.38994	24	C	11	-13
宁 夏	-0.50628	25	D	24	-1
贵州省	-0.60114	26	D	30	4
甘肃省	-0.63787	27	D	28	1
青海省	-0.67329	28	D	29	1
云南省	-0.69454	29	D	26	-3
新 疆	-0.70566	30	D	25	-5
西 藏	-0.95887	31	D	31	0

表 2-2-10 显示从 2012 年到 2013 年,海南、陕西、重庆三地排序上升幅度较大,安徽、辽宁、河北、新疆四地排序下降幅度较大,但主成分分析结果与聚类分析的结果基本上是吻合的,也说明本书的分析结果是稳健的。这六个地方排序变化的原因是复杂的,但与当地经济发展状况密切相关。陕西和重庆地处西部,近些年享受的西部开发的政策逐渐显现到经济发展上来;海南则受益于国家的南海战略、建设国际旅游岛。辽宁、河北是传统工业大省,近两年来产业转型升级的阵痛一直在持续,经济相对不景气;新疆则受制于国际能源价格疲软。

(四) 结论

人力资源服务业在中国属于朝阳行业,现代知识经济对人才的重视使得这一产业在国民经济中的地位陡升并引起了人们的广泛关注和重视,国家、政府和社会都希望这一行业能健康、快速发展,为整个国民经济的持续健康发展作出应有的贡献,因此,了解人力资源服务业在中国国内不同地区的发展状况就成为实现这一期许的前提。中国幅员辽阔,南北差异巨大,这种差异既包括了社会文化的差异,也包含了经济发展水平的不一致,大部分产业在中国的地域差异是巨大的,人力资源服务业也不例外。了解这种地域差异是了解这个行业整体发展状况的重要组成部分,它对政府制定统筹发展的经济产业政策以及私人部门的投资决策有着巨大参考价值。

本节根据上一节探究得到的影响人力资源服务业发展状况的因素设计了人力资源服务业发展状况评价指标体系,并根据这一指标体系中的指标搜集了相应的数据。本节利用这一指标体系和相应数据分别进行了聚类分析和主成分分析,目的是对各省人力资源服务业发展状况进行排序和分类。这两种分析得到的结论是有一定契合度的,都表明东部七省市——上海、北京、辽宁、浙江、天津、江苏、广东的人力资源服务业发展水平是属于全国前列的。同时,这两种分析的结果也都证明了从东部、中部、西部的视角来看,东部的人力资源服务业发展水平是显著高于另外两个地区的。主成分分析的结果还说明了西部地区的人力资源服务业发展水平在全国垫底。这样的结论与本书上文各地区人力资源服务发展能力差异的原因分析中得到的结论也是相符的,即影响一个地区人力资源服务业发展水平最重要的影响因素是当地的经济发展水平。因此,人力资源服务业相对落后的中西部地区首先要做的就是努力发展本地经济,只有经济发展上去了,才能发展好人力资源服务业。

此外,本节还对比了 2012 年与 2013 年的分析结论,除个别省份人力资源服务业发展状况有巨大改变外,大部分省份人力资源服务业发展状况变动不大。这也从一个角度说明了经济发展水平对人力资源服务业发展有着显著的影响。

四、各地人力资源服务企业竞争力分析

一个行业能否健康、快速成长,与这个行业里的企业、机构的竞争力有很大的关系。一个行业的健康发展是建立在这个行业中的企业的健康成长的基础之上的,人力资源服务业也不例外。一个发达的人力资源服务业呼唤具有高度竞争力和服务水平的人力资源服务企业,反过来,人力资源服务企业竞争力的提升和服务水平的提高必然催生出一个发达的人力资源服务业,行业与企业的发展是相辅相成的。前文主要从宏观和行业的视角研究

人力资源服务业在不同地区的发展,得到了一些结论和启示。为了使本章的研究更为全面具体,本节将从各地人力资源服务企业竞争力这一相对微观的视角对人力资源服务业进行研究,这有助于更深刻地理解不同地区人力资源服务业发展水平差异的原因,也能为政府人力资源服务业的产业政策制定以及私人部门的投资决策提供科学、合理的参考。

(一) 人力资源服务企业竞争力的理论分析

美国的迈克尔·波特教授在 20 世纪 80 年代提出了企业竞争力理论,他的理论从产业层面系统阐释了企业竞争力产生和发展的一般规律,为企业竞争力研究提供了一套方法论框架。许多研究人员在这个理论框架的指引下开展企业竞争力研究,得到了许多有现实意义的成果。目前,企业竞争力理论认为影响企业竞争力的有四个层面的因素:环境因素、资源因素、管理因素和核心能力因素。这四个层面的因素对一个企业的竞争力的影响依次增强,其中环境因素和资源因素是外在因素,管理因素和核心能力因素是内在决定性因素。

1. 环境因素

一般而言,环境因素可细分为政府与企业关系、区位条件、行业状况、企业间关系和市场条件因素。

环境因素处于企业竞争力源泉的最外层,它能够影响企业竞争优势的强弱。对企业竞争优势产生重要影响的是政府与企业活动的关系和企业所处产业、行业的状况以及企业的纵向整合水平。如果企业处在政府的产业发展政策不鼓励甚至限制发展的产业,或者所在产业是夕阳产业或垄断性产业,而本企业又并不具有垄断能力,在这样的环境下,本企业势必较之其他企业更难获得竞争优势;如果企业的纵向整合水平高,则意味着企业同时能够参与或控制从上游到下游的行业,那么企业的竞争领域就相对较宽,可能在更多的领域参与竞争,随之也可能具有更多的竞争手段。另外,企业的产品系列针对顾客不同层次的消费需求、消费特性涉及多个层面,加之企业又不断进行产品的更新换代,开发和推出新产品,因而其横向竞争领域相对较宽。这样,使企业能够具备多种竞争手段,这又使其市场细分的差异化战略及成本优势战略成为可能。

尽管如此,一般来说环境因素对企业竞争力并不起决定性作用,只有在特殊情况下,某些环境因素会成为企业是否拥有竞争优势的决定性因素。如在转型经济国家,环境因素的不确定性很强,政府的作用和影响有时可能会成为企业竞争优势的决定性因素之一。又如在垄断型市场,竞争本身不存在,也就谈不上企业的竞争力或竞争优势的强弱,而在存在壁垒、限制进入等不完全竞争市场结构的条件下,市场条件因素对企业的竞争优势也会起到决定性作用。

就中国目前的国情而言,经济正处在转型阶段,政府的政策对企业的影响是很大的。对于人力资源服务业这样一个新兴的朝阳行业,政府在制定产业政策时更需审慎,防止不合理的产业政策给企业和行业的长远发展带来不利影响;同时,中国还应不断提高市场化水平,为人力资源服务业的发展提供一个市场化的环境。

就地域差别而言,环境因素主要体现为对人力资源服务的需求和市场化程度,经济发达的地区产业结构更为完善,产业分工更为细化,市场主体有购买人力资源服务的需求;在市场化程度高的地区中,市场主体倾向于通过市场化的手段获取人力资源服务,这两方面的因素都能对人力资源服务业的发展起到重要作用。具体到中国的具体状况而言,东部沿海地区经济发展水平较高,对外开放程度较高,市场化程度也较高,有助于人力资源服务业的快速发展;而中西部地区经济发展水平相对落后,市场化程度相对较弱,对外开放程度低,这些地区的地方政府如果能减少对市场的干预,提高整个地区的市场化程度,将有助于当地人力资源服务业的进一步发展。

2. 资源因素

企业的资源通常可以分为通用性资源和专属性资源。前者指所有企业都可获取和利用的资源,比如资金和土地;后者指只有本企业才能获取、拥有或者其他企业难以模仿、复制的资源,比如商标和品牌。其中专属资源对企业竞争力的获取和提高更有意义。

资源因素相对于环境因素来说,对于企业竞争力影响作用更大,因为企业拥有的经营资源越多越广泛,企业就越有可能大规模地投资、生产和经营,其产品系列、种类可能更多,产量可能更大,其竞争领域就可能更宽广。竞争领域越宽广,意味着企业能够参与竞争的面越大、竞争的手段也就越多,这样的企业也就越可能具有竞争力。当然,企业竞争力的强弱并不仅仅取决于竞争领域的大小,竞争领域大只是使企业在规模上和产品种类上拥有了较大的竞争优势,而能够在这两方面拥有优势的企业有很多,一些规模不大、产品种类也不多的企业照样在某个产品方面具有很强的持续竞争力。相对于规模小、竞争领域窄的企业来说,规模大、竞争领域宽的企业只是在综合竞争力以及更多的产品层面上拥有更多的优势。而竞争领域狭小的企业通过采用个性化的差异化战略,即在产品的个性及竞争领域的深度上与对手竞争,也可能获得竞争优势。

就目前国内人力资源服务企业的现状而言,国内的人力资源服务企业普遍缺乏专属资源,比如知名品牌和人才资源,而且很多人力资源服务企业在资源不具备的情况下拓宽业务面,造成企业服务"多而不精",难以获得较强的企业竞争力。国内的人力资源服务企业,亟须建立自己的品牌并提供专业的人力资源服务,这样才能在发展中逐步积累专属资源,进而提升企业竞争力。

就地域差别而言,中国整体作为一个后进经济体,先开放的地区会率先接触到代表世界先进水平的人力资源服务企业,在与这些先进企业的合作中以及对这些企业的学习模仿中,中国本土的企业会逐渐获取专属资源,并在逐步发展中向世界先进水平看齐甚至超越它们;而后开放地区的企业要想获取专属资源,在时间上会晚一些。具体而言,珠三角、长三角是中国对外开放较早的地区,世界上的人力资源服务巨头也是先从这两个地区进入中国,这些地区的本土企业就有可能更早获取专属资源,从而在产业整体的发展水平上领先于其他地区。

3. 管理因素

管理因素是一个相对抽象而广泛的概念,一般认为管理因素包含企业经营者的抱负水平、法人治理结构、经营战略决策体系、经营执行体系、研发体系、生产体系、销售体系以及人力资源管理体系及其这些体系的管理技巧、企业文化建设和顾客信誉及企业形象的塑造等。

管理因素处于企业竞争力影响和决定因素层次结构中的较内层,与核心能力因素共同构成了企业竞争力的内在决定性因素。

首先,管理因素中的经营者抱负水平决定企业的未来发展目标、经营战略和产品战略的定位水平。抱负水平较高,意味着企业发展目标、产品的战略定位较高,企业的经营战略也就会相应地着眼于较高的起点,企业中的组织及管理体系、管理方式也必须相应地以较高的出发点为起点进行设计或更新。这样,企业为达到预先确定的目标,必须挖掘和发挥潜力,最大限度地有效配置和使用资源以不断创新和创造价值,获取竞争优势。

其次,企业如何设计自己的法人治理结构和战略决策,经营执行体系,从研发、生产到销售、人力资源的运营管理体系以及企业对这些体系的管理能力和管理技巧直接决定着企业是否能够有效配置资源和使用资源。由此,这些管理因素加上前面的环境因素和资源因素的作用,企业就可能在产品层次上实行差异化战略。资源因素、管理因素加上核心能力因素的作用,企业就可能在组织能力或者知识体系层次上实行差异化战略。这两个层次的差异化对企业取得竞争优势并保持持续强大的竞争力具有决定性作用。

人力资源服务业是一个新兴的行业,它属于现代服务业的一个分支。人力资源服务企业的管理方法和模式,具有服务业企业管理方法和模式的一般特点,但也有其个性之处。人力资源服务企业需要对外提供富有特点而专业的服务以获取企业竞争力,在这点上它符合一般服务业的特点,但人力资源服务企业探索提供的服务是围绕人力、人才展开的,人力、人才具有不同性质以及专属性,这是它不同于一般服务业的特点所在。因此,人力资源服务企业需要针对自身产品、服务的特殊性探索一种适合自身特点的管理模式,在探索的过程中人力资源服务企业也可以借鉴国外成熟公司的管理模式,但需要进行变通。这个探索的过程可能是曲折的,但找到适合自身特点的管理模式的人力资源服务企业必将获取其他企业难以企及的竞争力。

与资源因素类似,对外开放较早的区域里的人力资源服务企业能更早学习到世界先进的人力资源服务企业管理方法和模式,从而在产业整体的发展水平上领先于其他地区。

4. 核心能力因素

核心能力因素不是独立于资源和管理因素以外的一些单个的因素,实际上它们是产生于但又内隐于资源和管理因素中的那些具有高度企业专属性、难以在市场上购买到也难以被其他企业移植并在短时间内适用、难以被模仿和替代、在企业的长期生产实践活动过程中作为其副产物产生并经过长期积累、改善、创新而生成的那一类独特的资源和管理因素,这就是知识,有些学者将其称为核心能力。此外,企业的抱负水平(即企业经营者的抱负渗透于企业以后企业组织所具有的抱负水平,它不是仅仅停留于经营者个人的抱负水平)、企业不断发现和识别市场机会的知识以及不断发现、挖掘和唤起消费者潜在需求的独特的新产品开发能力及其这些知识和能力的不断积累和不断更新能力(组织创新能力)、企业的核心理念及价值观在企业中的渗透程度,即员工的组织承诺度等也是企业的核心能力。

核心能力处于企业竞争力影响和决定因素层次结构的最里层、最核心部位,它与处于其外层的管理因素和资源因素共同构成了企业竞争力的决定性因素。如前所述,核心能力隐含在资源、管理因素之中,并非一种独立于资源、管理因素之外而单独存在的能力,更是一种制度化的相互依存、相互联系、能够识别和提供竞争优势的企业知识体系。企业的核心能力具有如下特性:

(1)专属性。企业核心能力具有高度的企业专属性,与别的企业所拥有的核心能力存在很大差异,这使核心能力难以被复制。

(2)内隐性。核心能力渗透、贯穿于企业的整个组织、全体员工及企业活动的各个方面、各个环节、各个过程之中,却难以看见、难以量化,因而是一种内隐的默契知识,使核心能力不能够简单地被别人模仿,别的企业也不能在短时间适用,所以能够使拥有它的企业保持持久的竞争优势。

(3)相互关联性。企业核心能力是企业中各个单位和个人相互作用而产生的,包含在企业活动的所有过程之中,仅仅将某一部分抽取出来加以复制和模仿是难以达到原有效果的。这就是为什么有些企业在引进了先进的技术、设备以后还是难以拥有强大的持续竞争力的一个原因。因为它们购买、模仿的只是企业资源的一部分,而出售这些资源的企业并没有将它自己的核心能力出售,核心能力也难以出售。如果购买这些资源的企业没有能够形成自己的核心能力并使之与所拥有的新资源整合,或者没有在拥有新资源以后逐渐积累自己的核心能力,那么它们也就不可能仅仅依赖新资源而拥有强大的持续竞争优势。

(4)历史、文化依存性。核心能力由于贯穿于、内隐于企业活动的各个环节和各个层面而且是不断积累形成的,因此它与企业的历史及其国家、区域乃至企业自身特有的文化传统(主要是观念和意识)是共生共存的。在其他企业获得成功的管理方式在本企业未必能够同样成功,一个原因就在于核心能力的历史、文化差异性。

(5)长期学习和累积性。核心能力需经过长期不断的组织学习和积累才能形成,而不能依靠市场交易立即获得,也不可能在短时间内形成。它的形成需要企业组织具有对知识的不断学习能力和积累能力(由此产生组织的创新能力),因而一旦形成就很难在短时间内被改变、也很难被别的企业所模仿和学习,很难被替代。

(6)反哺性和波及性。企业的核心能力是在企业获取、利用经营资源并通过管理而组织生产、销售的企业经营活动中长期积累形成的,企业一旦拥有了核心能力,也即具有了企业知识体系,通过这个知识体系发挥作用,企业就会拥有较强的组织学习能力和创新能力,这些能力能够不断地波及、散发到管理因素和资源因素,对企业从研发、生产到销售的各个体系和管理技巧、管理能力产生重要影响,促使它们不断根据企业的抱负水平而更新、整合,如不断开发出新产品推向市场、产品品质提高、售后服务质量提高等。这样的影响作用有可能再通过管理因素将其散发到资源因素层次,如促进商誉和企业形象提高、品牌影响力加大等无形资源以及市场份额扩大或销售收入乃至利润增加等有形资源得到扩大。利润增加可能又会促使企业加大设备投资和研发投入,使企业经营资源进一步得到扩充。这样,企业核心能力便对管理因素和资源因素起到了波及和反哺的作用。

对于国内的人力资源服务企业而言,获取核心能力是企业取得成功并能长期发展下去的关键,否则当行业发展到某个阶段,行业内企业数量达到阈值,不具有核心能力和核心竞争力的企业必然会被淘汰掉。正如前文所言,核心能力隐含在资源、管理因素之中,是一种制度化的相互依存、相互联系、能够识别和提供竞争优势的企业知识体系。要拥有这种核心能力,需要管理者认清市场和行业形势,看清企业自身的特点和所具备的资源,构建合理的管理体系和模式,对外提供专业化的人力资源服务。这个过程是漫长而艰巨的,但国内的人力资源服务企业也需要明白,核心能力的获取必须来自企业一点一滴的发展和进步,这种能力是买不来的。

人力资源服务业作为现代服务业的分支,其发展状况与所在地有密切联系,而一个人力资源服务企业的核心能力获取也是与其所在地密切相关的。东部沿海地区经济发达,产业细化,一个提供大而化之服务的企业自然难以生存下去,在这样环境中的企业会不得不去紧盯市场需求发展自己的核心能力,通过点的深挖来获取利润,最终体现为企业对外提供种类较少而更为专业的服务;中西部地区产业还不够细化,人力资源服务企业也较少,当地的人力资源服务企业如果太过专业可能面临收入不足的问题,因此它们往往力求面面俱到,通过面的覆盖来获取利润,最终体现为企业对外提供种类繁多的人力资源服务项目。上述两种都是企业的核心能力,它们与所在地域密切相关。

(二) 人力资源服务企业竞争力实证分析

在本部分,本书选取了 115 家落户境内的人力资源服务企业作为研究对象,选取了一些与企业竞争力密切相关的指标,通过网上的数据挖掘,搜集得到了相应的具体数据,因此进行研究。具体的指标见表 2-2-11。

表 2-2-11　人力资源服务企业竞争力评价指标

指标名称	备　　　注
雇员总数	
所在地	所在省份
客户构成	如其服务客户中有世界 500 强企业,取值 1,否则为 0
服务构成①	
企业性质	私营、国有、外资或合资

1. 雇员总数

企业雇员总数决定了一个企业的规模,尤其是在人力资源服务业这样的智力密集型行业中,雇员多少决定了企业能否提供更多更专业的服务。

---

① 值得特别说明的是服务构成这一指标。服务构成表示的是一个企业对外提供的人力资源服务类型和数量。根据相关理论研究,本书将人力资源服务企业所提供的服务分为 9 类:人才派遣、人事代理、人才招聘、人才培训开发、人才管理咨询、人事外包、猎头服务、人才专业测评服务、电子化人力资源服务。上述 9 项基本覆盖了中国大陆人力资源服务企业所提供的服务。

在所调查的 115 家人力资源服务企业中,雇员最多的达到了 6000 人,最少的只有 15 人,差异巨大,总体情况见表 2-2-12。

表 2-2-12　雇员总数概况

均值	中值	众数	四分之一分位数	四分之三分位数
390.4	180	180	55	200

115 个样本的雇员数量均值为 390.4 人,但众数和中值均小于均值,因此均值很大程度上是被极端值拉高。中值、四分之一分位数和四分之三分位数更能说明样本的总体分布情况,数据显示了 115 家人力资源服务企业中有 75% 的企业规模是小于 200 人的,因此大部分企业的规模是不大的。进一步地,将企业雇员数按不同区间分布统计得到表 2-2-13。

表 2-2-13　企业雇员数分类统计

员工数	20 以下	20—50	50—200	200—500	500 以上
企业数量	14	15	59	12	15
百分比	12.17%	13.04%	51.30%	10.43%	13.04%

从表 2-2-13 我们可以看出,50—200 人的企业数量占比超过了 50%,而 500 人以上的大企业占比则仅有 13.04%,表 2-2-12 和表 2-2-13 显示:目前我国人力资源服务企业的总体规模较小,其原因是多方面的:一部分原因是我国的人力资源服务企业正处在发展期,未来其公司规模可能会有较大的提高;另一部分原因则是人力资源服务业属于智力密集型行业,本身不需要很大规模的企业,而样本中所列示的规模很大的公司,大多是某个省份的外企人力资源服务公司,这类公司主要提供人事代理服务,需要大量员工,而提供诸如人力资源咨询以及人才测评的企业就不需要很大的规模。

2. 地域分布

对所研究的 115 家人力资源服务企业的所在地进行统计,得到表 2-2-14。

表 2-2-14　人力资源服务企业数量分省统计

所在地	企业数	百分比
北　京	12	10.43%
福　建	1	0.87%
广　东	10	8.70%
广　西	1	0.87%
贵　州	1	0.87%
海　南	1	0.87%
河　北	1	0.87%
河　南	1	0.87%
黑龙江	3	2.61%
湖　北	4	3.48%
湖　南	2	1.74%
江　苏	14	12.17%
江　西	1	0.87%
辽　宁	4	3.48%
内蒙古	1	0.87%
山　东	10	8.70%
山　西	2	1.74%
陕　西	4	3.48%
上　海	16	13.91%
四　川	6	5.22%
天　津	4	3.48%
新　疆	2	1.74%
云　南	1	0.87%
浙　江	10	8.70%
重　庆	3	2.61%

表 2-2-14 显示北京、上海、江苏、山东、广东和浙江的人力资源服务企业占比达到 62.61%，达到了 72 家，超过其他地区，这一结果与上述六个省份在中国经济中的地位和作用是一致的。这一统计结果与前文人力资源服务企业的竞争力理论分析中的结论也是契合的，经济发达的地区、对外开放程度高的地区、市场化程度高的地区对人力资源服务的需求更旺盛，人力资

源服务企业的数量也就更多。

3. 客户构成

人力资源服务企业作为服务企业,其服务的客户地位与其自身的地位是密切相关的,其服务的客户如果是业界领头羊,这就从侧面印证了该企业的地位。

表 2-2-15　客户构成情况统计

有世界 500 强客户	无世界 500 强客户
78.26%	21.74%

表 2-2-15 显示有 78.26% 的企业服务的客户中有世界 500 强企业,而剩余 21.74% 的企业则没有服务过 500 强企业客户。人力资源服务业作为服务业的组成部分,客户认可是其竞争力的重要体现,高质量的客户不仅带来了丰厚的利润,也说明了企业对外提供的服务是专业可靠的,因此,该表说明样本中大部分人力资源服务企业的服务能力是受到认可的。

4. 服务构成

对所研究的 115 家人力资源服务企业按前文划分的 9 类业务分类统计得到表 2-2-16。

表 2-2-16　人力资源服务企业服务项目构成

服务类型	人才派遣	人事代理	人才培训开发	人才招聘	人才管理咨询	人事外包	猎头服务	人才专业测评	电子化人力资源服务
企业数量	53	43	73	94	18	82	79	3	3
百分比	46.09%	37.39%	63.48%	81.74%	15.65%	71.30%	68.70%	2.61%	2.61%

表 2-2-16 显示有超过一半的企业对外提供人才培训开发、人才招聘、人事外包和猎头服务;有近一半的企业对外提供人才派遣服务;而对外提供人才专业测评和电子化人力资源服务的企业较少,都是只有 2.61%。目前国内人力资源服务企业对外提供的专业服务仍主要集中于人才派遣、人才培训开发、人才招聘、人事外包和猎头服务等较低端的领域,而能跟随

信息化浪潮提供人才专业测评和电子化人力资源服务等较高端服务的企业仍较少。

5. 企业类型

按照一般研究的分类方式,本书将企业类型分为国有、民营两类,其具体分类统计情况见表 2-2-17。

表 2-2-17　不同所有制人力资源服务企业分类统计

企业类型	国有	民营
数量	52	63
百分比	45.22%	54.78%

表 2-2-17 显示国有企业数量和民营企业数量相差不大,基本各占半壁江山。目前我国正处于改革转型阶段,人力资源服务业不属于关系国计民生的重点行业,未来的发展趋势是"国退民进",因此国有人力资源服务企业的数量和占比都将持续下降,民营企业的数量和占比将持续上升。

对不同类型企业的雇员状况和客户构成情况进行统计分析,得到表 2-2-18。

表 2-2-18　不同所有制人力资源服务企业雇员情况和客户情况分类统计

企业类型	国　有		民　营	
指标	平均雇员数	客户中有世界500强的企业占比	平均雇员数	客户中有世界500强的企业占比
数量/比例	524	75%	280	81%

从表 2-2-18 中可以看到,国有人力资源服务企业的平均雇员数高于总体平均水平,而民营人力资源服务企业的平均雇员数则低于平均水平,说明国有人力资源服务企业的平均规模更大。从客户构成情况看,两类企业相差不大。

接下来对不同类型企业所提供的服务状况进行分类统计分析,得到表 2-2-19 和表 2-2-20。

表 2-2-19　国有人力资源服务企业服务项目构成

服务类型	人才派遣	人事代理	人才培训开发	人才招聘	人才管理咨询	人事外包	猎头服务	人才专业测评	电子化人力资源服务
企业数量	40	39	18	32	14	26	21	2	3
百分比	76.92%	75.00%	34.62%	61.54%	26.92%	50.00%	40.38%	3.85%	5.77%

表 2-2-20　民营人力资源服务企业服务项目构成

服务类型	人才派遣	人事代理	人才培训开发	人才招聘	人才管理咨询	人事外包	猎头服务	人才专业测评	电子化人力资源服务
企业数量	9	1	47	52	3	49	48	1	0
百分比	14.29%	1.59%	74.60%	82.54%	4.76%	77.78%	76.19%	1.59%	0.00%

从上述两个表格中可以看到,国有人力资源服务企业在人才派遣、人事代理上拥有数量优势,而民营企业在人才培训开发、人才招聘、人事外包和猎头服务上拥有数量优势。总体而言,民营人力资源服务企业的优势业务更高端,而国有人力资源服务企业则多提供基础性的人力资源服务。

（三）从人力资源服务企业竞争力看不同地区人力资源服务业发展状况

地域分布显示有多半数的人力资源服务企业位于北京、上海、江苏、山东、广东和浙江这六个经济发达省份,为便于分析,本书将样本总体分为两部分:位于经济发达的六个省份的企业和位于其他省份的企业。经济发达地区的人力资源服务业可以为其他地区的企业提供借鉴,为其进一步发展和提高提供帮助。

1.雇员数量分析

分别统计发达省份和其他省份人力资源服务企业的雇员数量,得到表2-2-21。

表 2-2-21　人力资源服务企业雇员数量分地区统计

	发达省份	其他省份
平均雇员数量	502	203

表 2-2-21 显示发达省份的人力资源服务业企业平均雇员数显著高于其他省份,也高于总体均值,说明发达省份的人力资源服务企业总体规模较大,这是产业发展阶段较高的象征,说明经济发达省份的人力资源服务企业水平要高于其他省份。

2. 客户质量分析

分别统计了发达省份和其他省份人力资源服务企业客户质量情况,得到表 2-2-22。

表 2-2-22　人力资源服务企业客户质量分地区统计

	发达省份	其他省份
客户中有世界 500 强的企业占该地区企业比例	73.61%	86.05%

表 2-2-22 显示了发达省份的企业中,服务于世界 500 强客户的占比为 73.61%,而其他地区中这一比例为 86.05%。

3. 企业类型分析

我们分别统计了发达省份和其他省份不同类型人力资源服务企业占该地区所有企业的百分比,得到表 2-2-23。

表 2-2-23　人力资源服务企业类型分地区统计

	发达省份	其他省份
国有企业	40.3%	53.5%
民营企业	59.7%	46.5%

表 2-2-23 显示了不同地区人力资源服务企业的类型构成。在发达省份,国有企业占比低于 50%,民营企业占比达到了近 60%;而在其他省份,国有企业略占多数。人力资源服务业是新兴行业,民营企业在这样的行业里往往能显出活力,国有企业则竞争力不足,因此人力资源服务业发达的地

区民营经济占比更高。

4.服务类型分析

我们分别统计了发达省份和其他省份提供的各项人力资源服务的人力资源服务企业占该地区人力资源服务企业总数的百分比,以及这两类地区人力资源服务企业提供服务数量,得到表2-2-24和2-2-25。

表2-2-24 人力资源服务企业服务类型分地区统计

服务类型	发达省份	其他省份
人才派遣	48.61%	41.86%
人事代理	34.72%	41.86%
人才培训开发	63.89%	62.79%
人才招聘	83.33%	79.07%
人才管理咨询	15.28%	16.28%
人事外包	70.83%	72.09%
猎头服务	70.83%	65.12%
人才专业测评	1.39%	4.65%
电子化人力资源服务	4.17%	0.00%

表2-2-25 人力资源服务企业服务数量分地区统计

企业提供服务数量	发达省份	其他省份
1	1.39%	2.33%
2	11.11%	2.33%
3	13.89%	23.26%
4	52.78%	58.14%
5	9.72%	9.30%
6	9.72%	4.65%
7	1.39%	0.00%

表2-2-24清楚地显示了不同地区人力资源服务企业所提供的服务类别。总体而言,两类地区提供的人力资源服务类型的企业比例基本相似,但值得注意的是,在本次研究的115家人力资源服务企业中,能提供电子化人力资源服务的企业全部集中在发达省份。

表2-2-25显示了不同地区人力资源服务企业对外提供服务数量的统

计,总体而言,两类地区企业提供服务数量情况基本相似。

通过以上各种对比可以看到,发达地区人力资源服务企业竞争力主要体现在企业规模更大以及国有企业占比更低两个方面,而在其他方面上两类企业不存在显著差别。因此,做大人力资源服务企业、鼓励民营经济进入人力资源服务领域就成为人力资源服务业欠发达地区实施赶超战略的主要抓手。

(四) 小结

我们从人力资源服务行业内的机构这一相对微观的角度切入研究了国内一些有代表性的人力资源服务企业的规模、客户质量和服务情况,并结合企业所在地域进行了更进一步的分析。

北京、上海、江苏、山东、广东和浙江是我国人力资源服务业发展相对领先的省份,本部分就这几个省份人力资源服务企业发展状况与其他省份进行了对比,研究发现这几个省份人力资源服务企业的主要竞争力体现在企业规模更大以及民营化程度更高。与 2014 年蓝皮书的研究相比,一些情况已经发生了变化,人力资源服务企业规模扩大是行业发展的必然趋势。产业刚刚形成之时,必然是中小企业占多数,随着行业的发展和稳定,行业内企业数量减少、企业平均规模增大是必然趋势,人力资源服务业也不例外;未来领先的人力资源服务企业一定是大企业。此外,民营经济是当下中国最具活力的经济力量,民营经济进入人力资源服务业必将推动这一行业快速、持续发展。

同时,与 2014 年蓝皮书的结论类似,人力资源服务企业竞争力与当地经济状况密不可分,因此其他地区想发展人力资源服务业,根本手段是发展本地区经济,经济发达到一定程度,人力资源服务业自然能有长足发展。同时,在发展人力资源服务业的过程中,要注意运用外资,向外资学习先进的服务方式和管理模式,这种学习是后进国家和地区进行赶超的最快捷的途径。

第三章　人力资源服务行业大事件

【内容摘要】

2014—2015 年期间,中国人力资源服务业持续快速发展,实现了里程碑式的跨越。本章延续以往白皮书相关章节,继续记载中国人力资源服务业的发展历程,旨在让世人了解中国人力资源服务业在政策、学术和行业三方面,一年来取得的突破性进展。

此次大事件的评选,采取线上线下评选相结合的方式,历经事件征集、公开评选和专家评审三大主要环节,旨在评选出具有先进性、开拓性、推动性、典型性和影响性的事件。此次评选出的大事件中,政策事件 7 件:《人力资源社会保障部、国家发展改革委、财政部关于加快发展人力资源服务业的意见》发布,国务院印发《关于促进服务外包产业加快发展的意见》,国务院发布《关于加快发展生产性服务业促进产业结构调整升级的指导意见》,中共中央、国务院印发《关于构建和谐劳动关系的意见》,《国务院关于进一步做好新形势下就业创业工作的意见》发布,《中共中央、国务院关于深化体制机制改革加快实施创新驱动发展战略的若干意见》印发,国务院对外公布《基本养老保险基金投资管理办法》;学术事件 3 件:《中国人力资源服务业蓝皮书 2014》出版,《2015 中国人力资源服务业市场研究报告》发布,《中国人力资源服务业发展报告(2014)》发布;行业事件 2 件:全国人力资源市场建设工作座谈会召开,上海外服发布"外服云"。

《中国人力资源服务业蓝皮书 2015》评选出的大事件,或完善了中国人力资源服务业的法律制度环境和政策平台,或利于中国人力资源服务业的国际化发展,或描绘了中国人力资源服务业的蓝图与愿景,总而言之,都对人力资源服务业的快速发展起到了推动和促进作用。

2014—2015 年促进人力资源服务业发展大事件评选记录了人力资源服务业的跨越式发展进程。促进人力资源服务业发展大事件的评选旨在记载中国人力资源服务业发展历程的历史延续性，让世人了解中国人力资源服务业在产、学、研三方面这一年来取得的突破性进展与成绩，大事件评选过程本身也能够提高全社会对人力资源服务业的关注和重视。为此，我们首先介绍了大事件评选的指导思想、评选目的与意义以及评选的原则与标准，介绍了评选的流程，接下来则是重点，即年度大事件评述，分为政策事件、学术事件和行业事件三部分。

Chapter 3　Events of HR Service Industry

【Abstract】

From 2014 to 2015, the HR service industry in China has once again enjoyed rapid development with milestone achievements. Similar to the relevant sections in the previous White Papers, this chapter continues to record the development process of China's HR service industry, shedding light on the breakthroughs and accomplishments China's HR service industry has achieved in policy guidance, academic research and industry development over the past year.

This year, an integrated approach combining online and offline selection is adopted in the poll for the Important Events. The poll is divided into 3 phases, namely event collection, public voting and expert evaluation, with an aim to choosing events of advanced, pioneering, encouraging and influential nature. The Important Events of this year are: Seven policy guidance events, i.e., (1) release of the *Opinions of the Ministry of Human Resources and Social Security, the National Development and Reform Commission and the Ministry of Finance on Accelerating the Development of the Human Resources Service Industry*; (2) the *Opinions on Accelerating the Development of the Service Outsourcing Industry* issued by the State Council; (3) the *Guiding Opinions of the State Council on Accelerating the Development of Production-type Service Industries* to *Promote Restructuring and Enhancement of the Industrial Structure* released by the State Council; (4) release of the *Opinions of the CPC Central Committee and the State Council on Building Harmonious Labor Relationship*; (5) release of the *Opinions of the State Council on Further Promoting Employment and Entrepreneurship under New Situation*; (6) issuance of the *Several Opinions of the CPC Central Committee and the State Council on Deepening the Reform of Systems and Mechanismsand Accelerating the Implementation of Innovation-driven Development Strategy* and (7) the *Management approach of basic pension* issued by the State Council. Three academic research events, i.e., (1) publishment of the *Blue Paper on Human Resources Service Industry in China 2014*; (2) release of the *Market Research Report: Human Services Industry in China 2015* and (3) release of *China HR Service Industry Development Report(2014)*. Two industry development events, i.e., (1) holding of National Forum on Building of Human Resources Market and (2) release of " SFSC Cloud ".

Important Events listed in the *Blue Paper on Human Resources Service Industry in China 2015* has either improved the legal environment and policy platforms of China's HR service industry, or has been conducive to the internationalization of China's HR service industry, or has depicted the blueprint and vision of China's HR service industry. All of these have been instrumental to the rapid development and promotion of China's HR service industry.

The poll for the Important Events of the Development of the HR Service Industry 2014—2015 records the significant events in the leapfrog growth of the HR service industry. The poll for the Important Events of the Development of the HR Service Industry is designed to record the development process of China's HR service industry, shedding light on the breakthroughs and accomplishments China's HR service industry has achieved in production, scholarship and research over the past year. The poll itself can also enhance public care and support for the development of the HR service industry. With this in mind, we start with an introduction of the guiding ideology, purpose and significance of the poll along with its principles, standards and procedure. This is followed by our comments on the pool, which are divided into three groups, i.e., industrial policy events, academic events and industrial events.

一、行业大事件评选概述

为记录中国人力资源服务业的发展进程,我们对发生在 2014 年 7 月至 2015 年 8 月期间的、与人力资源服务业相关的事件进行了筛选与评述。为了使得对中国人力资源服务业发展进程的记载具有前后继承性,此次大事件的筛选,仍然延续了往年《人力资源服务业蓝皮书》中大事件选拔的指导思想、选拔的目的和意义、评选原则与标准。同时,此次评选引入网络评选环节,将搜集到的人力资源行业大事件制成电子问卷,下发给相关机构邀请其评选,同时公布在北京大学人力资源开发与管理研究中心网站及调查网站进行评选,最终确定了 12 个行业大事件。

(一) 指导思想

全面落实党的十八大和十八届三中、四中全会精神,以邓小平理论、"三个代表"重要思想、科学发展观为指导,深入贯彻习近平总书记系列重要讲话精神,按照党中央、国务院关于实施人才强国战略、就业优先战略和大力发展服务业的决策部署,紧紧围绕转变经济发展方式、实现产业结构优化升级对人力资源开发配置的需要,紧紧围绕民生为本、人才优先的工作主线,以最大限度地发挥市场机制的作用为基础,坚持把人力资源服务业作为发展我国人力资源的突破口,把提高人力资源服务供给能力和促进人力资源服务业规范发展作为主要任务,不断完善服务体系,激发市场活力,营造良好发展环境,进一步引导人力资源服务机构依法经营、诚实守信、健全管理、提高素质,为人力资源的充分开发利用创造条件、提供支持,为更好实施人才强国战略和扩大就业的发展战略服务。

(二) 评选目的与意义

人力资源服务业是现代服务业的重要组成部分,同时也是现代服务业的新兴领域。人力资源服务业是伴随着人力资源市场化配置发展起来的一个新兴产业,对于促进人力资源有效开发与优化配置具有十分重要的意义。目前,我国人力资源服务业正处在快速发展中的变革时期。"十一五"以来,党和国家高度重视人力资源特别是人力资源服务业,在《国家中长期人才发展规划纲要》和国务院《关于加快发展服务业的若干意见》等文件中,对发展人力资源服务业提出了明确要求,以科学发展观为统领,深入贯彻落实党中央、国务院的决策部署,按照服务业发展的总体规划要求,大力推动人力资源服务业向专业化、信息化、产业化、国际化方向发展,更好地满足经济社会发展对人力资源服务的需求。

经过几年的努力,我国的人力资源服务业发展取得了一定成绩,但与发达国家相比,还有着一段差距。随着外资的大举进入、本土企业的不断加入,人力资源服务市场格局不断演变。当前,这个新兴业态蓬勃发展,行业规模大幅提升,使得人力资源服务行业愈来愈受瞩目。

因此,《中国人力资源服务业蓝皮书2015》编委会特组织开展了2014—2015年促进人力资源服务业发展的大事件评选活动(以下简称"行业大事件")。通过开展这次评选活动,以期使人力资源服务业蓬勃发展的局面保持下去,并且希望能够提高全社会对产业发展的关注,让更多的人了解、关注和加入到这个行业中来,以进一步促进我国人力资源服务业高速发展。

(三) 评选原则与标准

本次评选活动遵循两个原则:一是行业大事件评选工作在人力资源服务业蓝皮书编委会的领导和评定下进行;二是行业大事件评选工作遵循"严格筛选、科学公正、公平合理、公开透明"的原则。整个评选活动严格按照评选流程进行操作。推选的时间范围为2014年7月—2015年8月发生的促进人力资源服务业发展的重要事件。对事件进行评选的标准主要包括五个方面:

1.先进性,带动行业朝向国际先进水平发展;

2.开拓性,在行业发展中具有里程碑意义;

3.推动性,对产业发展产生变革性的推动力;

4.典型性,具有行业高度相关性,在行业发展中起到表率作用;

5.影响性,具有广泛的社会影响力或体现社会责任感。

(四) 评选方式与程序

本次活动的评选方式主要是在事件遴选的基础上,线上评选与线下评选相结合。参与此次线上网络投票评选的单位有:北京大学人力资源开发与管理研究中心,人力资源与社会保障部人力资源市场司,人社部劳动保障研究院,人社部劳动工资研究所,国务院发展研究中心,中国人力资源开发研究会,中国人才交流协会,中国对外服务行业协会,上海市对外服务有限公司,各地人力资源服务行业协会,等等。同时,借助于北京大学人力资源开发与管理研究中心主办、承办、协办的各学术会议,项目组还在与会嘉宾(学界、政界、企业代表等)中发放并回收了纸质问卷。公开评选结束后,又进行了网络评选,最后结合类别与按照得票率高低依次从中选出了比较有代表性的 12 个大事件,这些事件对于促进 2015 年度中国人力资源服务业的发展有着重要的意义。

本次评选活动可分为三个阶段:

1. 事件搜集与初选阶段

在事件搜集与初选阶段,主要通过网络(包括网络搜索引擎、主流媒体、相关机构和部门门户网站、中国学术期刊网、主流渠道文件)、期刊、报纸、电视新闻等信息渠道,搜集在 2014 年 7 月—2015 年 8 月发生的、与人力资源服务行业有关的活动事件,按照上述原则和标准,进行了初步的筛选,并且请相关领域的专家学者和从业人员进行了补充,得到初选阶段的事件列表。然后将这些行业事件按照时间先后进行梳理分析与综合,得到了 35 个大事件,并且将上述评选标准细化成评选指标,做好评定阶段之前的所有准备工作。

2. 公开评选阶段

如前所述,公开评选阶段主要采取线上线下相结合的方式对于初选的 35 个大事件进行评选。在网络评选阶段,首先利用在线问卷制作与处理工具制作电子问卷,并将其公布在北京大学人力资源开发与管理研究中心网站及调研网站。确定参评单位名单之后,在规定时间内,通过邮件和电话等形式联络各单位参评,回收到有效问卷 447 份。线下纸质文件的发放主要是借助于北京大学人力资源开发与管理研究中心主办、承办、协办的各学术会议,在与会嘉宾(学界、政界、企业代表等)中发放并回收了纸质问卷,有效问卷 86 份。

问卷形式为,请参与调查者在前期"海选"及初步筛选的 35 件 2014—2015 年度人力资源服务业事件中,选择其认为重要的综合上述两途径得到的问卷,投票结果如表 2-3-1 所示(按照得票比例由高到低排序)。

表 2-3-1

排序	事件	比例
1	《人力资源社会保障部、国家发展改革委、财政部关于加快发展人力资源服务业的意见》发布	70.83%
2	国务院印发《关于促进服务外包产业加快发展的意见》	64.58%
3	国务院发布《关于加快发展生产性服务业促进产业结构调整升级的指导意见》	62.50%
4	《中国人力资源服务业蓝皮书 2014》出版	56.25%
5	中共中央、国务院印发《关于构建和谐劳动关系的意见》	54.17%
6	《国务院关于进一步做好新形势下就业创业工作的意见》发布	54.17%
7	《中共中央、国务院关于深化体制机制改革加快实施创新驱动发展战略的若干意见》印发	54.17%
8	国务院对外公布《基本养老保险基金投资管理办法》	50%
9	李克强签署国务院令,公布《事业单位人事管理条例》	41.67%
10	《2015 中国人力资源服务业市场研究报告》发布	41.67%
11	《中国人力资源服务业发展报告(2014)》发布	37.50%
12	《机关事业单位职业年金办法》发布	35.42%
13	全国人力资源市场建设工作座谈会召开	35.42%
14	人社部、财政部联合发出通知,自 2015.10.1 起降低工伤、生育保险费率	33.33%
15	《2015 就业蓝皮书》发布,管理学就业率最高	33.33%
16	上海外服发布"外服云"	31.25%

续表

排序	事　件	比例
17	人社部同意建立中国杭州人力资源服务产业园和中国海峡人力资源服务产业园	29.17%
18	《2015 全球人力资源服务机构 50 强榜单与白皮书》发布	29.17%
19	《中国大学生就业压力调查报告》发布	29.17%
20	《中国劳动保障发展报告(2014)》发布	25%
21	《关于失业保险支持企业稳定岗位有关问题的通知》印发	22.92%
22	2016 年起全国将取消档案管理费	22.92%
23	中国公共招聘网将步入正式运行	22.92%
24	全国 100 所城市就业服务市场供求统计分析	20.83%
25	《2014 大中华区人力资源服务机构品牌 100 强榜单与白皮书》发布	20.83%
26	《2014 中国劳动力市场报告》发布	20.83%
27	国家统计局对不同岗位工资情况进行调查	18.75%
28	《中国人力资源服务业外包业态观察 2014》出版发行	18.75%
29	《2014 中国公益行业人才发展现状调查》发布	18.75%
30	北森荣膺"2014 年度中国人力资源开发与管理最优服务商"奖项	16.67%
31	《2014HRoot 全球人力资源服务机构 50 强》发布	14.58%
32	中智公司连续 9 年列中国人力资源服务行业第一位	12.50%
33	《中国社会保障改革与发展报告 2013》发布	10.42%
34	易才集团荣膺"2014 最佳人力资源外包服务团队奖"	10.42%
35	《2015 年春季中国雇主需求与白领人才供给报告》发布	8.33%

3. 研究评定阶段

编委会召开研究评定会议。根据公开评选阶段所有参与者对于行业事件的投票情况,参考对于政策事件、学术事件、行业事件的综合分配,初步遴选出中国人力资源服务业 2014—2015 年度 12 个大事件。其中政策事件 7 件,学术事件 3 件,行业事件 2 件。

表 2-3-2

事件类型	事　　件
政策事件	《人力资源社会保障部、国家发展改革委、财政部关于加快发展人力资源服务业的意见》发布
	国务院印发《关于促进服务外包产业加快发展的意见》
	国务院发布《关于加快发展生产性服务业促进产业结构调整升级的指导意见》
	中共中央、国务院印发《关于构建和谐劳动关系的意见》
	《国务院关于进一步做好新形势下就业创业工作的意见》发布
	《中共中央、国务院关于深化体制机制改革加快实施创新驱动发展战略的若干意见》印发
	国务院对外公布《基本养老保险基金投资管理办法》
学术事件	《中国人力资源服务业蓝皮书 2014》出版
	《2015 中国人力资源服务业市场研究报告》发布
	《中国人力资源服务业发展报告（2014）》发布
行业事件	全国人力资源市场建设工作座谈会召开
	上海外服发布"外服云"

二、大事件述评

（一）政策事件

1.《人力资源社会保障部、国家发展改革委、财政部关于加快发展人力资源服务业的意见》发布

事件提要：

2014 年 12 月 25 日人力资源市场司发布《人力资源社会保障部、国家发展改革委、财政部关于加快发展人力资源服务业的意见》，为贯彻落实《国家中长期人才发展规划纲要（2010—2020 年）》和《国务院关于加快发展生产性服务业促进产业结构调整升级的指导意见》等文件的部署和要求，促进人力资源服务业持续健康发展，人力资源社会保障部、国家发展改革委、财政部确定了日后工作的八项重点任务和六项政策措施。

事件述评：

伴随着人力资源配置市场化改革进程，我国人力资源服务业从无到有，取得长足发展，多元化、多层次的人力资源服务体系初步形成。但总体看，规模偏小、实力不强、专业化程度不高、支撑保障能力不足，还难以有效满足产业结构调整升级的需要，以及经济社会发展对人力资源服务的需求，亟待加快发展。

人力资源服务业具有高技术含量、高人力资本、高成长性和辐射带动作用强等特点，关系各类劳动者就业创业和职业发展，关系企事业单位的人力资源管理和创新能力提升，是国家确定的生产性服务业重点领域。加快发展人力资源服务业，是优先开发与优化配置人力资源，建设人力资源强国的内在要求，是实现更加充分和更高质量就业的重要举措，对于推动经济发展方式向主要依靠科技进步、劳动者素质提高、管理创新转变具有重要意义。

为此，人力资源社会保障部、国家发展改革委、财政部确定了八项重点任务：(1)发展各类人力资源服务机构。坚持政府引导、市场运作、科学规划、合理布局，构建多层次、多元化的人力资源服务机构集群，增加人力资源服务供给。(2)增强人力资源服务创新能力。实施人力资源服务能力提升计划，推进人力资源服务领域的管理创新、服务创新和产品创新。(3)培育人力资源服务品牌。鼓励企业注册和使用自主人力资源服务商标，开展自主品牌建设，形成一批知名企业和著名品牌。(4)推进人力资源服务业集聚发展。加强人力资源服务产业园的统筹规划和政策引导，依托重大项目和龙头企业，培育创新发展、符合市场需求的人力资源服务产业园，形成人力资源公共服务枢纽型基地和产业创新发展平台。(5)加强人力资源服务业人才队伍建设。加大人力资源服务业高层次人才的培养引进力度，将其纳入相关人才计划和人才引进项目，享受相关优惠政策。(6)加强人力资源服务业管理。依法实施人力资源服务行政许可，加强事中事后监管，将设立人力资源服务机构许可由工商登记前置审批改为后置审批，优化流程，提高效率。(7)推进公共服务与经营性服务分离改革。深化人力资源市场体制改革，实现人力资源市场领域的管办分离、政企分开、事企分开、公共服务与经营性服务分离。(8)夯实人力资源服务业发展基础。完善行业统计调查制度,逐步建立科学、统一、全面的人力资源服务业统计制度,建立覆盖各级的人力资源服务机构数据库,加强数据的分析与应用。

六项政策措施包括:(1)加大财政支持力度。研究通过中央财政服务业发展专项资金、国家服务业发展引导资金对人力资源服务业发展重点领域、薄弱环节和生产性服务业创新团队给予支持。有条件的地方也应通过现有资金渠道,加大对人力资源服务业发展的支持力度,并探索采取政府股权投入、建立产业基金等市场化方式,切实提高资金使用效率。(2)落实税收优惠政策。加快推进营业税改征增值税改革,消除人力资源服务中间环节的重复征税问题。人力资源服务企业的总、分机构不在同一县(市),但在同一省(区、市)范围内的,经省财政、税务部门批准,可由总机构汇总申报缴纳增值税。符合离岸服务外包业务免税条件的人力资源服务企业,提供离岸服务外包业务免征增值税。在国务院批准的 21 个中国服务外包示范城市内的人力资源服务企业,符合现行税收政策规定的技术先进型服务企业条件的,经认定后,可按规定享受税收优惠政策。(3)拓宽投融资渠道。鼓励符合条件的人力资源服务企业进入资本市场融资,支持符合条件的人力资源服务企业上市或发行集合信托以及公司债、企业债、集合债、中小企业私募债等公司信用类债券融资。进一步放宽人力资源服务业的市场准入,鼓励各类社会资本以独资、合资、收购、参股、联营等多种形式,进入人力资源服务领域,提高人力资源服务领域的社会资本参与程度。(4)完善政府购买人力资源公共服务政策。各地要从实际出发,逐步将适合社会力量承担的人力资源服务交给社会力量。要稳步推进政府向社会力量购买人力资源服务,研究将人力资源服务纳入政府购买服务的指导目录,明确政府购买人力资源服务种类、性质和内容,并在总结经验的基础上及时进行动态调整。通过竞争择优的方式选择承接政府购买人力资源服务的社会力量,确保具备条件的社会力量平等参与竞争。要建立健全政府向社会力量购买人力资源服务各项制度,切实提高财政资金使用效率,加强监督检查和科学评估。(5)扩大对外开放与交流。加强国际交流合作,稳步推进人力资源市场对外开放,积极构建公平稳定、透明高效、监管有力、与国际接轨的人力资源服务业外商投资管理体制。深入推进与香港、澳门、台湾地区的人力资源服务合作。鼓励有条件的本土人力资源服务机构"走出去",与国际知名人力资源服务机构开展合作,在境外设立分支机构,大力开拓国际市场,积极参与国际人才竞争与合作。(6)健全法律法规体系。加快制定人力资源市场条例及配套规章,完善体现权利公平、机会公平、规则公平的人力资源市场法律法规体系。依法全面履行政府职能,着力打破人力资源市场中存在的地区封锁、市场分割等各种壁垒,纠正设置行政壁垒、分割市场、妨碍公平竞争的做法。鼓励各地按照建立统一规范灵活的人力资源市场要求,制定完善相关法规。建设专业化、职业化的高素质人力资源市场执法队伍,提升市场执法和监管水平。加大人力资源市场法律法规宣传力度,营造良好舆论氛围。①

点评:

《意见》以产业引导、政策扶持和环境营造为重点,实现到 2020 年建立健全专业化、信息化、产业化、国际化的人力资源服务体系的发展目标。数据显示,2013 年,全国各类人力资源服务机构共为 2002 万家次用人单位和4.3 亿人次的劳动者提供了各类人力资源服务,分别比 2012 年增长 6.1%和 1.2%;帮助 1 亿人次的劳动者找到了工作或转换了工作岗位,比 2012 年增长 6.5%。② 但总体看,我国人力资源服务业在业态规模、综合实力、专业化以及相应的支持保障方面仍亟待提高。针对这一现状,《意见》明确,国家要发展各类人力资源服务机构,构建多层次、多元化的人力资源服务机构集群,增加人力资源服务供给。并提出将 2020 年作为这一建设目标的时限,表现了国家发展完善人力资源服务业的决心,对于业界是莫大的鼓舞。在这一《意见》精神的指导下,人力资源服务企业要打破"大而全""小而全"的格局,细化专业分工,向价值高端延伸,重点鼓励人力资源外包、高级人才寻访、人才测评、人力资源管理咨询等新兴业态快速发展。

2.国务院印发《关于促进服务外包产业加快发展的意见》

事件提要:

2015 年 2 月国务院印发《关于促进服务外包产业加快发展的意见》,提出

---

① http://www.mohrss.gov.cn/gkml/xxgk/201501/t20150121_149768.htm.
② http://finance.ifeng.com/a/20150121/13445967_0.shtml.

到 2020 年,服务外包产业国际国内市场协调发展,规模显著扩大,结构显著优化,企业国际竞争力显著提高,成为我国参与全球产业分工、提升产业价值链的重要途径。这是国务院首次对促进服务外包产业加快发展作出全面部署。

事件述评:

《意见》指出,坚持改革创新,面向全球市场,加快发展高技术、高附加值服务外包产业,促进大众创业、万众创新,推动从主要依靠低成本竞争向更多以智力投入取胜转变,对于推进结构调整,形成产业升级新支撑、外贸增长新亮点、现代服务业发展新引擎和扩大就业新渠道,具有重要意义。

具体的,第一,强调加快发展服务外包产业要以拓展国际国内市场为导向,围绕培育竞争新优势和营造良好发展环境,坚持改革创新、突出重点、分步实施、示范集聚的原则,着力激发企业创新动力和市场活力,推动"中国服务"再上台阶、走向世界。第二,明确要着力培育竞争新优势,明确产业发展导向、实施国际市场多元化战略、优化国内市场布局、培育壮大市场主体、加强人才队伍建设。要定期发布《服务外包产业重点发展领域指导目录》,拓展行业领域,大力发展软件和信息技术、研发、互联网、能源等领域的服务外包,推动向价值链高端延伸,为大学生就业创造更多机会。第三,强调要强化政策措施,完善产业政策体系。通过加强规划引导,科学谋划服务外包产业集聚区布局,发挥产业集聚区引领带动作用;通过深化国际交流合作,支持企业开展知识、业务流程外包等高附加值项目,开拓新市场、新业务和营销网络;通过加大财政支持力度、完善税收政策、加强金融服务以及提升便利化水平等,培育一批创新和竞争能力强、集成水平高的龙头企业,扶持一批"专、精、特、新"中小型企业,加快推动国内服务外包产业转型升级,提升产业国际竞争力。第四,明确要建设法治化营商环境,完善服务外包产业法律体系,规范企业经营行为和促进产业健康发展;要提高公共服务水平、加强统计分析体系建设,切实健全服务保障体系。第五,要求各地区、各部门要充分认识促进服务外包产业加快发展的重大意义,加强组织领导,建立工作机制,强化部门协同和上下联动,切实将本意见的各项任务落到实处、取得实效。①

---

① http://news.xinhuanet.com/2015-01/16/c_1114020647.htm.

点评：

国务院印发《关于促进服务外包产业加快发展的意见》，这是国务院首次对促进服务外包产业加快发展作出全面部署。业内人士认为，这一意见从国家层面对服务外包业发展作出规划，将对我国服务外包业实现转型升级，推动"中国服务"再上台阶、走向世界有重要意义。[①] 意见强调两个市场协调发展，出台及时，针对性强。在服务全球化深入发展的大背景下，服务外包业走内向化道路难有出路，要统筹好国内国外两个市场。不过，尽管服务外包业发展迅速，但伴随全球宏观经济环境变化，我国服务外包产业面临着人力资源成本与发达国家差距缩小、主要国际市场萎缩、国内外竞争加剧、企业经营压力增大等一系列挑战。对此，《意见》明确，要着力培育竞争新优势，明确产业发展导向、实施国际市场多元化战略、优化国内市场布局、培育壮大市场主体、加强人才队伍建设。要定期发布《服务外包产业重点发展领域指导目录》，拓展行业领域，大力发展软件和信息技术、研发、互联网、能源等领域的服务外包，推动向价值链高端延伸。此外《意见》强调培育一批创新和竞争能力强、集成水平高的龙头企业，扶持一批"专、精、特、新"中小型企业，重视质量和规模要齐头并进；明确要建设法治化营商环境，完善服务外包产业法律体系，规范企业经营行为和促进产业健康发展，体现了《意见》对时代脉搏的把握。

3. 国务院发布《关于加快发展生产性服务业促进产业结构调整升级的指导意见》

事件提要：

2014 年 8 月 6 日，国务院发布《关于加快发展生产性服务业促进产业结构调整升级的指导意见》，人力资源服务和品牌建设成为主要任务之一。为促进人力资源服务和品牌建设，国务院将以产业引导、政策扶持和环境营造为重点，推进人力资源服务创新。加快形成一批具有国际竞争力的综合型、专业型人力资源服务机构。强化创新型、应用型、复合型、技术技能型人才开发培训。加快推广中关村科技园区股权激励试点经验，调动科研人员创新进取的积极性。鼓励具有自主知识产权的知识创新、技术创新和模式

---

① http://news.sina.com.cn/c/2015-01-16/215331411091.shtml.

创新,积极创建知名品牌,以品牌引领消费,推动形成具有中国特色的品牌价值评价机制。

事件述评:

近年来,生活性服务供给规模和质量水平明显提高,但与此同时,生产性服务业发展相对滞后、水平不高、结构不合理等问题突出。为加快重点领域生产性服务业发展,进一步推动产业结构调整升级,国务院坚持市场主导、突出重点、创新驱动、集聚发展原则,以产业转型升级需求为导向,进一步加快生产性服务业发展,引导企业进一步打破"大而全""小而全"的格局,分离和外包非核心业务,向价值链高端延伸,促进我国产业逐步由生产制造型向生产服务型转变。

现阶段,我国生产性服务业重点发展研发设计、第三方物流、融资租赁、信息技术服务、节能环保服务、检验检测认证、电子商务、商务咨询、服务外包、售后服务、人力资源服务和品牌建设。为促进人力资源服务和品牌建设,应当提高人力资源服务水平,促进人力资源服务供求对接,引导各类企业通过专业化的人力资源服务提升人力资源管理开发和使用水平,提升劳动者素质和人力资源配置效率。要营造尊重人才、有利于优秀人才脱颖而出和充分发挥作用的社会环境。

为此,从深化改革开放、完善财税政策、强化金融创新、有效供给土地、健全价格机制和加强人才队伍建设基础工作等方面,为生产性服务业发展创造良好环境,最大限度地激发企业和市场活力。为加强知识产权保护和人才队伍建设,政策措施如下:鼓励生产性服务业企业创造自主知识产权,加强对服务模式、服务内容等创新的保护;加快数字版权保护技术研发,推进国家版权监管平台建设;扩大知识产权基础信息资源共享范围,促进知识产权协同创新;加强知识产权执法,加大对侵犯知识产权和制售假冒伪劣商品的打击力度,维护市场秩序,保护创新积极性;加强政府引导,及时发布各类人才需求导向等信息;支持生产性服务业创新团队培养,建立创新发展服务平台;研究促进设计、创意人才队伍建设的措施办法,鼓励创新型人才发展;建设大型专业人才服务平台,增强人才供需衔接。①

---

① http://www.gov.cn/zhengce/content/2014-08/06/content_8955.htm.

点评：

国务院印发《关于加快发展生产性服务业促进产业结构调整升级的指导意见》，这是国务院首次对生产性服务业发展作出的全面部署。《指导意见》提出了引导市场主体行为的发展导向，明确了政府创造良好环境的工作重点。我国生产性服务业呈现良好的发展态势，其年均增速快于整个服务业增速。有研究机构测算发现，我国生产性服务业的增加值占 GDP 比重，有望超过流通性服务业，成为服务业内部的主导行业。这也是典型工业化国家服务业结构演变中所揭示的重要规律。在新的发展节点上，国务院出台《意见》，对进一步加快生产性服务业发展具有重要意义。[①] 生产性服务业作为当今全球经济中增长速度最快、知识密集度最高、高层次人才就业最集中的产业，是推动一国产业升级的强大引擎，也是各国竞相争夺的全球产业价值链上的战略制高点。当前，我国生产性服务业发展滞后、水平不高、竞争力偏弱等问题较为突出，亟须加快发展。为此，国务院出台了《关于加快发展生产性服务业促进产业结构调整升级的指导意见》，对未来一段时期生产性服务业发展进行总体部署，必将有力推动我国生产性服务业加快发展和产业转型升级。

4. 中共中央、国务院印发《关于构建和谐劳动关系的意见》

事件提要：

中共中央、国务院于 2015 年 4 月 8 日印发《关于构建和谐劳动关系的意见》（2015 年 3 月 21 日），系统阐述了构建中国特色和谐劳动关系的重大意义、指导思想、基本原则、目标任务和政策措施。这份文件共分 8 个部分 26 条。其中，8 个部分包括：一是充分认识构建和谐劳动关系的重大意见；二是构建和谐劳动关系的指导思想、工作原则和目标任务；三是依法保障职工基本权益；四是健全劳动关系协调机制；五是加强企业民主管理制度建设；六是健全劳动关系矛盾调处机制；七是营造构建和谐劳动关系的良好环境；八是加强组织领导和统筹协调。[②]

事件述评：

劳动关系是生产关系的重要组成部分，是最基本、最重要的社会关系之

<hr>

① http://finance.sina.com.cn/roll/20140906/060020230241.shtml.

② http://www.gov.cn/guowuyuan/2015-04/08/content_2843938.htm.

一。劳动关系是否和谐,事关广大职工和企业的切身利益,事关经济发展与社会和谐。党和国家历来高度重视构建和谐劳动关系,制定了一系列法律法规和政策措施并作出工作部署。各级党委和政府认真贯彻落实党中央和国务院的决策部署,取得了积极成效,总体保持了全国劳动关系和谐稳定。但是,我国正处于经济社会转型时期,劳动关系的主体及其利益诉求越来越多元化,劳动关系矛盾已进入凸显期和多发期,劳动争议案件居高不下,有的地方拖欠农民工工资等损害职工利益的现象仍较突出,集体停工和群体性事件时有发生,构建和谐劳动关系的任务艰巨繁重。

《意见》中提出了构建和谐劳动关系的指导思想、工作原则和目标任务。(1)指导思想。全面贯彻党的十八大和十八届二中、三中、四中全会精神,以邓小平理论、"三个代表"重要思想、科学发展观为指导,深入贯彻习近平总书记系列重要讲话精神,贯彻落实党中央和国务院的决策部署,坚持促进企业发展、维护职工权益,坚持正确处理改革发展稳定关系,推动中国特色和谐劳动关系的建设和发展,最大限度增加劳动关系和谐因素,最大限度减少不和谐因素,促进经济持续健康发展和社会和谐稳定,凝聚广大职工为实现"两个一百年"奋斗目标、实现中华民族伟大复兴的中国梦贡献力量。(2)工作原则包括坚持以人为本、坚持依法构建、坚持共建共享、坚持改革创新。(3)目标任务包括加强调整劳动关系的法律、体制、制度、机制和能力建设,加快健全党委领导、政府负责、社会协同、企业和职工参与、法治保障的工作体制,加快形成源头治理、动态管理、应急处置相结合的工作机制,实现劳动用工更加规范,职工工资合理增长,劳动条件不断改善,职工安全健康得到切实保障,社会保险全面覆盖,人文关怀日益加强,有效预防和化解劳动关系矛盾,建立规范有序、公正合理、互利共赢、和谐稳定的劳动关系。

《意见》强调依法保障职工基本权益:切实保障职工取得劳动报酬的权利;切实保障职工休息休假的权利;切实保障职工获得劳动安全卫生保护的权利;切实保障职工享受社会保险和接受职业技能培训的权利。提出健全劳动关系协调机制:全面实行劳动合同制度;推行集体协商和集体合同制度;健全协调劳动关系三方机制。指出加强企业民主管理制度建设:健全企业民主管理制度;推进厂务公开制度化、规范化;推行职工董事、职工监事制度。进一步健全劳动关系矛盾调处机制：健全劳动保障监察制度；健全劳动争议调解仲裁机制；完善劳动关系群体性事件预防和应急处置机制。强调营造构建和谐劳动关系的良好环境：加强对职工的教育引导；加强对职工的人文关怀；教育引导企业经营者积极履行社会责任；优化企业发展环境；加强构建和谐劳动关系的法治保障。最后，提出加强组织领导和统筹协调：进一步加强领导，形成合力；加强劳动关系工作能力建设；加强企业党组织和基层工会、团组织、企业代表组织建设；深入推进和谐劳动关系创建活动；加大构建和谐劳动关系宣传力度，形成正确舆论导向和强大舆论声势，营造全社会共同关心、支持和参与构建和谐劳动关系的良好氛围。

点评：

《关于构建和谐劳动关系的意见》系统阐述了构建中国特色和谐劳动关系的重大意义、指导思想、基本原则、目标任务和政策措施。这是指导新时期劳动关系工作的纲领性文件。劳动关系是生产关系的重要组成部分，是最基本、最重要的社会关系之一。① 劳动关系是否和谐，事关广大职工和企业的切身利益，事关经济发展与社会和谐。《意见》明确指出，我国正处于经济社会转型时期，劳动关系的主体及其利益诉求越来越多元化，劳动关系矛盾已进入凸显期和多发期。在新的历史条件下，努力构建中国特色和谐劳动关系，是加强和创新社会管理、保障和改善民生的重要内容，是建设社会主义和谐社会的重要基础，是经济持续健康发展的重要保证，是增强党的执政基础、巩固党的执政地位的必然要求。构建中国特色和谐劳动关系，要坚持以人为本，把解决广大职工最关心、最直接、最现实的利益问题，实现好、维护好、发展好他们的根本权益，作为构建和谐劳动关系的根本出发点和落脚点。同时，要坚持依法构建，将劳动关系的建立、运行、监督、调处的全过程纳入法制化轨道，发挥法治在构建和谐劳动关系中的引领和规范作用。

5.《国务院关于进一步做好新形势下就业创业工作的意见》发布

事件提要：

2015 年 4 月 27 日，《国务院关于进一步做好新形势下就业创业工作的

---

① http://news.xinhuanet.com/politics/2015-04/08/c_1114906628.htm.

意见》发布。随着我国经济发展进入新常态,就业总量压力依然存在,结构性矛盾更加凸显。面对就业压力加大形势,必须着力培育大众创业、万众创新的新引擎,实施更加积极的就业政策,包括深入实施就业优先战略、积极推进创业带动就业、统筹推进高校毕业生等重点群体就业、加强就业创业服务和职业培训、强化组织领导等。

事件述评:

就业事关经济发展和民生改善大局。党中央、国务院高度重视,坚持把稳定和扩大就业作为宏观调控的重要目标,大力实施就业优先战略,积极深化行政审批制度和商事制度改革,推动大众创业、万众创新,创业带动就业倍增效应进一步释放,就业局势总体稳定。大众创业、万众创新是富民之道、强国之举,有利于产业、企业、分配等多方面结构优化。为进一步做好就业创业工作,提出意见如下:

(1)深入实施就业优先战略

①坚持扩大就业发展战略。把稳定和扩大就业作为经济运行合理区间的下限,将城镇新增就业、调查失业率作为宏观调控重要指标。

②发展吸纳就业能力强的产业。创新服务业发展模式和业态,大力发展金融租赁、现代物流等生产性服务业和旅游休闲、健康养老等生活性服务业。

③发挥小微企业就业主渠道作用。引导银行业金融机构针对小微企业经营特点和融资需求特征,创新产品和服务。

④积极预防和有效调控失业风险。落实调整失业保险费率政策,减轻企业和个人负担,稳定就业岗位。

(2)积极推进创业带动就业

⑤营造宽松便捷的准入环境。

⑥培育创业创新公共平台。

⑦拓宽创业投融资渠道。

⑧支持创业担保贷款发展。

⑨加大减税降费力度。

⑩调动科研人员创业积极性。

⑪鼓励农村劳动力创业。

⑫营造大众创业良好氛围。

（3）统筹推进高校毕业生等重点群体就业

⑬鼓励高校毕业生多渠道就业。把高校毕业生就业摆在就业工作首位。完善工资待遇进一步向基层倾斜的办法，健全高校毕业生到基层工作的服务保障机制。

⑭加强对困难人员的就业援助。合理确定就业困难人员范围，规范认定程序，加强实名制动态管理和分类帮扶。

⑮推进农村劳动力转移就业。

⑯促进退役军人就业。

（4）加强就业创业服务和职业培训

⑰强化公共就业创业服务。健全覆盖城乡的公共就业创业服务体系，提高服务均等化、标准化和专业化水平。

⑱加快公共就业服务信息化。按照统一建设、省级集中、业务协同、资源共享的原则，逐步建成以省级为基础、全国一体化的就业信息化格局。

⑲加强人力资源市场建设。加快建立统一规范灵活的人力资源市场，消除城乡、行业、身份、性别、残疾等影响平等就业的制度障碍和就业歧视，形成有利于公平就业的制度环境。

⑳加强职业培训和创业培训。利用各类创业培训资源，开发针对不同创业群体、创业活动不同阶段特点的创业培训项目，把创新创业课程纳入国民教育体系。

㉑建立健全失业保险、社会救助与就业的联动机制。

㉒完善失业登记办法。①

点评：

国务院《关于进一步做好新形势下就业创业工作的意见》，是指导当前和今后一个时期就业创业工作的纲领性文件。《意见》最大亮点就是把鼓励创业和促进就业更好地结合在一起，这把党的十八大提出来的政府促进就业和鼓励创业相结合这一方针的进一步细化，在政策上加以具体化，也正是本届政府提出来的打造大众创业、万众创新的新引擎在政策

---

① http://www.mohrss.gov.cn/gkml/xxgk/201505/t20150504_159696.htm.

上具体化。当前就业形势总体还是比较平稳,经济增速放缓的情况下,就业也不可避免地遇到一些新情况、新问题。主要表现一是用工需求不旺,有减少的势头;二是结构性矛盾增多,这也是结构调整、产业转型升级过程中的正常现象。要深入实施就业优先战略,就是要把就业创业摆在经济社会发展更加优先、更加突出的位置,实现经济增长和扩大就业的良性互动。[1]

6.《中共中央、国务院关于深化体制机制改革加快实施创新驱动发展战略的若干意见》印发

事件提要:

2015 年 3 月,《中共中央、国务院关于深化体制机制改革加快实施创新驱动发展战略的若干意见》正式发布。《意见》指出,要坚持人才为先,把人才作为创新的第一资源。更加注重培养、用好、吸引各类人才,促进人才合理流动、优化配置,创新人才培养模式;更加注重强化激励机制,给予科技人员更多的利益回报和精神鼓励;更加注重发挥企业家和技术技能人才队伍创新作用,充分激发全社会的创新活力。[2]

事件述评:

创新是推动一个国家和民族向前发展的重要力量,也是推动整个人类社会向前发展的重要力量。面对全球新一轮科技革命与产业变革的重大机遇和挑战,面对经济发展新常态下的趋势变化和特点,面对实现"两个一百年"奋斗目标的历史任务和要求,必须深化体制机制改革,加快实施创新驱动发展战略。加快实施创新驱动发展战略,就是要使市场在资源配置中起决定性作用和更好发挥政府作用,破除一切制约创新的思想障碍和制度藩篱,激发全社会创新活力和创造潜能,提升劳动、信息、知识、技术、管理、资本的效率和效益,强化科技同经济对接、创新成果同产业对接、创新项目同现实生产力对接、研发人员创新劳动同其利益收入对接,增强科技进步对经济发展的贡献度,营造大众创业、万众创新的政策环境和制度环境。到2020 年,基本形成适应创新驱动发展要求的制度环境和政策法律体系,为

---

[1]　http://news.sina.com.cn/c/2015-05-27/033731880849.shtml.

[2]　http://www.gov.cn/xinwen/2015-03/23/content_2837629.htm.

进入创新型国家行列提供有力保障。人才、资本、技术、知识自由流动,企业、科研院所、高等学校协同创新,创新活力竞相迸发,创新成果得到充分保护,创新价值得到更大体现,创新资源配置效率大幅提高,创新人才合理分享创新收益,使创新驱动发展战略真正落地,进而打造促进经济增长和就业创业的新引擎,构筑参与国际竞争合作的新优势,推动形成可持续发展的新格局,促进经济发展方式的转变。

人力资源方面,《意见》坚持人才为先。要把人才作为创新的第一资源,更加注重培养、用好、吸引各类人才,促进人才合理流动、优化配置,创新人才培养模式;更加注重强化激励机制,给予科技人员更多的利益回报和精神鼓励;更加注重发挥企业家和技术技能人才队伍创新作用,充分激发全社会的创新活力。专题指出创新培养、用好和吸引人才机制。围绕建设一支规模宏大、富有创新精神、敢于承担风险的创新型人才队伍,按照创新规律培养和吸引人才,按照市场规律让人才自由流动,实现人尽其才、才尽其用、用有所成。(1)构建创新型人才培养模式。开展启发式、探究式、研究式教学方法改革试点,弘扬科学精神,营造鼓励创新、宽容失败的创新文化。改革基础教育培养模式,尊重个性发展,强化兴趣爱好和创造性思维培养。(2)建立健全科研人才双向流动机制。改进科研人员薪酬和岗位管理制度,破除人才流动的体制机制障碍,促进科研人员在事业单位和企业间合理流动。符合条件的科研院所的科研人员经所在单位批准,可带着科研项目和成果、保留基本待遇到企业开展创新工作或创办企业。试点将企业任职经历作为高等学校新聘工程类教师的必要条件。加快社会保障制度改革,完善科研人员在企业与事业单位之间流动时社保关系转移接续政策,促进人才双向自由流动。(3)实行更具竞争力的人才吸引制度。制定外国人永久居留管理的意见,加快外国人永久居留管理立法,规范和放宽技术型人才取得外国人永久居留证的条件,探索建立技术移民制度。对持有外国人永久居留证的外籍高层次人才在创办科技型企业等创新活动方面,给予中国籍公民同等待遇。围绕国家重大需求,面向全球引进首席科学家等高层次科技创新人才。广泛吸引海外高层次人才回国(来华)从事创新研究。稳步推进人力资源市场对外开放,逐步放宽外商投资人才中介服务机构的外资持股比例和最低注册资本金要求。鼓励有条件的国内人力资源服务机构走出去与国外人力资源服务机构开展合作,在境外设立分支机构,积极参与国际人才竞争与合作。

点评:

《中共中央、国务院关于深化体制机制改革加快实施创新驱动发展战略的若干意见》,对充分发挥知识产权制度作用、全面激发创新动力和创新活力作出了一系列重要部署,为知识产权制度建设和知识产权事业发展带来了新机遇。"创新驱动发展"是党的十八大为推动经济和社会发展而作出的重大战略部署。《意见》印发,旨在深化体制机制改革,加快实施创新发展战略。为了激励成果转化,《意见》提出要提高科研人员成果转化收益比例,对用于奖励科研负责人、骨干技术人员等重要贡献人员和团队的收益比例。同时,鼓励各类企业通过股权、期权、分红等激励方式,调动科研人员创新积极性。为破除人才流动的体制机制障碍,促进产学研深度融合,意见提出,符合条件的科研院所的科研人员经所在单位批准,可带着科研项目和成果、保留基本待遇到企业开展创新工作或创办企业。允许高等学校和科研院所设立一定比例流动岗位,吸引有创新实践经验的企业家和企业科技人才兼职。试点将企业任职经历作为高等学校新聘工程类教师的必要条件。并提出,建立高层次、常态化的企业技术创新对话、咨询制度,发挥企业和企业家在国家创新决策中的重要作用。吸收更多企业参与研究制定国家技术创新规划、计划、政策和标准,相关专家咨询组中产业专家和企业家应占较大比例。以上意见对于高层次人才的人力资源服务均有着振奋人心的作用。

7. 国务院对外公布《基本养老保险基金投资管理办法》

事件提要:

8月23日,国务院对外公布《基本养老保险基金投资管理办法》(以下简称《办法》)。《办法》已于8月17日正式印发并实施。与征求意见稿相比较,养老基金各类资产投资比例未变,其中投资股票、股票基金、混合基金、股票型养老金产品的比例,合计不得高于养老基金资产净值的30%。

事件述评:

《基本养老保险基金投资管理办法》明确,要在继续加强基金管理的同时,积极稳妥地开展养老基金的投资运营,实现基金的保值增值。有关专家指出，我国养老基金进行市场化投资运营，一方面将有助于稳定资本市场健康发展，另一方面也将对促进实体经济长期健康发展发挥积极作用。

此次《办法》明确，养老基金将实行中央集中运营、市场化投资运作。由省级政府将各地可投资的养老基金归集到省级社会保障专户，统一委托给国务院授权的养老基金管理机构进行投资运营。养老基金目前只在境内投资；严格控制投资产品种类，主要是比较成熟的投资品种；股票等权益类产品合计不得超过资产净值的30%。

《办法》强调，养老基金投资运营，必须坚持安全第一的原则，严格控制风险。明确受托、托管、投资等管理机构应当建立健全投资管理内部控制制度，加强风险管控，维护公众利益；投资机构和受托机构分别按管理费的20%和年度投资收益的1%建立风险准备金，专项用于弥补养老基金投资可能发生的亏损。

同时，《办法》也对养老基金的信息披露制度和监督检查制度作出了具体规定，明确由人力资源和社会保障部、财政部依法对受托机构、托管机构、投资管理机构及相关主体开展养老基金投资管理业务情况实施监管。中国人民银行、银监会、证监会、保监会对托管机构、投资管理机构的经营活动进行监督。①

点评：

我国养老基金进行市场化投资运营，一方面将有助于稳定资本市场健康发展，另一方面也将对促进实体经济长期健康发展发挥积极作用。从国际养老金入市实践来看，作为长期资金，养老基金的考核标准和评价体系更加关注稳定性和长期性，这将直接影响授权管理市场机构的投资风格和投资行为，使短期投机逐步转向长期价值投资，进而使资本市场真正成为反映实体经济的"晴雨表"和"体温计"。养老基金实行市场化、多元化投资改革是一项面向未来的战略性举措，既有利于实现养老基金保值增值、缓解养老资金压力、确保社保制度可持续，也对推动经济转型升级、促进资本市场稳定、实现我国经济长期向好，具有重要而深远的现实意义。

---

① http://www.gov.cn/zhengce/content/2015-08/23/content_10115.htm.

（二）学术事件

8.《中国人力资源服务业蓝皮书 2014》发布

事件提要：

为了继续贯彻落实《国家"十二五"发展纲要》与《国家中长期人才发展规划纲要（2010—2020 年）》的要求，贯彻党的十八大报告指示精神，进一步推动人力资源服务业的发展，提高人力资源服务业对人才强国战略的助推作用，在国家人力资源和社会保障部人力资源市场司的大力支持与指导下，北京大学和上海市对外服务有限公司推出《中国人力资源服务业蓝皮书 2014》。我们秉承推动人力资源服务业更好更快发展的宗旨，对 2014 年度中国人力资源服务业的发展状况进行了系统梳理，并从理论高度对实践进行了深入分析，通过理论归纳、事实描述、数据展现、案例解读和科学预测等方式，力图在读者面前全面展现中国人力资源服务业的发展现状、重点领域和最新进展。

事件述评：

《中国人力资源服务业蓝皮书 2014》第一部分为年度报告篇。第一，梳理分析了年度内国家新颁布或修订的对人力资源及人力资源服务业有重要影响的法律法规政策，如《关于进一步推进户籍制度改革的意见》《事业单位人事管理条例》《劳务派遣暂行规定》等。通过这些法律法规政策的深入解读，可以使我们及时掌握人力资源服务业所处的政策环境新变化和新动向。第二，创造性地运用 PEST 战略环境分析模型，从政治环境、经济环境、社会环境以及技术环境四个维度，有针对性地分析了人力资源服务业面临的外部环境，进而指出外部环境变化给人力资源服务业带来的机遇和挑战。第三，介绍了我国人力资源服务业机构的概况、人力资源服务业机构现状及变化、人力资源服务业从业人员现状及变化、人力资源服务业机构服务理念的变化，并对以上变化进行分析，以把握我国人力资源服务业发展的整体趋势和脉络。第四，介绍了我国人力资源服务业的基本业态，对各类招聘服务、人才测评服务、人力资源外包服务、高端人才寻访服务、管理咨询服务、人力资源软件服务、流动人员档案管理服务、派遣代理服务等八种业态进行了概括性分析。最后还就人力资源服务业的发展成效和所面临的形势进行了分析，在国家宏观政策和经济发展的双重刺激下，我国人力资源服务业产业集聚区效应正在逐步呈现,行业自律体系基本形成,人力资源服务体系呈现多元化发展趋势。人力资源服务业在取得良好的发展成效之时,也面临着国家行政职能转变、信息技术催生新型商业模式和人力资源供求发生变化的新形势挑战。

第二部分为专题报告篇。第一,通过词频分析等大数据分析方法,阐述人力资源服务业在我国各省市的发展情况及各省市政府对人力资源服务业发展的重视度。具体展开的分析点包括,人力资源服务业在微博这个新兴的网络环境中的网民关注度及发展情况,人力资源服务业在微信环境下的发展模式,各省市政府对人力资源服务业发展的政策支持水平,以及各省市在人力资源服务业的政策制定方面的比较分析,对相关政策法条进行梳理总结,归纳政策制定的基本情况及发展态势。第二,在盘点概括我国当前人力资源服务业的现状基础上,指出专业化、品牌化、国际化、服务整合和服务结构更加明显是我国人力资源服务业的必然发展趋势,从人力资源服务业和企业人力资源管理部门中挑选了几个案例进行分析,试图通过它们的先进经验展现我国人力资源服务业的新面貌,并从而影响更多的企业重视人力资源管理,提升企业竞争力。首次对欧美、东南亚发达国家的人力资源服务业进行了分析,并从基本数据、行业发展起步年代、产业政策发布年代和服务内容四个方面进行了中西方国家人力资源服务业的比较分析,提出了中国人力资源服务业需要在专业化、国际化、信息化和服务项目整合等领域推进创新并同时迅速制订完善的产业政策,以期真正早日实现人才强国的目标。第三,针对人力资源服务业的宏观影响因素、地区间人力资源服务业发展差距和各地人力资源服务企业竞争力差异等三个方面问题,收集了相关数据资料,运用面板模型、聚类分析和主成分分析等方法对上述问题进行了分析。分析结果认为人力资源服务业健康快速发展的基础是经济的发展和转型,一个地区只有经济发达到一定程度,才能有人力资源服务业发展的经济土壤,因此,要想发展人力资源服务业,归根结底是要经济进一步发展,促进产业进一步升级。最后,为2013—2014年促进人力资源服务业发展大事件评选,继续记载中国人力资源服务业的发展历程,旨在让世人了解中国人力资源服务业在政策、学术和行业三方面,一年来取得的突破性进展。

第三部分选编了我国最新的人才市场名录、人力资源服务企业名录、部分人力资源服务研究机构名录,以及过去一年的部分研究成果名录。

点评:

《中国人力资源服务业蓝皮书2014》紧密把握时代发展脉搏,继续关注政策法规环境的新变化和新进展;关注人力资源服务业发展的地区差异,首次使用词频分析等大数据分析方法,通过分析人力资源服务业在微博、微信等流行媒介中的用户分布和关注度,分析各省市政府有关人力资源服务业的政策特点,从而比较出人力资源服务业在我国各省市的地区发展差异,通过这种区域比较分析,使我们对人力资源服务业的认识进一步得到拓展和深化;关注人力资源服务业的国际化,首次对欧美、东南亚发达国家的人力资源服务业进行了分析,并从基本数据、行业发展起步年代、产业政策发布年代和服务内容四个方面进行了中西方国家人力资源服务业的比较分析,提出了实现我国人力资源服务业的更好更快发展,需要在专业化、国际化、信息化和服务项目整合等领域推进创新,并同时迅速制订完善的产业政策;关注了人力资源服务业的热点业务和未来发展趋势,以及行业发展的重大走向。

9.《2015中国人力资源服务业市场研究报告》发布

事件提要:

2015年4月2日,中国最大的人力资源媒体公司HRoot发布了中国人力资源服务业的重量级市场研究报告:《2015中国人力资源服务业市场研究报告——现状、趋势与展望》。报告长达111页10万多字,内容包括了人力资源服务业的分类与内涵、发展历程、市场规模、发展速度、驱动因素、竞争格局、客户类型、进入壁垒、市场环境预测、市场需求分析、细分市场收入规模预测等。报告研究结果为政府部门、人力资源行业专家和企业家、投资界了解和分析中国人力资源服务业市场发展现状、规模、未来发展趋势提供了权威的参考。

事件述评:

调研发现,受客户日益增长的需求和中国政府对人力资源服务业支持政策的正面影响,中国人力资源服务业及各细分行业在过去三年中保持了较快的增长,未来也将保持较高的增速。2014年中国人力资源服务业市场总体规模达到约1403.9亿人民币,2012—2014年年均复合增长率(CAGR)为15%。

研究预计 2019 年中国人力资源服务业市场规模将达到 3157 亿人民币。同时,2014 年中国人力资源服务业各细分行业:中高端人才访寻、灵活用工、人力资源外包、人力资源综合咨询、人力资源软件系统、在线招聘及转职服务等都取得了较大的发展,市场规模也不断扩大,且有望在未来五年继续高速增长。中国市场将成为全球人力资源服务市场的主要增长引擎,并会逐步发展成为全球最大的人力资源服务市场。

研究的关键性结果如下:

中国人力资源服务业市场迎来史上发展新机遇,预计 2015—2019 年人力资源服务业平均复合增长率将达到 17%;

中国人力资源服务业受政府政策、投资环境及技术环境的影响加大;

在人口红利消退和经济转型的大背景下,就提高劳动生产率、增强资源配置而言,人力资源业对于中国的经济发展具有重要的战略及现实意义;

研究确定了人力资源各细分市场服务商的六项关键能力,即财务支持、运营效率/执行效能、服务能力、品牌运营能力、市场开发能力及客户维护水平;

由于劳动力个体特征与需求的转变、区域发展不均衡、产业结构的表征升级以及不同类型客户发展的驱动,未来中国人力资源服务业的市场需求将十分旺盛;

灵活用工及转职服务未来在中国市场的成长空间非常巨大;

人力资源服务业各细分行业市场竞争格局在过去三十年中变化巨大;

中国人力资源服务商服务水平及国际化水平大幅上升,同时中国人力资源市场仍有巨大的发展空间;

未来五年中国市场将崛起多种细分产业:互联网招聘的垂直领域、人力资源服务机构掘金人才数据、招聘服务与雇主品牌、自由职业者市场蓬勃发展、老龄雇佣市场、"新蓝领"阶层、灵活用工、MSP 模式、人力资本金融、薪酬外包及人力资源行业投资加剧等;

中国人力资源服务业各细分子行业发展仍然较为分散,但是随着行业内兼并收购日益频繁以及产业链的进一步成熟,未来存在领先企业进行整合的空间。①

---

① http://www.hroot.com/contents/6/313897.html.

点评：

报告中较为全面揭示了中国人力资源服务业市场发展现状、规模及未来五年的展望，深入分析了正在改变中国人力资源服务业格局的重要趋势。这份报告旨在清晰而全面地阐述当前中国人力资源服务业的发展状况，帮助促进中国人力资源服务业的专业化、产业化、国际化、市场化发展；同时也希望能够为中国人力资源相关监管机构对中国人力资源服务市场的监管提供借鉴和参考。此报告帮助中国人力资源业人士更清晰、更直观地观察中国人力资源服务市场，并推动各类人力资源服务机构就影响其未来发展的问题进行深入讨论。

10.《中国人力资源服务业发展报告（2014）》发布

事件提要：

2015年1月20日，《中国人力资源服务业发展报告（2014）》发布，成为第一本全国性的人力资源服务业发展报告。《中国人力资源服务业发展报告（2014）》由《中国人力资源服务业发展报告》编委会编著、中国人事出版社发行。

事件述评：

据报告数据统计，截止到2013年底，全国共设立各类人力资源服务机构2.6万家，从业的人力资源服务人员35.8万人，行业全年营业总收入6945亿元。全国各类人力资源服务机构共设立固定招聘（交流）场所1.8万个，建立各类人力资源市场网站0.9万个。

《报告》指出，人力资源服务业是为劳动者就业和职业发展，为用人单位管理和开发人力资源提供相关服务的专门行业，主要包括多渠道招聘、职业指导、人力资源和社会保障事务代理、人力资源培训、人才测评和技能鉴定、劳务派遣、高级人才寻访（猎头）、人力资源外包服务、人力资源管理咨询、人力资源管理软件服务等多种业务形态。经过30多年的探索与发展，我国人力资源服务业从无到有，以星火燎原之势，逐步壮大，多元化多层次的服务体系初步形成。在公共服务事业发展方面，形成了覆盖省、地、县的公共服务网络体系。产业化进程不断加速，发展势头迅猛，涌现出了中智、北京外企、上海外服等一批进入了中国企业500强，国内外知名的行业龙头企业。

　　《报告》系统地介绍了我国在大力发展人力资源服务业方面的政策安排和规范行业发展的管理规制,展示了人力资源服务业领域从单一市场管理向营造环境和扶持行业发展、综合管理服务转变的工作进度。当前,我国人力资源服务业的行业规划、引导政策、具体扶持政策框架已开始构建,包括人力资源公共服务政策和财税、产业集聚等产业政策的促进行业发展的政策体系已基本形成。同时,在法律法规建设、行业监管、诚信建设、协会建设、标准化建设等方面的规范发展举措亦日益得到加强。

　　《报告》分析了我国人力资源业发展面临的环境,阐述了人力资源供求变化、产业结构调整、信息技术与商业模式互动、政府行政职能转变、公众对人力资源服务的需求等方面变化对人力资源服务业发展带来的利好因素和提出的全新挑战。指出在新的形势下,我国人力资源服务业行业规模将进一步增大、从市场拓展向内涵增长转变、本土自主品牌建设日益受到重视、人力资源服务业信息化水平将快速提升、市场细分和产业结构优化步伐进一步加快、人力资源公共服务更趋完善、国际化步伐将进一步加速等行业发展趋势。[1]

　　点评:

　　作为第一本全国性的人力资源服务业发展报告,《中国人力资源服务业发展报告(2014)》的编撰角度十分广阔。在横向维度的安排上,报告从概念、现状等总体情况的综述入手,全面介绍了人力资源服务的基本业态、相关政策、管理规制,并探讨和研究了行业发展环境与趋势展望。在纵向维度的覆盖上,报告立足于2013年的数据和情况,回顾了行业发展的历程,并站在历史视角,对行业发展中的重大事件、重大政策进行了系统的梳理和解读。报告对了解中国人力资源服务业发展状况与趋势有着一定的参考意义。

(三) 行业事件

11. 全国人力资源市场建设工作座谈会召开

事件提要:

全国人力资源市场建设工作座谈会强调要健全人力资源服务业发展的

---

[1]　http://www.chrm.gov.cn/Content/761/2015/1/96166.html.

政策体系,构建多层次、多元化的人力资源服务机构集群,推动行业集聚发展,推进管理创新、服务创新和产品创新;要认真组织实施"三支一扶"计划,做好总结评估工作,积极引导毕业生到基层服务。

事件述评:

2015年5月7日至8日,全国人力资源市场建设工作座谈会在浙江省杭州市召开,人力资源社会保障部副部长信长星出席会议并讲话。

人社部副部长信长星指出,近年来人力资源市场建设坚持改革创新,扎实推进,取得了新进展。他强调,新的形势下,人力资源市场建设要着眼"四个全面"战略布局,落实就业优先战略、人才强国战略和创新驱动发展战略,紧紧围绕发挥市场在人力资源配置中的决定性作用和更好发挥政府作用,努力构建功能完善、机制健全、运行有序、服务规范的人力资源市场体系。

信长星要求,要加快人力资源市场整合改革步伐,突出区县一级整合改革、经营性服务分离重点难点问题,进一步理顺政府与市场的关系,加强督促检查,全面落实整合改革任务;要加快人力资源市场立法进程,规范行政审批,加强事中事后监管,推进诚信体系建设,着力提升市场管理水平,努力实现人力资源市场管理法治化。

信长星还要求,要健全人力资源服务业发展的政策体系,构建多层次、多元化的人力资源服务机构集群,推动行业集聚发展,推进管理创新、服务创新和产品创新,促进人力资源服务健康发展;要认真组织实施"三支一扶"计划,做好总结评估工作,积极引导毕业生到基层服务;要创新人员调配工作思路,严格调配工作管理,不断提高调配工作科学化水平。

信长星强调,要把加强人才公共服务体系建设提到重要日程,划清公共服务和经营性服务界限,完善人才公共服务相关政策,规范人才公共服务收费行为,面向社会提供优质高效的人才公共服务。

各省、自治区、直辖市及新疆生产建设兵团,副省级城市人社厅(局)负责人力市场建设工作的厅(局)长、人力资源市场处(室)和部分公共就业和人才服务机构负责同志参加了会议。①

----

① http://www.clssn.com/html1/report/12/4722-1.htm.

点评：

全国人力资源市场建设座谈会的召开,对目前我国人力资源市场建设工作与情况进行了梳理和总结,既肯定了成果也发现了问题。值得关注的是,会议中提出地方尤其是基层的人力资源市场建设问题,关注经营性服务分离重点难点问题。此外,在依法治国的背景下,强调要加快人力资源市场立法进程,努力实现人力资源市场管理法治化。尤其是在人力资源服务业方面,提出构建多层次、多元化的人力资源服务机构集群,推进管理创新、服务创新和产品创新等方针,为对今后人力资源服务业发展指明了方向。

12. 上海外服发布"外服云"

事件提要：

2015 年 8 月 6 日中国最大的人力资源服务企业上海外服发布了行业内首个基于云技术的人力资源服务平台——"外服云",以技术创新、服务模式创新和商业模式创新为核心,致力于打造国内第一个完整的人力资源服务生态圈。

事件评述：

互联网正在深刻地改变着传统的服务行业,人力资源行业也不例外,尤其是移动互联技术重塑了用户的使用习惯和服务需求,以前他们只关心服务结果,而现在更加关注的是服务体验和服务交付过程。为此,上海外服顺势而变,推出外服云,率先在行业内将 HR 外包服务模式进行 O2O 转型,从以线下服务模式为主转型成以线上服务模式为主,结合移动互联技术、云技术、大数据技术和企业级即时通讯等新兴技术,打造了一个全新的 HR 外包服务交付平台,给用户带来了全新的服务体验。以大家最关心的健康管理为例,通过"外服云"上的"云健康"服务,企业员工们通过手机等移动终端可随时随地进行体检预约、体检报告查看,并能接收到"外服云"主动推送的健康小贴士;需要就诊时,只要操作手机就可预约"云健康"的就医陪诊服务,享受提前挂号、专车接送、全程陪护等服务;就诊结束后,使用手机对医疗账单进行拍照上传即可完成医疗理赔申请,理赔全过程也在手机上即时更新,一目了然。自动短信提醒和即时通讯工具则极大地方便了理赔过程中员工和上海外服团队之间的交互,可大大缩短理赔完成时间。同时,"云健康"还将整合员工体检、就诊和理赔等所有相关数据,采用大数据技术推出员工专属健康档案,便于员工了解自身健康状况;而企业健康档案则可帮助企业 HR 即时掌握员工整体的健康状况和可能出现的健康问题,为企业的健康福利投资做决策支持。

互联网时代,传统的行业巨头纷纷转型,新兴企业则快速扩张,再加上大众创业、万众创新的热潮,这一切使得企业的人才管理面临着巨大的变革,也给企业的 HR 管理者们带来了前所未有的挑战。"外服云"审时度势,为不同规模、不同阶段的企业提供了有针对性的人才管理解决方案。对于中小微企业,提供从人才招聘、入职、薪酬计算、请休假到离职的全流程解决方案,而软件即服务的 SaaS 模式则让中小微企业无须前期投入,按需使用,即用即付,性价比极高;而对于大中型企业而言,互联网时代的市场竞争瞬息万变,跨部门、跨地域的团队协作和沟通是否顺畅将直接导致企业应对外部竞争的效率,"外服云"推出的企业级团队协作和沟通工具 Team Task,在移动端和 PC 端均可进行项目的任务安排、成员沟通、文档共享及进度反馈等。作为一款企业级应用,Team Task 在解决企业内部协作和沟通难题的同时,也确保了企业的信息安全。除此之外,如果大型企业需要建设人力资源共享服务中心,也可在"外服云"上找到从企业私有云、软件系统实施到人员外包服务或者是共享服务中心整体外包服务等一揽子解决方案。

员工福利的好坏往往会直接影响企业的人才招聘和人才挽留。根据上海外服的调查发现,简单而固定的福利发放模式,往往是企业花了钱,员工认同度却不高。如何让有限的员工福利预算达到最好的效果?此次"外服云"还推出了一个全新的员工关怀平台,围绕员工的日常生活、金融理财、个人职业发展、个人健康和家庭关爱这五大方面提供各类精选服务。"云关怀"真正实现了企业弹性福利管理,让员工根据自己的需要充分享受企业的福利计划,感受企业对自己的关怀;另一方面也能使 HR 更好地控制企业在员工福利上的投入成本。

点评:

互联网时代对各个产业、行业均产生了不同程度的影响。人力资源服务行业的"互联网+"绝不是简单地把人力资源服务放在互联网上,而是需要把两者有机融合后再创新。此次上海外服基于在行业内独创的人力资源服务 3C 理念,即 Connection(连接)、Collaboration(协作)和 Care(关爱)而打造的"外服云",惠及企业人力资源管理者、企业管理层和企业员工三个层面,是行业内第一个 B2B2C 模式的人力资源服务平台。"外服云"全面拥抱移动互联网和云计算,凭借用户体验至上和用户需求至上的理念大胆对传统的服务模式进行改造和创新,推出的"云健康""云工作"和"云关怀"等系列服务产品,真正做到了让员工快乐工作、快乐生活,从而提升员工在企业里的幸福指数。而基于大数据服务的"企业档案"则会成为企业 HR 提升企业人才管理水平的利器,帮助他们在助力企业发展的过程中创造全新的价值,为人力资源服务行业的"互联网+"作出了卓有成效的尝试。

本次人力资源服务业发展大事件评选从初选到公开评选到专家评审再到终评历时近 6 个月,评选活动严格按照评选流程进行操作,做到了严格筛选、科学公正、公平合理、公开透明。从评选结果来看,在行业政策事件中,既有国家大政方针上对人力资源服务和品牌建设的强调,又有一系列具体政策,如《人力资源社会保障部、国家发展改革委、财政部关于加快发展人力资源服务业的意见》、国务院发布《关于加快发展生产性服务业促进产业结构调整升级的指导意见》;在学术事件中,《中国人力资源服务业蓝皮书2014》《2015 中国人力资源服务业市场研究报告》等记录了人力资源服务业的发展,并从学理的角度进行了剖析;在行业事件中,全国人力资源市场建设工作座谈会的召开、上海外服"外服云"的发布反映了人力资源服务业的行业动态和新成果。回顾本次活动,十大事件的评选让我们了解了中国人力资源服务业在新一年的跨越式发展,我们继续期待新一年度行业大事件的涌现,期待人力资源服务业新的突破与发展。

第三部分
人力资源服务机构及
部分研究成果名录

人力资源服务机构

国家级人才市场①

1.中国成都人才市场

2.中国云南企业经营管理人才市场

3.中国大连高新技术人才市场

4.中国桂林旅游人才市场

5.中国海洋人才市场(山东)

6.中国青岛企业经营管理人才市场

7.中国兰州工程技术人才市场

8.中国江西人才市场

9.中国新疆人才市场

10.中国江苏企业经营管理人才市场

11.中国江汉平原农村人才市场

12.中国贵州人才市场

13.中国广西人才市场

14.中国龙江企业经营管理人才市场

15.中国东北毕业生人才市场

16.中国宁波人才市场

17.中国武汉人才市场

18.中国吉林高新技术人才市场

---

① 此名单直接来源于中国人力资源市场网,http://www.chrm.gov.cn/HROrganization/index.htm。

19.中国中原毕业生人才市场

20.中国山西人才市场

21.中国上海人才市场

22.中国济南企业管理人才市场

23.中国唐山企业家人才市场

24.中国西安人才市场

25.中国安徽人才市场

26.中国包头高新技术人才市场

27.中国北方(天津)人才市场

28.中国海峡人才市场

29.中国沈阳人才市场

30.中国重庆经营管理人才市场

省级人才市场①

1.云南人才市场

2.河南省人才交流中心

3.四川省人才交流中心

4.陕西省人才交流服务中心

5.中国新疆人才市场

6.山西人才市场

7.上海市人才服务中心

8.黑龙江省人才市场

9.河北省人才交流服务中心

10.内蒙古人才交流服务中心

11.西藏自治区人力资源和社会保障厅

12.山东省人才服务中心

13.安徽省人才服务中心

---

①　此名单直接来源于中国人力资源市场网,http://www.chrm.gov.cn/HROrganization/index.htm。

14.吉林省人才交流开发中心

15.海南省人力资源市场

16.辽宁省就业和人才服务局

17.北京市人才服务中心

18.广西人才交流服务中心

19.湖南省人才流动服务中心

20.甘肃省人力资源市场

地市级人才市场①

1.西宁市人才开发交流中心

2.江淮人才网

3.太原人才大市场

4.义乌市人才交流中心

5.大庆市人才开发流动服务中心

6.中山市人才交流管理中心

7.贺州市人事局

8.抚顺市人才中心

9.西安市人才服务中心

10.泉州市人才智力开发服务中心

11.安阳市人才开发服务中心

12.湘潭人才市场

13.黄石市人才中心

14.合肥市人才中心

15.运城市人才市场

16.长春市人才开发服务中心

17.武汉市人才服务中心

18.福州市人才市场

---

①　此名单直接来源于中国人力资源市场网，http://www.chrm.gov.cn/HROrganization/index.htm。

19.吉林市人才服务中心

20.无锡市新区人力资源服务中心

21.沈阳市人才中心

22.昆山人力资源市场管理委员会

23.郑州市人才市场

24.陕西榆林市人才交流服务中心

25.河池市人才服务管理办公室

26.长沙市人才服务中心

27.临汾市人才市场

28.山东省潍坊市人力资源管理服务中心

29.洛阳市人才服务中心

30.北海市人才市场

31.中山市菊城人才市场

32.柳州市人才服务管理办公室

33.江门市人才服务中心

34.常德市人才开发交流服务中心

35.眉山市人才流动服务中心

36.绵阳市人才服务中心

37.唐山市人才交流中心

38.常州市人才服务中心

39.大连长兴岛人才交流中心

40.杭州市人才服务局

41.太原人才大市场

42.德阳市人才服务中心

43.广西贺州市人才交流服务中心

44.辽宁省盘锦市人才服务局

45.辽西人才在线

46.中国海峡人才市场

47.上饶市人力资源服务管理中心

48.浙江省职业介绍服务指导中心

49.佛山人才资源开发服务中心

50.廊坊市人才服务中心

51.辽宁省鞍山市人才服务中心

52.焦作市人才交流中心

53.南昌市人才开发交流服务中心

54.瑞安市人才开发服务中心

55.抚州人才服务中心

56.江西赣中人才市场

57.昆明市人才服务中心

58.中国新疆人才市场南疆分市场

59.九江市人才交流服务中心

60.福建省南平市人才市场

61.威海人才服务中心

62.萍乡市人才交流中心

63.海口市人才交流中心人才市场

64.玉林市人才市场

65.云南农垦人才服务中心

66.长治市人才信息市场

67.青岛市人力资源和社会保障局

68.中国包头高新技术人才市场

69.南宁市人才服务管理办公室

70.广西西南人才服务市场

71.景德镇市人才交流中心

72.青海省职业介绍中心

73.大连市公共职业介绍中心

74.吉安市人才市场

75.河南省平顶山市人才交流中心

76.济南市人力资源市场

77.厦门市人才服务中心

78.南京市毕业生就业指导服务中心

79.库车县人力资源服务中心

80.山东淄博人才市场

81.沧州市人才服务中心

82.广西壮族自治区梧州市人才市场

83.温州市人才市场管理办公室

84.中国桂林旅游人才市场

85.汕头人才智力市场

86.贵阳市人力资源市场

87.青岛市人才市场

88.湖南百花女性人才市场

89.中国南方人才市场

90.宜宾市人力资源服务中心

91.长春经济开发区人才劳务交流服务中心

92.深圳市人才交流服务中心有限公司

93.马鞍山市人才交流服务中心

94.银川市人才开发交流服务中心

95.苏州市人才服务中心

96.天津经济技术开发区人才服务中心

97.深圳市西部人力资源市场

98.呼和浩特人才服务中心

99.浙江绍兴人才市场

100.哈尔滨市人才服务局

人力资源服务企业①

1.北京外企服务集团有限责任公司

2.重庆外商服务有限公司

3.广东省友谊国际企业服务有限公司

---

① 名单所列企业为中国对外服务工作行业协会会员单位, http://www.cafst.org.cn/cafst/about/? 109.html。

4.宁波市外国企业服务贸易有限公司

5.上海市对外服务有限公司

6.深圳市对外劳动服务有限公司

7.四川省外国企业服务有限责任公司

8.天津市外国企业专家服务有限公司

9.中国国际技术智力合作公司

10.中国国际人才开发中心

11.北京外航服务公司

12.北京外交人员人事服务公司

13.福建省外国机构服务中心

14.广州市友谊对外服务公司

15.广东南油对外服务有限公司

16.杭州市对外经济贸易服务有限公司

17.黑龙江外商企业咨询服务有限责任公司

18.湖北省外国企业服务公司

19.吉林省外国企业服务公司

20.江苏省外事服务中心

21.辽宁省外商企业服务总公司

22.南京市外事服务有限公司

23.青岛市外国企业服务总公司

24.山东省外企服务有限公司

25.上海外航服务公司

26.沈阳外国企业服务总公司

27.四川省外国机构服务处

28.武汉市外国企业专家服务总公司

29.云南对外商务管理服务有限公司

30.浙江省对外服务公司

31.中国诚通人力资源有限公司

32.中国四达国际经济技术合作有限公司

33.珠海对外经济劳务合作有限公司

34.四川省外资企业中方雇员事务所

35.河北省对外服务总公司

36.湖北省对外服务有限公司

37.上海国际企业商务咨询服务有限公司

38.苏州市外事服务中心

39.厦门市对外服务中心

40.北京东方慧博人力资源服务有限公司

41.科锐国际人力资源（北京）有限公司

42.安徽省外国企业服务有限公司

43.北京外企晨光劳务服务有限责任公司

44.常州市国际交流中心

45.大连菲斯克外企服务有限公司

46.大连开发区外国企业服务有限公司

47.东莞市信鸿实业发展有限公司

48.抚顺市洲际对外服务贸易有限公司

49.甘肃省人事厅高新技术人才市场

50.甘肃省外事服务中心

51.广东省佛山市对外劳务服务中心

52.广东省外事服务中心

53.广西经贸对外服务公司

54.广州对外经济贸易咨询有限公司

55.贵阳市外国企业服务总公司

56.贵州省外国企业服务总公司

57.哈尔滨外国企业服务有限公司

58.海南省外商企业服务总公司

59.河南省外商投资咨询服务中心

60.河南省外国企业服务总公司

61.内蒙古众智外企服务有限公司

62.湖南省外国企业服务有限公司

63.济南旭光外企服务有限公司

64.济南方胜人力资源服务有限公司

65.江苏省涉外企业服务中心

66.江西省国际交流外事服务中心

67.九江市外国企业服务公司

68.南通中兴外企服务有限公司

69.山西省外国企业服务总公司

70.中智西安经济技术合作有限公司

71.汕头市劳动就业服务管理中心

72.上海东浩人力资源有限公司

73.深圳中智经济技术合作有限公司

74.中智四川经济技术合作有限公司

75.天津俊途管理咨询有限公司

76.天津市经职人力资源顾问有限公司

77.天津中天对外服务有限公司

78.无锡菲斯克外企服务有限公司

79.无锡市外服人力资源有限公司

80.西安外国企业服务有限公司

81.新疆才特好人才服务有限公司

82.新疆维吾尔自治区外国企业服务公司

83.徐州市外事服务有限责任公司

84.徐州市友谊外事服务有限公司

85.烟台国际交流中心烟台市外企人力资源服务有限公司

86.浙江省国际投资服务中心

87.中国青岛国际经济技术合作(集团)有限公司

88.中智广州经济技术合作公司

89.中智上海经济技术合作公司

90.义乌市涉外服务中心

91.重庆菲斯克人力资源管理有限公司

92.重庆投促人力资源管理服务有限责任公司

93.北京波森人才顾问有限责任公司

94.四川方胜人力资源服务有限公司

95.上海中企人力事务服务有限公司

96.河北省对外服务总公司秦皇岛外企服务中心

97.秦皇岛市菲斯克外企服务有限公司

98.深圳市方胜人力资源服务有限公司

99.烟台市菲斯克人力资源服务有限公司

100.北京外企德科人力资源服务上海有限公司

101.山西方胜人力资源服务有限公司

102.苏州工业园区外服人力资源有限公司

103.上海博尔捷人才服务有限公司

104.昆山上海外服有限公司

105.四川菲斯克人力资源服务有限公司

106.隆秦博思(北京)人力资源咨询有限公司

107.北京亦庄国际人力资源有限责任公司

108.长沙经济技术开发区捷特人力资源开发有限公司

109.淮安市外侨人力资源服务有限公司

110.北京从尚国际企业管理服务有限公司

111.陕西世纪外服人力资源有限责任公司

112.无锡百服人力资源有限公司

113.江苏外企人力资源服务有限公司

114.广东方胜人力资源服务有限公司

115.镇江市外服人力资源有限公司

116.呼和浩特市诚泰人力资源服务有限责任公司

117.浙江外企人力资源服务有限公司

118.内蒙古华康咨询服务有限责任公司

119.绍兴市外服人力资源服务有限公司

120.任仕达企业管理(上海)有限公司

121.北京鹏泰互动人力资源有限公司

122.上海斯程企业管理有限公司

123.常州方圆外企服务有限公司

124.金色立人人力资源管理(北京)有限公司

125.青岛金前程人力资源顾问有限公司

126.济南华杰人力资源管理有限公司

127.武汉锦绣人才管理顾问有限公司

128.北京捷毅智邦人力资源顾问有限公司

129.泉州嘉信人力资源服务有限公司

130.中国和平国际旅游有限责任公司

131.扬州市外事服务中心有限公司

132.中智(大连)对外服务有限公司

133.北京外企人力资源服务苏州有限公司

134.北京外企人力资源服务安徽有限公司

135.上海市对外服务北京有限公司

136.上海艾杰飞人力资源有限公司

137.英格玛人力资源有限公司

138.北京烁程企业管理顾问有限公司

139.东莞市瑞邦企业服务有限公司

140.上海市外国机构服务处

141.安拓奥古(北京)人力资源服务有限公司

142.北京外企人力资源服务青岛有限公司

143.上海国际服务贸易(集团)有限公司

144.苏州汇思人力资源有限公司

145.杭州国交人力资源服务部

146.北京博禹国际顾问有限公司

147.上海千派网络科技有限公司

148.苏州高新区人力资源开发有限公司

149.贵州艾森斯企业管理有限公司

150.唐山菲斯克人力资源服务有限公司

151.上海金略软件技术有限公司

2012—2014 年度全国人力资源诚信服务示范机构

北京市人才服务中心

北京双高人才发展中心

北京外企人力资源服务有限公司

北京智联三珂人才服务有限公司

科锐国际人力资源(北京)有限公司

北京市东城区职业介绍服务中心

北京市海淀区人才服务中心

中国北方人才市场

天津人力资源开发服务中心

河北省人力资源市场

河北搜才人力资源有限公司

廊坊市人力资源市场

山西省外国企业服务总公司

内蒙古自治区人力资源公共服务中心

沈阳人才交流服务经营管理中心

抚顺市人才技术咨询服务中心

大连易才人力资源顾问有限公司

大连泰兰特人力资源有限公司

吉林大姐家庭服务有限责任公司

吉林小棉袄集团有限责任公司

黑龙江外商企业咨询服务有限责任公司

哈尔滨外国企业服务有限公司

上海市对外服务有限公司

万宝盛华人力资源(中国)有限公司

上海诺姆人才服务有限公司

前锦网络信息技术(上海)有限公司

上海巾帼社会服务有限公司

中国四达国际经济技术合作有限公司上海分公司

上海厂长经理人才有限公司

苏州市人力资源开发有限公司

南京领航人才派遣有限公司

江苏省外事服务中心

无锡政和职业介绍所

镇江市劳务公司

盐城神州人力资源服务有限公司

常州人才派遣有限公司

南通伯乐人力资源有限公司

苏州高新区人力资源开发有限公司

浙江省人才市场

浙江省职业介绍服务指导中心(浙江省人力资源市场)

杭州人才市场

宁波市人才服务中心(中国宁波人才市场)

义乌市人才市场

宁波市外国企业服务贸易有限公司

安徽网才信息技术有限公司(新安人才网人才服务中心)

安徽省工商联职业介绍中心

福建省建设人力资源股份有限公司

厦门高新人才开发有限公司

江西省人才市场

江西省同济人力资源有限公司

济南万家盛世人力资源管理咨询有限公司

德州德仁人力资源有限公司

青岛金前程人力资源顾问有限公司

临沂市沂水大众劳务有限公司

聊城市鲁西人力资源开发有限公司

东营新世纪人才开发中心

河南天基咨询有限责任公司

河南鹏劳人力资源管理有限公司

郑州鑫博人才资源咨询有限公司

湖北省人才市场

湖北省职业介绍中心

湖北方阵人力资源集团有限公司

湖北华盛人力资源有限公司

湖南省人才流动服务中心

岳阳市人才服务中心

衡阳市人力资源市场

邵阳市人才市场

长沙高新区人才服务中心

中国南方人才市场

广东智通人才连锁股份有限公司

深圳市人才交流服务中心有限公司

广东南油对外服务有限公司

广州红海人力资源集团股份有限公司

广东辉煌人力资源管理有限公司

广东纳邦人力资源有限公司

广东南方人力资源服务有限公司

广东省友谊国际企业服务有限公司

广西四方汇通人才服务有限责任公司

广西锦绣前程人力资源有限公司

三亚市人力资源市场

重庆市重点产业人力资源服务有限公司

重庆外商服务有限公司

重庆市忠县人才交流服务中心

重庆市江北区人力资源市场

四川川南人力资源市场

四川省人才交流中心

中国成都人才市场管理委员会办公室

贵州省人才大市场

贵阳市人力资源市场

普洱宝力管理服务有限公司

云南外服人力资源有限公司

西安外国企业服务有限公司

陕西军工人力资源服务有限责任公司

陕西世纪智通人才服务有限公司

陕西雨伸实业有限公司

甘肃省人力资源市场(甘肃省高新技术人才市场)

甘肃人力资源服务股份有限公司

西宁市人才开发交流中心

宁夏合众人力资源管理咨询有限公司

宁夏厚合通人力资源管理咨询有限公司

新疆维吾尔自治区人力资源市场

新疆乌苏市人力资源服务中心

新疆兵团第一师铁门关市职业介绍服务中心

中国科学院人才交流开发中心

中国国际人才开发中心

中国国际技术智力合作公司

部分人力资源服务业研究的相关机构

以下所整理的部分人力资源服务研究的相关机构,主要来源于中央有关部委官网、各省市政府人力资源与社会保障部门官网、相关高等院校官网。我们对收集到的人力资源服务研究机构经过了适当的选编整理,共选编了73所人力资源服务研究机构,数量同比约增加9%,按首字拼音顺序排列如下。由于精力有限,机构搜集不全面等不当之处,恳请读者斧正。

1.安徽省人事与人才研究所

2.北京大学人力资源开发与管理研究中心

3.北京经济社会发展研究院人力资源研究中心

4.北京聚能宏业人力资源开发研究中心

5.北京联合大学人力资源管理研究所

6.北京市人力资源研究中心

7.长春市人才研究所

8.创新与战略人力资源管理研究中心

9.重庆市劳动经济与人力资源研究中心

10.重庆市人才工作研究会

11.东北财经大学劳动就业与人力资源开发研究中心

12.福建省人力资源和社会保障厅人事人才研究所

13.复旦大学企业人力源管理研究所

14.国务院发展研究中心公共管理与人力资源研究所

15.广东省人事管理与人才研究所

16.广西人才资源研究所

17.国家服务外包人力资源研究院

18.国家人力资源和社会保障部社会保障研究所

19.河北省人力资源开发研究会

20.河北省社会科学院人才研究所

21.河海大学人力资源研究中心

22.湖南省人才研究会

23.湖南省社会科学院人才学研究所

24.华东师范大学人力资源研究中心

25.华南师范大学人力资源研究所

26.吉林市人才学会

27.暨南大学人力资源管理研究所

28.江南大学组织与人力资源研究中心

29.江西省人力资源和社会保障厅人事研究中心

30.辽宁省人才交流中心人才研究所

31.辽宁省社会学院人才学研究所

32.内蒙古自治区人才研究所

33.南京理工大学人力资源研究中心

34.南京市人事人才研究所

35.女性人力资源开发与创业研究中心

36.盘锦市人力资源研究会

37.山东大学劳动经验与人力资源研究中心

38.陕西省人力资源发展研究中心

39.上海交通大学安泰经济与管理学院人力资源管理研究所

40.上海财经大学人力资源管理研究中心

41.上海公共行政与人力资源研究所

42.上海社会科学院人力资源研究中心

43.上海师范大学人力资源开发与管理研究所

44.上海市人才研究会

45.上海市委党校人力资源测评中心

46.上海行政学院现代人力资源测评研究中心

47.深圳市人力资源开发研究会

48.首都经贸大学人力资源开发与管理中心

49.四川省人才研究会

50.苏州高新区人力资源开发管理中心

51.苏州汇思人力资源研究所

52.天津大学人力资源与社会保障研究所

53.武汉大学人力资源管理培训中心

54.武汉华中科技大学管理学院人力资源研究所

55.武汉科技大学人力资源研究所

56.厦门大学人力资源研究所

57.新华经参仕邦人力资源研究院

58.亚太人力资源研究中心

59.盐城师范学院人力资源研究所

60.浙江财经学院人力资源研究中心

61.浙江大学人力资源管理研究所

62.中国科学院心理所社会经济与心理行为研究中心

63.中国人才研究会

64.中国人力资本与劳动经济研究中心

65.中国人力资源开发研究会

66.中国人民大学公共管理学院组织与人力资源研究所

67.中国人民大学人力资源开发与管理研究中心

68.中国人事科学研究院

69.中国社会科学院人力资源研究中心

70.中国政法大学人力资源开发与管理研究中心

71.中南财经政法大学人力资源研究中心

72.中南大学商学院人力资源研究中心

73.中山大学人力资源研究所

2014—2015 年度人力资源服务业研究相关成果

专著类①

1.苗青:《人力资源服务业理论与实践》,浙江大学出版社 2015 年版。

2.王克良:《中国人力资源服务业发展报告 2014》,中国人事出版社 2014 年版。

3.王凌:《人力资源服务业发展动力研究》,浙江大学出版社 2015 年版。

4.萧鸣政、李栋:《中国人力资源服务业蓝皮书 2014》,人民出版社 2015 年版。

5.余兴安、陈力:《人力资源蓝皮书:中国人力资源发展报告》,社科文献出版社 2014 年版。

期刊论文类②

1.侯增艳:《我国人力资源服务产业园区发展状况及对策研究》,《经济研究参考》2014 年第 56 期。

2.解海美、陈进:《如何共享"人力资源服务"》,《企业管理》2014 年第 11 期。

3.聂有诚:《"包"打天下——"外包"是人力资源服务业的未来之道?》,《中国新时代》2014 年第 12 期。

---

① 专著类名单根据亚马逊搜索排序选编而成,为 2014 年 11 月至 2015 年 9 月期间出版且书名包含有"人力资源服务业"字样的相关图书。搜集不全面等不当之处,恳请读者斧正。

② 中文期刊论文类名单选自中国知网,为 2014 年 1 月至 2015 年 9 月间发表在中文核心期刊上的 CSSCI 来源论文,题目包含有"人力资源"字样且下载频次在 150 以上,依次数由高到低排序;英文期刊来自 JSTOR 数据库。搜集不全面等不当之处,恳请读者斧正。

4.路静:《关于国外人力资源服务业发展对我们的启示探讨》,《财经界(学术版)》2014 年第 20 期。

5.杨彦俊、欧阳丁鑫:《我国人力资源服务业发展中存在的问题分析》,《人力资源管理》2014 年第 5 期。

6.夏天:《人力资源服务业产业集群生态化构想》,《襄阳职业技术学院学报》2014 年第 4 期。

7.赵宜萱、张正堂:《服务型企业人力资源外包对员工行为的引导研究》,《南京社会科学》2014 年第 4 期。

8.吕旭涛:《河南省人力资源服务业发展问题研究》,《搏击》2014 年第 12 期。

9.詹晓梅、贾梦、金蕾:《江西省人力资源服务业发展现状及趋势研究》,《科技广场》2014 年第 1 期。

10.朱跃:《浅议江苏人力资源服务产业园的管理模式及其对区域经济发展的作用》,《人才资源开发》2015 年第 20 期。

11.丁艳丽:《人力资源服务产业园方兴未艾》,《中国人才》2015 年第 7 期。

12.高亚春:《人力资源服务行业需提升自身竞争力》,《劳动保障世界》2015 年第 28 期。

13.张乃川、李永金:《人力资源服务业发展与国家人才安全探析》,《人才资源开发》2015 年第 22 期。

14.叶红春、邓琪:《湖北省人力资源服务业服务效率的影响因素研究》,《湖北大学学报(哲学社会科学版)》2015 年第 5 期。

15.孟晓蕊:《人力资源服务业能否冲浪"互联网+"——访北京大学人力资源开发与管理研究中心主任萧鸣政》,《中国劳动保障报》2015 年 8 月 8 日。

16.孟晓蕊:《政策利好为人力资源服务业发展助力——访北京大学人力资源开发与管理研究中心主任萧鸣政》,《中国劳动保障报》2015 年 6 月 5 日。

17.董志超:《以标准引领人力资源服务业健康发展》,《人事天地》2015 年第 7 期。

18.郑振华:《首都经营性人力资源服务市场需求状况调查研究》,《北京劳动保障职业学院学报》2015 年第 2 期。

19.周艳丽:《海南省人力资源服务业的路径选择》,《品牌》2015 年第 4 期。

其他成果:举办会议等①

1.2015 中国人力资源服务业创新大会,地点:中国苏州。

2.2015(第四届)中国人力资源服务业大会,地点:中国天津。

3.第十三届中国国际人才交流大会 2015 亚太人力资源开发与服务博览会,地点:中国深圳。

———————

① 其他类名单来自于中国知网、中国人力资源研究会官网、中国对外服务工作行业协会官网、中国(天津)人力资源发展促进中心官网、中国国家人才网、中国人力资源市场网、人社部官网等网站。搜集不全面等不当之处,恳请读者斧正。

参考文献

1.《上海自贸区试点设立海外人才离岸创新创业基地》,http://cul.chi-nanews.com/cj/2015/08-12/7463351.shtml。

2.《"互联网＋"顶层设计出炉提 11 项具体行动》,http://www.gov.cn/zhengce/content/2015-07/04/content_10002.htm。

3.《23 地区上调 2015 年最低工资标准》,http://www.chinanews.com/gn/2015/09-24/7543312.shtml。

4.《国务院再取消 62 项职业资格认定》,http://www.gov.cn/zhengce/content/2015-07/23/content_10028.htm。

5.《社保发展年度报告首次公布基本养老保险覆盖率达 80%》,http://leaders.people.com.cn/n/2015/0701/c58278-27235916.html。

6.《人社部、财政部:10 月 1 日起调整现行工伤保险费率政策》,http://legal.people.com.cn/n/2015/0729/c188502-27381807.html。

7.《商业健康险个税政策细则公布》,http://finance.people.com.cn/money/n/2015/0513/c42877-26992348.html。

8.《机关事业单位职业年金办法发布个人缴纳工资 4%》,http://www.gov.cn/zhengce/content/2015-04/06/content_9581.htm。

9.《个税递延型商业养老保险年内将推出》,http://finance.people.com.cn/money/n/2015/0308/c42877-26657444.html。

10.《国务院发布加快实施创新驱动发展战略若干意见》,http://news.xinhuanet.com/2015-03/23/c_1114735805.htm。

11.《关于调整失业保险费率有关问题的通知》,http://www.mohrss.gov.cn/gkml/xxgk/201503/t20150306_153344.htm。

12.《国务院确定进一步减税降费措施支持小微企业发展》,http://finance.sina.com.cn/china/20150225/184321592230.shtml。

13.《人社部薪酬报告:地区间工资差距逐步相对缩小》,http://news.xinhuanet.com/fortune/2015-02/27/c_1114459694.htm。

14.《关于加快推进健康与养老服务工程建设的通知》,http://www.mca.gov.cn/article/zwgk/fvfg/shflhshsw/201409/20140900701503.shtml。

15.《关于取消和调整一批行政审批项目等事项的决定》,http://www.gov.cn/xinwen/2015-03/13/content_2833381.htm。

16.《关于档案费的取消》,http://money.163.com/14/0813/19/A3I78VCA00254TI5.html。

17.《关于进一步做好基本医疗保险异地就医医疗费用结算工作的指导意见》,http://news.163.com/14/1225/10/AEA7A5CM00014SEH.html。

18.《关于进一步加强流动人员人事档案管理服务工作的通知》,http://www.gov.cn/xinwen/2014-12/12/content_2790238.htm。

19.《国务院决定设立国家新兴产业创业投资引导基金》,http://news.xinhuanet.com/fortune/2015-01/15/c_127387955.htm。

20.《企业裁减人员规定(征求意见稿)》,http://politics.people.com.cn/n/2015/0112/c70731-26370161.html。

21.《关于进一步推进户籍制度改革的意见》,http://www.chinanews.com/gn/2014/07-30/6439778.shtml。

22.《中央管理企业负责人薪酬制度改革方案》,http://news.sohu.com/20140830/n403906965.shtml。

23.商华:《我国人力资源服务行业现状及分析》,《人力资源管理》2012年第2期。

24.萧鸣政、李栋:《中国人力资源服务业白皮书2014》,人民出版社2015年版。

25.杨林:《"以客户为中心"经营理念的深层次诠释》,http://www.vsharing.com/k/2003-4/464470.html。

26.余宁:《网络环境下客户关系管理研究》,华中农业大学博士学位论文,2007年。

27.李晓:《服务营销》,武汉大学出版社 2004 年版。

28.秦浩、郭薇:《国外人力资源服务业的发展现状及趋势》,《商业时代》2013 年第 8 期。

29.路静:《关于国外人力资源服务业的发展对我们的启示探讨》,《财经界(学术版)》2014 年第 10 期。

30.莫荣、陈玉萍:《国外人力资源服务业的发展》,《第一资源》2013 年第 8 期。

31.韩树杰:《我国人力资源服务业的发展现状及趋势》,《中国人力资源开发》2008 年第 1 期。

32.来有为、袁东明:《我国人力资源服务业的发展状况、问题及政策建议》,《生产力研究》2014 年第 2 期。

33.萧鸣政、郭丽娟、李栋:《中国人力资源服务业白皮书 2013》,人民出版社 2014 年版。

34.汪怿:《国外人力资源服务业:现况、趋势及其启示》,《科技进步与对策》2007 年第 7 期。

35."2012 North American Industry Classification System", United States Census Bureau.December 18,2012.

36."Singapore Standard Industrial Classification (SSIC) 2015", http://www. singstat. gov. sg/methodologies-standards/statistical-standards-and-classifications/SSIC.

37.于扬:《所有的传统和服务应该被互联网改变》,http://tech. qq. com/a/20121114/000080.htm。

38.《"互联网+"激活更多信息能源》,http://www. netofthings. cn/GuoNei/2015-07/5705.html。

39.《中国有了"互联网+"计划》,http://www. netofthings. cn/GuoNei/2015-03/5505.html。

40.《马化腾两会提案大谈"互联网+"》,http://www. netofthings. cn/GuoNei/2015-03/5507.html。

41.《学者热议:李克强提的"互联网+"是个啥概念?》,http://scitech. people.com.cn/n/2015/0305/c1007-26644489.html。

42.《国务院就积极推进"互联网+"行动印发〈指导意见〉》,http://www.netofthings.cn/GuoNei/2015-07/5704.html。

43.何师元:《"互联网+金融"新业态与实体经济发展的关联度》,《改革》2015 年第 7 期。

44.杨凯:《布道"互联网+"》,《华东科技》2015 年第 4 期。

45.《"互联网+"到底是什么,一张图看懂》,http://www.sheitc.gov.cn/gydt/666007.htm。

46.彭剑锋:《互联网时代的人力资源管理新思维》,《中国人力资源开发》2014 年第 16 期。

47.《互联网新思维为人力资源管理带来了什么?》,《组织人事报》2014 年 12 月 16 日。

48.《人力资源服务业能否冲浪"互联网+"——访北京大学人力资源开发与管理研究中心主任萧鸣政》,《中国劳动保障报》2015 年 8 月 8 日。

49.《政策利好为人力资源服务业发展助力——访北京大学人力资源开发与管理研究中心主任萧鸣政》,《中国劳动保障报》2015 年 6 月 5 日。

50.业务流程外包赛迪顾问:《2008—2009 年中国业务流程外包(BPO)服务市场研究年度报告》。

51.Yankeegroup 官方网站,http://www.yankeegroup.com/home.do。

52.王克良:《中国人力资源服务业发展报告(2014)》,中国人事出版社2014 年版。

53.http://hrss.jl.gov.cn/rlzysc/rlzyscgl/201503/t20150324_1960666.html.

54.http://www.henan.gov.cn/zwgk/system/2014/10/29/010504191.shtml.

55. http://www.jl.gov.cn/xxgk/zc/zffw/szfwj/jzf/201506/t20150611_2008192.html.

56."Romer Paul M.Endogenous technological change", *Journal of Political Economy*,1990,98(10).

57.Grossman Gene M., Helpman Elhanan, *Innovation and growth in the global economy*,Cambridge,MA:MIT Press,1991.

58. Aghion Philippe, Howitt Peter, "A model of growththrough creative destruction", *Econometrica*, 1992.

59. U. S. Dept. of Commerce Economics and Statistics Administration, U. S Census Bureau, "2002 Economics Cesus ", www.doc.gov.

60. 吕旭涛：《河南省人力资源服务业发展问题研究》，《搏击》2014 年第 12 期。

61. 詹晓梅、贾梦、金蕾：《江西省人力资源服务业发展现状及趋势研究》，《科技广场》2014 年第 1 期。

62. 叶红春、邓琪：《湖北省人力资源服务业服务效率的影响因素研究》，《湖北大学学报（哲学社会科学版）》2015 年第 5 期。

63. 曾淑婉、赵晶晶：《城市化对服务业发展的影响机理及其实证研究 ——基于中国省际数据的动态面板分析》，《中央财经大学学报》2012 年第 6 期。

64. 江小涓、李辉：《服务业与中国经济——相关性和加快增长的潜力》，《经济研究》2004 年第 1 期。

65. 张焱：《论我国人力资源服务产业的兴起与发展》，《首都经济贸易大学学报》2002 年。

66. 胡大立：《企业竞争力决定因素及其形成机理分析》，经济管理出版社 2005 年版。

67. 徐全军：《企业竞争力理论基础述评》，《经济体制改革》2004 年第 5 期。

68. 陈玉萍：《我国人力资源服务业的发展思路》，《当代世界社会主义问题》2012 年第 4 期。

69. 董志超：《人力资源服务机构现状与发展》，《人事管理》2012 年第 1 期。

70. 田晨：《关于人力资源服务行业的调查报告》，《中国连锁》2013 年第 12 期。

71. 董小华：《北京人力资源服务业发展状况》，《中国人才》2010 年第 4 期。

72. 陈雷、郑美群：《促进欠发达地区人力资源服务业发展的个案研究》，

《经济纵横》2012 年第 10 期。

73.李江帆:《第三产业的产业性质、评价依据和衡量指标》,《华南师范大学学报》1994 年第 3 期。

74.李勇坚:《中国服务业内部各个行业发展的影响因素分析》,《财贸经济》2004 年第 7 期。

75.郭文杰:《服务业增长、城市化与经济发展——改革开放后中国数据的经验研究》,《当代经济科学》2006 年第 9 期。

76.曾国平、刘佳、曹跃群:《中国服务业发展与城市化关系的区域差异——基于省际面板数据的协整检验》,《山西财经大学学报》2008 年第 1 期。

77.朱军、何静、马虎兆:《城市服务业发展影响因素的实证分析——以天津市为例》,《科学学与科学技术管理》2008 年第 12 期。

78.董志超:《以标准引领人力资源服务业健康发展》,《人事天地》2015 年第 7 期。

79.郑振华:《首都经营性人力资源服务市场需求状况调查研究》,《北京劳动保障职业学院学报》2015 年第 2 期。

80.杨彦俊、欧阳丁鑫:《我国人力资源服务业发展中存在的问题分析》,《人力资源管理》2014 年第 5 期。

81.夏天:《人力资源服务业产业集群生态化构想》,《襄阳职业技术学院学报》2014 年第 4 期。

82.赵宜萱、张正堂:《服务型企业人力资源外包对员工行为的引导研究》,《南京社会科学》2014 年第 4 期。

83.周艳丽:《海南省人力资源服务业的路径选择》,《品牌》2015 年第 4 期。

附　　录

知识产权说明

本文由北京大学人力资源开发与管理研究中心和上海市对外服务有限公司联合出版,著作权和专有出版权属北京大学人力资源开发与管理研究中心和上海市对外服务有限公司所有,未经本书著作权所有者和本书出版者书面许可,任何单位和个人均不得以任何方式和任何手段复制或抄袭本书的部分或全部内容。

主编单位联系信息

北京大学人力资源开发与管理研究中心
地址:北京大学政府管理学院廖凯原楼 310 室
邮编:100871
电话:86 10—62767925
网站:http://www.pkuhr.com

上海市对外服务有限公司
地址:上海市金陵西路 28 号金陵大厦 12F
邮编:200021
电话:86 21—63721888
网站:http://www.efesco.com

责任编辑:李媛媛
装帧设计:林芝玉
责任校对:陈艳华

图书在版编目(CIP)数据

中国人力资源服务业蓝皮书. 2015/萧鸣政,李栋 主编.
　-北京:人民出版社,2016.4
ISBN 978 - 7 - 01 - 015928 - 7

Ⅰ.①中⋯　Ⅱ.①萧⋯②李⋯　Ⅲ.①人力资源-服务业-白皮书-
　中国-2015　Ⅳ.①F249.23

中国版本图书馆 CIP 数据核字(2016)第 045875 号

中国人力资源服务业蓝皮书 2015

ZHONGGUO RENLI ZIYUAN FUWUYE LANPISHU 2015

萧鸣政　李 栋　主编

葛 平　王周谊　副主编

人民出版社 出版发行
(100706　北京市东城区隆福寺街 99 号)

北京龙之冉印务有限公司印刷　新华书店经销

2016 年 4 月第 1 版　2016 年 4 月北京第 1 次印刷
开本:710 毫米×1000 毫米 1/16　印张:21.5
字数:325 千字　印数:0,001-3,000 册

ISBN 978 - 7 - 01 - 015928 - 7　定价:56.00 元

邮购地址 100706　北京市东城区隆福寺街 99 号
人民东方图书销售中心　电话 (010)65250042　65289539